Rüpel sind überall: Im Kino, das sie zusehends häufiger mit ihrem Wohnzimmer verwechseln, was ihnen vermeintlich das Recht gibt, in Zimmerlautstärke jede Szene zu kommentieren und zu kommen und zu gehen, wie es ihnen beliebt. Im Straßenverkehr, wo rote Ampeln, Abbiegespuren, Zebra- und Fahrradstreifen offenbar nichts anderes mehr sind als Designer-Elemente im öffentlichen Raum – weil auch dort längst nur noch derjenige Recht hat, der das Faustrecht für sich beansprucht. Im Büro, in der Schule, in der Nachbarschaft. Der Regelbruch ist zum Regelfall geworden. Und: Als Querulant gilt mittlerweile nicht mehr derjenige, der sich unter grober Missachtung von Anstand und Fairness über jede Regel hinwegsetzt – sondern derjenige, der die Einhaltung von Regeln anmahnt. Wir leben in einer Rüpel-Republik.

Jörg Schindler, geboren 1968 in Darmstadt, studierte Germanistik, Anglistik und Soziologie in Frankfurt am Main und Edinburgh. Seit 1997 ist er bei der Frankfurter Rundschau tätig, zunächst als Nachrichtenredakteur, dann als Korrespondent im Berliner Büro, nach dem Zusammenschluss mit der Berliner Zeitung als Autor und Mitglied der Berliner Redaktion und seit 2010 als Mitglied der DuMont Redaktionsgemeinschaft GmbH. Jörg Schindler wurde 2009 zusammen mit seinem Kollegen Matthias Thieme mit Wächterpreis für investigativen Journalismus ausgezeichnet.

Weitere Informationen, auch zu E-Book-Ausgaben, finden Sie bei www.fischerverlage.de

Jörg Schindler

Die Rüpel-Republik

Warum sind wir so unsozial?

FISCHER Taschenbuch

Erschienen bei FISCHER Taschenbuch
Frankfurt am Main, August 2013

© S. Fischer Verlag GmbH, Frankfurt am Main 2012
Satz: Dörlemann Satz, Lemförde
Druck und Bindung: CPI – Ebner & Spiegel, Ulm
Printed in Germany
ISBN 978-3-596-18916-8

Für Paulina, Emilia und Ole
Macht's besser!

Inhalt

Einleitung 11

Teil I

»Es kann der Frömmste nicht in Frieden leben ...« –
Wieso wir mit unseren Nachbarn aufs Herzlichste
befeindet sind 25

»Meins gibt's, deins nicht« –
Was Schüler in Deutschland fürs Leben lernen 34

»Beweg dich, du Kackarsch-Mongole!« –
Wie Amateur-Fußballern der Spaß am Spiel
abhandenkommt 41

»Radfahrer muss man ausrotten« –
Wie auf deutschen Straßen das Faustrecht ausgeübt
wird 47

»Dem Machterhalt wird vieles geopfert« –
Wieso sich Anstand in der Politik immer seltener auszahlt 56

»Das bleibt für immer drin« –
Warum im Internet so gut wie keine Hemmschwellen
mehr existieren 65

Teil II

Von Ignoranten und Egoisten

Edel, hilfreich und gut –
Wie wir von Natur aus sind 77

Die anti-zivile Seuche –
Wie das Sozialkapital aus dem Alltagsleben
der Amerikaner verschwand 83

»Unterm Strich zähl ich« –
Wieso auch die Deutschen allmählich auseinanderdriften 87

Und nichts als die Freiheit –
Wie der Individualismus zur Staatsreligion wurde 91

Chinesische Wasserfolter –
Wie das Fernsehen aus einer Tu- eine Guck-Gesellschaft
gemacht hat 95

Freunde, »Freunde« –
Wieso die sozialen Netzwerke in Wirklichkeit anti-soziale
Netzwerke sind 101

Über die Aggression

Von Menschen und anderen Affen –
Wie die Gerechtigkeit in die Welt kam 113

Getrennt marschieren wir –
Was Arme und Reiche noch miteinander zu tun haben.
Und was nicht. 118

Ganz unten –
Wieso es auf dem Arbeitsmarkt immer noch einen gibt,
auf den man herabschauen kann 123

Am Stock –
Wieso im besten Gesundheitssystem
der Welt der Krankenstand stetig wächst 130

»Geld allein macht nicht unglücklich« –
Wieso ganz oben auf der Leiter der Verarmungswahn
grassiert 133

Das sind wir uns schuldig –
Wieso die Mittelschicht vor lauter Panik die Regale leert 145

Die zappelige Gesellschaft –
Warum viele von uns nur noch mit Pillen über die Runden
kommen 151

Wir und die anderen –
Wieso es ohne Sündenböcke offenbar nicht geht 155

Vom Brechen der Regeln

Zerstörte Fenster –
Wie wir nachmachen, was andere uns vorleben 164

Der Wulff und die sieben Geißeln –
Wieso den Deutschen schon wieder ein Präsident
abhanden kam 169

Das Geschäft der Politikflüsterer –
Wieso Christian Wulff auch ein wenig Pech hatte 177

Wetten auf den Tod –
Wieso Anstand sich auch in der Wirtschaft nicht
auszahlt 187

Teil III

Die Sache mit dem Glück –
Wieso ein Land hinter den sieben Bergen plötzlich
in aller Munde ist 197

Die vereint suchenden Nationen –
Wieso alles wächst, nur die Zufriedenheit nicht 204

Ein Date mit den Deutschen –
Wie die Kanzlerin sich einmal unter ihren Untertanen
umhörte 210

Die vertagte Revolution –
Wieso der Bundestag unser Leben nicht ändern wird .. 216

Überm Pflaster liegt der Strand –
Wieso der Wandel der Städte mit Unkrautjäten beginnt 221

Die Anfänger –
Wie aus vielen kleinen Regungen allmählich
eine Bewegung wird 228

Von wegen Tragik –
Warum es gemeinsam eben doch oft besser
funktioniert 237

Zurück auf Los –
Wieso wir alle gute Kapitalisten werden sollten 243

Anhang 247

Dank 251

Literatur 253

Anmerkungen 257

Einleitung

»Smokey, this is not 'Nam. This is Bowling.
There are rules!«
(Walter Sobchak, in: The Big Lebowski)

Unheimlich wichtig ist es ja auch, im Zug zu sitzen und aller Welt mitzuteilen, dass man im Zug sitzt. »Ich sitze im Zug« – »Was?« – »Im Zuhug!« – »Du, die Verbindung ist gerade wahnsinnig schlecht, soll ich später noch mal … – was?« – »Ich versteh' dich nur total abgehackt.« – »Hmm?« – »Nein, im Zug, im Zuhuug!« – »Du, das hat keinen Sinn, die Verbindung ist schlecht, ich versuche es gleich noch mal.«

Wer öfter Zug fährt, kennt das. Es ist der Normalfall. Ob in Ruhezonen oder nicht, alles muss raus: dass die Geranien noch zu gießen sind, dass die Bemerkung gestern Abend voll fies war, dass die Sandra mit ihrer neuen Frisur bekloppt aussieht, dass das Blut im Stuhl noch nichts Schlimmes heißen muss, dass Mandant XY noch immer nicht gezahlt hat und wir dann jetzt mal eine Mahnung rausschicken. Wobei Mandant XY immer mit vollem Namen genannt wird. Ruf. Mich. An. Wofür hat man sonst all die schönen Klingeltöne und Flatrates?

Im Sommer 2010 saß ich in einem Regionalexpress von Hannover nach Hamburg, als plötzlich ein dumpfer Schlag ertönte, gefolgt von einem metallischen Schleifen. Der Zug bremste abrupt ab, kurz darauf meldete sich der offenbar geschockte Zugchef stammelnd: »Wir haben gerade jemanden überfahren.« Danach herrschte Stille. Aber nicht lange. Während zwei Mädchen vorne im Wagen anfingen zu schluchzen, saß schräg gegenüber eine Frau, die sich die Wartezeit vertrieb, indem sie ihrem Mann Kochanweisungen übermittelte: »Du musst zuerst das Fleisch anbraten …« Die Verbindung in diesem Fall war exzellent.

Es war nicht zum ersten Mal, dass ich mich über meine Mitmenschen wunderte. Um ehrlich zu sein: Ich wundere mich täglich. Ich wundere mich über die junge Frau, die einmal vor unserer Haustür stand, als wir – vollbepackt mit Brettern und Leisten aus dem Baumarkt – heimkamen. Toll, dachte ich, die kann uns die Tür aufhalten. Konnte sie auch, wollte sie nur nicht. Obwohl sie uns gesehen hatte, quetschte sie sich durch die Tür und warf sie uns dann vor der Nase zu. Ich wundere mich über den Lieferwagenfahrer, der mich einmal frühmorgens in der Darmstädter Fußgängerzone beinahe über den Haufen fuhr. Als ich zur Seite sprang und eine Geste machte, die andeuten sollte, er müsse die Augen öffnen, antwortete er seinerseits mit einer Geste, beziehungsweise mit zweien: Er zeigte mir beide Mittelfinger. Ich wundere mich über die vielleicht fünfzigjährige Saunagängerin in der Fontane-Therme Neuruppin, neben der ich mich einmal zur Ruhe betten wollte. Weil alle Liegen zwar ausnahmslos mit Handtüchern, nicht aber mit Menschen besetzt waren, erdreistete ich mich, ein Handtuch vorsichtig zur Seite zu legen. Die Frau blaffte daraufhin: »Die Liege gehört meinem Mann!« Auf meine Frage »Hat er sie gekauft?«, wurde sie noch lauter und nannte mich schließlich »asozialer Arsch«. Ich wundere mich über Autofahrer, die Radfahrer zu Vollbremsungen zwingen und diesen, wenn sie sich beschweren, »eins auf die Fresse« geben wollen. Über Radfahrer, die auf Gehwegen heizen und dabei Kinderwagenfahrer aus dem Weg bellen. Über Kinderwagenfahrer, die zu dritt nebeneinander laufen und es als Zumutung empfinden, wenn ein Fußgänger vorbei möchte. Und neulich habe ich mich wieder mal im Kino gewundert.

Wir waren in »The Artist«. Ein schöner Film. Er hatte bereits begonnen, als drei junge Frauen laut plaudernd in den Saal kamen.

Sie setzten sich in die Reihe vor uns. Und plauderten weiter. Dann stand die eine auf, zog ihren Mantel aus und setzte sich wieder. Dann stand die nächste auf, zog ihren Mantel aus und setzte sich wieder. Die Dritte hatte keinen Mantel an. Sie hatten sich viel zu sagen. Als wir freundlich fragten, ob sie vielleicht allmählich zur Ruhe kommen könnten, drehte sich eine um und sagte: »Setz' dich doch woanders hin.« Allgemeines Gekicher, dann ging die Unterhaltung weiter. »The Artist« ist übrigens ein Stummfilm.

Darf man sich über so etwas aufregen? Ist das nicht entsetzlich spießig? Und intolerant? Und vorgestrig? Bin ich womöglich jetzt schon auf dem Weg, ein zänkischer Alter zu werden? Einer, der bald schon jeden Falschparker anzeigt und davon faselt, wie schön früher alles war? Ich bin vierundvierzig, aber man weiß ja nie.

Ich habe dann sicherheitshalber damit begonnen, mich umzuhören. Und egal, mit wem ich sprach, jeder – bis auf einen einzigen lieben Kollegen, der ein kurzes Stegreif-Referat über Sokrates, Norbert Elias und die Zivilisation hielt – bestätigte meinen Eindruck: Es geht da draußen fast jeden Tag ein Stückchen ruppiger, rücksichtsloser, aggressiver zu. Und wenn man die Zeitung liest und die Augen öffnet, wird man feststellen, dass es mit den Dauertelefonierern, den Liegenbesetzern und den Anblaffern nicht getan ist.

Die Zahl erbittert geführter Nachbarschaftsstreitigkeiten zum Beispiel sprengt jedes Maß. Jahr für Jahr landen 9000 bis 10 000 Fälle vor deutschen Amtsgerichten – das macht rund 27 Verfahren. Pro Tag. Um jeden Zentimeter Boden, über jeden überhängenden Ast, über jeden Mucks nach Anbruch der Nachtruhe führen Menschen zum Teil jahrelange Prozesse. Oder sie machen kurzen Prozess, wie die beiden Männer, die im Juni 2011 auf dem »Elefantenspielplatz« in Berlin-Kreuzberg einen Erzieher ins Krankenhaus prügelten. Der 32-Jährige hatte mit seiner Kindergruppe gemacht, was man auf einem Spielplatz eben tut: gespielt. Den beiden Anwohnern war das zu laut. Das riefen sie erst, und als sich nichts änderte, bläuten sie es dem Erzieher mit den Fäusten ein.[1] Nicht nur deutsche Gerichte haben alle Hände voll mit solchen Streithanseln zu tun, auch andernorts setzen Bürger das, was sie für ihr gutes Recht halten, zunehmend mit dem Faustrecht durch.

So geht es auch auf den Fußballplätzen dieser Republik jedes Wochenende ein bisschen weniger friedlich zu. Verbände im ganzen Land schlagen inzwischen Alarm. Gerade bei Kinder- und Jugendturnieren rasten regelmäßig Spieler, Trainer und vor allem Eltern aus. Und immer häufiger bekommen es auch Schiedsrichter knüppeldick, nur weil sie einmal zu viel Abseits gepfiffen haben sollen.

Im Straßenverkehr führt der alltägliche Bürgerkrieg zu immer mehr Blechschäden und lässt auch friedlich gesinnte Gesellen mitunter nur noch Rot sehen. Stoppschilder, Zebrastreifen, Tempolimits, ja Verkehrsregeln überhaupt betrachten offenbar viele als unerträglichen Eingriff in ihr Recht auf Selbstverwirklichung. Jeder rüstet daher auf, alles wächst – der Hubraum, die Geschwindigkeit, der Aggressionspegel. »Die Wenigsten bringen noch den Nerv und die Einsicht auf, dass es nur mit Regeln funktionieren kann«, sagt Bernd Irrgang vom Bund deutscher Fußgänger.

Eine erkleckliche und zunehmende Zahl von Menschen klagt zudem über Unmenschlichkeit am Arbeitsplatz. Zum Zeit- und Leistungsdruck gesellen sich übellaunige und übelwollende Kollegen. Aber nicht nur im Büro wird fröhlich drauflos gemobbt. Vor allem im Internet dreschen die Menschen lustvoll aufeinander ein, verbreiten Gerüchte, Lügen oder auch Nacktfotos von der Ex. Cyber-Mobbing ist eine Art Volksvergnügen geworden, jeder dritte Schüler hatte schon mindestens einmal damit zu tun. Mit zum Teil fatalen Folgen, wie die jüngsten Suizidfälle nach Mobbingattacken zeigen.

Kurzum: Es gibt überall Anzeichen für Rücksichtslosigkeit, Ignoranz, mangelnde Hilfsbereitschaft, Alltagsaggression. Immer weniger Menschen scheinen sich an Grundregeln menschlichen

Zusammenlebens zu halten. Im Gegenteil: Der Regelbruch ist zum Regelfall geworden – und Querulanten sind diejenigen, die auf ein Mindestmaß an Anstand pochen. Wenn der Eindruck nicht täuscht, sind Menschen aller Schichten, jeden Alters, jeden Bildungsgrads und jeder Herkunft von dieser merkwürdigen antisozialen Seuche befallen. »Es sind Millionen. Alte und Junge, Frauen und Männer, Westler wie Ostler haben sich im ›Verein zur Verwahrlosung der Sitten und Gebräuche e. V.‹ (VzVdSuG) in die Mitte der Gesellschaft gepöbelt«[2], schreibt der Journalist Michael Jürgs. »Vereinszweck: Kante statt Kant.«

Statistisch nachweisen lässt sich das mitunter nur schwer. Niemand bekommt einen Strafzettel fürs Rumrüpeln, Vordrängeln, Anraunzen. Egoismus ist kein Straftatbestand. Verbale Aggression wird nicht im polizeilichen Führungszeugnis vermerkt. Aber allein die Fülle an Anti-Mobbing-Projekten, an Kampagnen gegen Verkehrsrowdytum und für Fair Play, an Benimmkursen für Schüler und Erwachsene lässt ahnen: Irgendetwas liegt da im Argen. »Mein Eindruck ist, dass unser Umgang miteinander schon einmal besser war«, sagt Bärbel Meschkutat, die Co-Autorin des ersten deutschen Mobbing-Reports. Und weil den Eindruck die Allermeisten teilen, entstand die Idee, ein Buch über die Rüpel-Republik Deutschland zu schreiben.

Um Missverständnissen vorzubeugen: Dies ist keine Benimmfibel und kein Regelkatalog. Es geht hier nicht um die Frage »Frau Doktor« oder »Frau Doktorin«, nicht um das korrekte Umfassen eines Weinglases, nicht um Vorstellungsrituale, nicht um die Fingerschalen- oder die Sechzehnuhrzwanzig-Regel, wie sie in den seit Jahren boomenden Knigge-Seminaren gelehrt werden. Es geht um kein Zurück in eine aus höfischen Regeln und Zwängen bestehende Vorzeit. Es geht um Grundsätzlicheres. Es geht darum, dass wir offenbar mehr gegen- als miteinander leben; dass wir der Maxime eines Baumarkts folgen – »Mach dein Ding!« – und uns nicht darum scheren, wem wir dabei auf die Füße treten. Es geht, anders gesagt, um die Frage: Was hat uns so unsozial werden lassen? Und wie wollen wir künftig miteinander auskommen?

Nun ist es zugegebenermaßen kein Weltuntergang, wenn Menschen im Kino so frohgemut tratschen, als säßen sie in ihrem eigenen Wohnzimmer. Jemandem die Tür vor der Nase zuzuschlagen ist für sich genommen noch kein Beweis für den Niedergang der Zivilisation. Und wenn ein Autofahrer nicht blinkt, nicht nach anderen schaut und trotzdem mit vierzig Sachen um die Kurve brettert, mag das nicht mehr sein als ein Zeichen momentaner Unachtsamkeit. Was aber, wenn alle ständig vor der Leinwand plappern? Wenn keiner mehr anderen einen Gefallen tut? Wenn jeder auf der Straße fährt, wie er es für richtig hält? Oder mal so gefragt: Was wäre, wenn man beim Skat spontan beschließen würde, dass die Damen nun die Buben sind, weil man mehr davon auf der Hand hat? Wenn man beim Fußball nach 75 Minuten vom Feld ginge, weil man gerade führt? Wenn man sein Auto mitten auf einer vielbefahrenen Kreuzung abstellte, weil man keine Lust mehr hat, einen Parkplatz zu suchen?

Es gibt, mit anderen Worten, Regeln des Zusammenlebens, glücklicherweise sind die wenigsten davon in Stein gemeißelt, die allermeisten haben wir verinnerlicht als soziale Normen, als das, was sich gehört – oder auch nicht. Ohne diese unausgesprochenen Regeln kann das Zusammenspiel von Menschen nicht funktionieren. Insofern ist es durchaus bedenklich, wenn immer mehr von uns dort, wo es nicht strafbar ist, nach ihren ganz eigenen Regeln spielen.

»Man muss ganz einfach beim Aufhalten der Türe – was hier als Beispiel für viele Kleinigkeiten des Alltags gilt – daran denken, dass es noch andere Menschen gibt. Und allein das halte ich für einen entscheidenden Schritt, wenn nicht sogar den entscheidenden Schritt in der Regelung des Zusammenlebens«[3], schreibt der Jurist Rainer Erlinger in seinem Buch »Moral«. Viele von uns aber denken, wenn überhaupt, vor allem an eines: an sich. Und halten das für normal. Die anderen machen es ja genauso. »Wer spielt schon als Einziger richtig, wenn die anderen falschspielen?«[4], fragt der Allzweck-Philosoph Richard David Precht.

Aber muss man wirklich gleich ein ganzes Buch darüber schreiben? Ginge es nur um ein bisschen Pöbeln hier, ein paar Rüpel da, sicher nicht. Was aber, wenn die genannten Beispiele nur alltägliche Indizien für eine um sich greifende gesellschaftliche Verwahrlosung sind? Eine, die ganz oben beginnt, beim Bundesschnäppchenjäger Christian Wulff zum Beispiel oder bei VW-Chef Martin Winterkorn, der sein Gehalt 2011 um schlappe 63 Prozent nach oben schraubte und damit 17,4 Millionen Euro verdiente?* Und die unten so ankommt, dass sich Anstand, Skrupel und Rücksichtnahme einfach nicht auszahlen – Egoismus und Ignoranz aber sehr wohl?

Es wird gerade viel geredet und noch mehr geschrieben über die moralische Verlotterung der sogenannten Eliten. Gehalts- und Boni-Exzesse im Angesicht der Finanzkrise, das muntere Geben und Nehmen in der Politik – das sind Themen, die wie wenige andere für kollektive Empörung sorgen. Es ist aber eben nicht so, dass da ein paar skrupellose Schurken oder Egomanen versehentlich an wirtschaftliche und politische Schaltstellen gelangt sind. Die da oben gehören zu uns. Wie sie scheren wir uns immer seltener um lächerlichen Klimbim wie Rücksichtnahme. Wie sie zucken wir mit den Schultern, wenn uns einer mit vorgestrigen Begriffen wie Mitmenschlichkeit kommt. Wie sie holen wir stets das Beste für uns und unsere Kinder heraus, und zwar überall dort, wo es geht: auf der Straße, beim Einkauf, auf dem Fußballplatz … Und wer uns dabei in die Quere kommt, der kann aber was erleben.

Dass das auf Dauer nicht folgenlos bleiben kann, liegt auf der Hand. »Immer mehr Menschen können nicht mehr miteinander um- und aufeinander eingehen. Diese Erfahrung haben sie nicht gemacht. Vielleicht haben sie in einem frühkindlichen Förderkurs

---

* Aufgrund massiver öffentlicher Kritik veränderte der VW-Aufsichtsrat 2012 die Vergütungsregeln, Winterkorns Gehalt sank damit auf »nur« noch gut 14 Millionen Euro.

als Dreijährige eine erste und als Vierjährige eine zweite Fremdsprache nahegebracht bekommen. Aber miteinander spielen, lachen, Spaß haben oder traurig sein – das blieb ihnen nicht selten fremd. Kinder- und Jugendeinrichtungen schlagen Alarm. Sie halten mittlerweile jedes fünfte Kind für psychisch auffällig und die Hälfte davon für längerfristig behandlungsbedürftig«[5], schreibt der Sozialwissenschaftler Meinhard Miegel.

Die Stiftung für Zukunftsfragen, die regelmäßig das Freizeitverhalten der Deutschen untersucht, spricht von einer hilflosen Gesellschaft, »in der soziale Schichten und ganze Stadtteile auseinanderzudriften drohen und immer mehr neben- als miteinander wohnen und leben«[6]. Und das hat offenbar nicht nur damit zu tun, dass die Kommunen unter brutalem Sparzwang in den vergangenen Jahrzehnten vor allem solche Einrichtungen dichtgemacht haben, in denen Menschen Menschen begegnen – also etwa Jugendclubs, Schwimmbäder, Theater, Bibliotheken oder Stadtteiltreffs. Auch dort, wo sie noch aufeinandertreffen, zeichnen sich viele durch eine bemerkenswerte Unfähigkeit aus, miteinander auszukommen. »Wir alle müssen uns den Platz teilen«, schreibt Erlinger. »Das klingt ziemlich banal, ist aber auch die Grunderkenntnis, die man braucht, um zum richtigen Verhalten zu gelangen. (…) Und es funktioniert besser, wenn man die Größe des Teils, den man sich nimmt, dabei mit vorausschauender Rücksicht bestimmt.«[7] Nur: Wieso teilen? Mit wem? Was hab ich davon? Sind wir nicht alle Konkurrenten – um Jobs, Geld, Zeit, Platz? Im Frühjahr 2012 wurde Erlinger, der im Magazin der *Süddeutschen Zeitung* seit Jahren eine Art Moralorakel gibt, eine Gewissensfrage gestellt: Carsten H. aus Mainz wollte mal nachhören, ob es legitim sei, zwei Reservierungen für den Zug zu kaufen und den leeren Platz trotz Überfüllung standhaft zu verteidigen. Er selbst, so H. vorab, fühle sich jedenfalls »absolut im Recht«. Man kann davon ausgehen, dass etliche Mitmenschen 4 Euro fürs Alleinsein als lohnende Investition betrachten. Denn merke: Die Idioten sind immer die anderen.

Dabei stehen wir mit diesen anderen doch eigentlich in so dauerhaftem und engem Kontakt wie nie zuvor – nur eben nicht persönlich. Stattdessen mailen und simsen und twittern und posten wir, was das Zeug und die Daumen halten. Überall und jederzeit. Wirr vor sich hin brabbelnde Zeitgenossen, früher eher eine Seltenheit, dominieren inzwischen die öffentliche Bühne der Innenstädte. Nur tragen sie heute Headsets und Minimikrofone und lassen uns ungeniert an ihrem Intimleben teilhaben. Ob wir wollen oder nicht. »Wir sind immer intensiver miteinander verbunden, aber dabei seltsamerweise immer häufiger alleine«[8], schreibt die Sozialwissenschaftlerin Sherry Turkle in ihrem Buch »Alone Together«, das einen bezeichnenden Untertitel trägt: »Warum wir mehr von Technologie erwarten als von uns selbst.« Und da uns Smartphones die Tür zur weiten Welt öffnen, ist es wahrscheinlich wirklich zu viel verlangt, während der Nutzung auch noch die nächste Umgebung im Blick zu haben. Vielleicht sollte mal einer ein Anstands-App erfinden. Oder ist das zu old school?

Andererseits scheint den Deutschen selbst allmählich aufzufallen, dass da irgendetwas nicht stimmt. In Umfragen klagen immer mehr von uns über »soziale Kälte«. Glaubten im Jahr 1999 nur 42 Prozent der Befragten, dass das Klima im Land immer eisiger wird, waren es 2003 bereits 52, vier Jahre später sogar 58 Prozent. Im Vergleich zu acht anderen europäischen Ländern* war das der mit Abstand höchste Wert.[9]

Es ist schon erstaunlich: Deutschland ist das reichste Land Europas und eines der reichsten der Welt. Die Wirtschaft wächst scheinbar unaufhörlich. Die Finanzkrisen der letzten Jahre scheinen allen, nur nicht den Deutschen, zugesetzt zu haben. Die Arbeitslosenrate sinkt und sinkt, der materielle Wohlstand wächst und wächst. Aber zufrieden sind die Wenigsten. Die Miesmuffeligkeit ist alltäglich und überall zu beobachten und sogar statistisch zu messen. Mit großer Leidenschaft machen wir uns gegen-

---

* Frankreich, Schweiz, Finnland, Italien, Großbritannien, Russland, Belgien und Ungarn.

seitig das Leben schwer. Besonders überraschend sei das allerdings nicht, sagt der Sozialphilosoph Oskar Negt. »Werden Konkurrenz, Wettbewerbslust und Rücksichtslosigkeit im Umgang mit Menschen untereinander zu Tugenden deklariert (...), dann verändert sich unversehens das vorherrschende Menschenbild einer Gesellschaft.«[10]

Die Sache hat halt nur eine unübersehbare Kehrseite: den Verlust von Gemeinschaft. Ganze Dienstleistungsbranchen boomen aufgrund unserer wachsenden Unfähigkeit, Menschen unter Menschen zu sein: das Sicherheitsgewerbe, private Kinder- und Bildungseinrichtungen, die Wellnessindustrie und das Metier der professionellen Streitschlichter, das seit Jahren so krisensicher ist wie kaum ein anderes.* Gleichzeitig stapeln sich in den Buchhandlungen Ratgeber zum Thema Glück – weil es sich von allein offenbar nicht mehr einstellt.

Im Jahr 1893 beschrieb der Soziologe Émile Durkheim in seinem Werk »Über die Teilung der sozialen Arbeit« einen gesellschaftlichen Zustand, in dem gemeinschaftliche Normen verschwinden, die Gruppenmoral ins Wanken gerät und soziale Kontrolle kaum noch stattfindet. Durkheim nannte diesen Zustand »Anomie« (abgeleitet von »a nomos« – ohne Regeln). Typische Merkmale seien unter anderem wachsende Selbstmord- und Scheidungsraten, Kirchenaustritte, Bindungslosigkeit, zunehmende psychische Erkrankungen, ausufernde Vereinzelung und die Zunahme von Gewalt. Die Folgen: andauernde Unzufriedenheit und Angst.

Zufall oder nicht: In der Rüpel-Republik sind all diese Merkmale zu beobachten.

Und was kann man dagegen tun? Man kann natürlich, wie bei jeder Seuche, versuchen, eine wirksame Medizin dagegen zu fin-

---

* Nach Angaben von Sosan Azad, Sprecherin des Bundesverbandes Mediation e.V., gibt es mittlerweile rund 50 000 professionelle Streitschlichter in Deutschland – etwa drei Mal mehr als noch vor zehn Jahren. Im neuen Jahrtausend sei der Bedarf an Mediation sprunghaft in die Höhe geschnellt.

den. Und tatsächlich gibt es Forscher, die an so etwas arbeiten. In Experimenten mit Mäusen nämlich hat man herausgefunden, dass der Botenstoff Oxytocin Stress abbaut und prosoziales Verhalten fördert. Eine Firma in Florida hat daraufhin sogleich »Liquid Trust« (flüssiges Vertrauen) auf den Markt geworfen, ein Spray, das Menschen wieder menschlicher machen soll. Denn: »Alles beginnt mit Vertrauen«, so die Werbebotschaft.[11] Aber zum einen ist das Zeug ziemlich teuer, und seine Wirkung ist außerdem zweifelhaft.

Man könnte deshalb auch einfach mal fragen, was da eigentlich schiefgegangen ist in den vergangenen Jahrzehnten. Dieses Buch versucht es herauszufinden. Es beschäftigt sich dafür in einem ersten Teil zunächst mit den Rüpeln selbst und besucht diese in ihren, wenn man so will, natürlichen Lebensräumen: bei sich zu Hause, in der Schule, auf dem Sportplatz, im Straßen- und beim Datenverkehr. Herausgekommen sind dabei Geschichten, die zunächst einmal für sich selbst sprechen.

In einem zweiten Teil geht es um die Frage: Was hat uns so werden lassen, wie wir sind? Sind wir womöglich von Natur aus unverbesserliche Stinkstiefel und Ichlinge? Und wenn nicht: Was hat uns dazu gemacht?

Und schließlich soll es in einem dritten Teil um ein Gegengift gehen, das nicht in der Apotheke erhältlich ist und das auch keine sofortige Heilung verspricht. Das auszuprobieren aber einen Versuch wert wäre. Denn bei aller Verwunderung über die Verhältnisse, eines ist auch klar: Wir waren schon einmal netter zueinander, also können wir es auch wieder werden. Die Frage ist, auf welchem Weg.

Aus dem krisengeschüttelten Griechenland waren im Frühjahr 2012 merkwürdige Geschichten zu hören. Geschichten von Menschen, die sich zusammenschlossen, um am Handel vorbei Lebensmittel zum Selbstkostenpreis abzugeben. Geschichten von Restaurants und Bäckereien, die eine Organisation namens »Boroume« – »wir können« – gründeten, um die Reste vom Tag an die wachsende Zahl der Obdachlosen zu verteilen. Geschichten von Zeitbanken, Tauschbörsen, Selbstversorgern.[12] Es waren ganz ähnliche Geschichten, wie man sie vier Jahre zuvor aus dem Pleitestaat Island und zehn Jahre zuvor aus dem vom Terror heimgesuchten New York gehört hatte. Wo man auch hinschaut, Krisen und Kriege lassen Menschen zusammenrücken.

Es ist also eigentlich ganz einfach: Wir müssen nur auf die nächste richtige Katastrophe warten.

Oder aber wir probieren vorher aus, ob man in einer Sackgasse auch ohne Totalschaden wenden kann.

Teil I

*»Manche Leute drücken nur ein Auge zu,
damit sie besser zielen können.«
(Billy Wilder)*

»Es kann der Frömmste nicht in Frieden leben ...« –
Wieso wir mit unseren Nachbarn aufs Herzlichste befeindet sind

In der uckermärkischen Einsamkeit, eineinhalb Autostunden nördlich von Berlin, liegt ein verwunschener Weiler im Wald. Da vorne ein Schlösschen mit Türmchen in Altrosa und Türkis, nicht weit davon eine Stallanlage mit blutrotem Fachwerk, am Wegesrand Kirschen und Mirabellen und Sanddorn. Im Sommer dösen auf üppigen Weiden Trakehner in der Sonne. Es duftet nach Sanftmut in Mahlendorf. Und wenn es Abend wird über dem Ensemble, blinzelt der Große Küstrinsee aus der Senke gütig hinauf zu seinen Nachbarn. Das alles ist sehr schön. Vielleicht zu schön, um wahr zu sein.

Fast ein Jahrzehnt lang war Mahlendorf, statistisch betrachtet, eines der kriminellsten Dörfer des Landes. Kein Mensch weiß genau, wie oft Polizisten, Staatsschützer und Richter in dem winzigen Weiler nach dem Rechten sahen. Auf holprigen Schlaglochpisten zuckelten sie, aus Neuruppin oder Templin kommend, durch den Wald. Sie stapften durchs Unterholz, vermaßen Zäune, begutachteten Pflöcke und überschritten dabei ein ums andere Mal unsichtbare Demarkationslinien. Im Namen des Volkes urteilten sie hernach darüber, wem beispielsweise ein sperriges Stück Rundholz gehört. Auf dass endlich Frieden einkehre in Mahlendorf. Aber der

Frieden dachte nicht daran. Mitte der neunziger Jahre bereits war er aus Mahlendorf vertrieben worden.

Damals ereignete sich in dem Ort, der wie hingemalt wirkt in die üppige Natur, ein Spektakel, das als »Seeschlacht von Mahlendorf« in die Annalen einging. Wer sie begann, ist nicht überliefert. Man kennt jedoch die Namen der Rivalen: Hier der Pfarrer Markus Meckel, letzter Außenminister der DDR und langjähriger Bundestagsabgeordneter der SPD, dort Adolf Heinrich Graf von Arnim. Dieser ist inzwischen tot, aber zumindest damit hat jener nichts zu tun.

Anfang der neunziger Jahre, die DDR war soeben dahingeschieden, kehrte der Graf samt Gattin und Tochter nach Mahlendorf zurück. Seine Vorfahren, die im nahen Schloss Boitzenburg residierten, hatten sich die Handvoll Häuser und Stallungen einst als Jagdsitz in den Wald pflanzen lassen. Nun plante der Graf, aus dem Taunus kommend, eine Renaissance des Anwesens mit Pferdezucht und Reitstunden, zog ins ehemalige Jagdschloss, kaufte, was zu kaufen war, pachtete, was zu pachten war, und bekam im Lauf der Jahre fast das ganze Dorf – bis auf eine Kate. Die bekam Markus Meckel.

Wie aus dem Nichts tauchte der vollbärtige DDR-Abwickler 1996 in Mahlendorf auf. Er brauchte noch einen Wohnsitz in der Uckermark, seinem Wahlkreis. Das Häuschen mit Seeblick und dem röhrenden Hirsch auf dem Giebel schien ihm dafür bestens geeignet. Also mietete sich Meckel in Mahlendorf ein, sehr zum Verdruss des Grafen. Der steigerte sich noch, als Meckel regelmäßig Freunde einlud, um vom gräflichen Bootssteg aus kopfüber in den Küstrinsee zu springen. Und weil der Pfarrer das tat, wie Gott ihn schuf, und der Graf den Ostbrauch des Nacktbadens offenbar geringschätzte, kam es zum Streit. Böse Worte machten die Runde. Der Politiker Meckel gebärde sich als Großkotz und feiere Orgien, hieß es hüben. Der Graf wähne sich offenbar noch in Feudalzeiten, hieß es drüben. Ein Wort gab das andere und irgendwann reichte es dem Grafen: Er ließ richterlich die Eigentumsverhältnisse klären und erteilte Meckel Hausverbot. Die Schlacht hatte er damit gewonnen. Der Krieg ging nun erst los.

Fortan muss es im Wald um den See zu ungewöhnlicher Betriebsamkeit gekommen sein. Mal schlugen sich Badelatschenträger mit Booten durchs Dickicht, mal tauchten auf Wegen Heurollen, Drähte und andere Hindernisse auf. Ein Rüstungswettlauf im Grünen begann. Den See wollte offenbar keiner der Kombattanten verlorengeben. »Das eskalierte und eskalierte«, ächzt Ulrich Böcker, der Anwalt derer von Arnim. »Meckel und seine Gesellen«, so Böcker, hätten sich »wie Rotz am Ärmel« benommen. Hätten auf kurioseste Weise versucht, sich Zugang zum See zu verschaffen. Da habe man halt immer wieder klagen müssen.

Meckel seinerseits machte seinem Ärger über den bockbeinigen Blaublüter in ellenlangen Schreiben an Behörden und Parteifreunde Luft, die auch schon mal den offiziellen Bundestagsbriefkopf trugen. Das wiederum ließ im gräflichen Haus den Verdacht keimen, da missbrauche ein Abgeordneter sein Amt. Zumal später, so das gezielt gestreute Gerücht, auch eine umkämpfte Koppel auf seltsame Weise in den Besitz des Politikers übergegangen sei. Ein Verdacht, den der Politiker brüsk zurückwies.

Unaufhaltsam trübte sich so das Mahlendorfer Idyll. Einmal, ein einziges Mal, im Advent 2000 war's, schien es, als könne sich das Blatt wenden. Meckel hatte, nach einem Bietergefecht mit dem Grafen, die zum Verkauf stehende Kate zugesprochen bekommen. Trefflich gelaunt stiefelte er mit einer Flasche Rotwein zum Schloss. »Dann«, sagt Anwalt Böcker, »muss etwas passiert sein, was wir alle nicht wissen.« Amtlich ist, dass der Graf laut tobte. Es gibt, natürlich, zwei Versionen des Dialogs. Lassen wir sie weg. Sie sind nicht wichtig. Wichtig ist nur, dass man sich fortan nicht mal mehr grüßte.

Und so verzeichnen es die Mahlendorfer Annalen: Einmal soll ein Freund von Meckel gräfliche Obstbäume geköpft haben, um »dem Markus den Blick auf den See freizuhalten«. Einmal sollen Unbekannte ein Gemisch aus Fenchel, Knoblauch und anderen übelriechenden Substanzen in Meckels Golf gekippt haben – da kam sogar das BKA und durchsuchte das Schloss. Einmal soll Meckel die Gräfin geschubst haben. Einmal klebte Hundekot an Meckels Fenster. Ein paar Mal soll jemand dessen Mülltonnen gestürzt haben. Vielleicht Waschbären. Vielleicht auch nicht. Und mehrfach rissen sich die Rivalen gegenseitig Zäune aus dem Boden, den sie für sich beanspruchten. »Irgendwann«, seufzte da der ratlose Revierförster, »kommt mal jemand mit der Zwangsjacke.«

Peu à peu wurden auch die restlichen Mahlendorfer, vielleicht zehn an der Zahl, in das Scharmützel gesogen. Ob sie wollten oder nicht. Pfingsten 2005, der Graf war gerade ein paar Monate tot, traf es zum Beispiel den Malermeister Ralf Podschun. Als dieser der Gräfin dabei half, einen daniederliegenden Zaun wieder aufzurüsten, schallte es plötzlich aus dem Hause Meckel: »Grafenlakai!« Podschun, sonst eher friedlich, griff darauf zum Äußersten und tackerte, in Spuckweite vor Meckels Haus, eine Wandzeitung an seine Linde. Hier, konnte man nun lesen, mache ein Abgeordneter einer Witwe das Leben zur Hölle. Podschuns fanden »dit toll«, Meckel eher nicht. Er erwirkte eine einstweilige Verfügung. Podschun, nicht faul, hing auch diese an den Baum – und wurde prompt wieder verklagt. Seither zierten Bibelsprüche die Linde. Gegen die kann man nichts machen. Schon gar nicht als Pfarrer.

Im Mai 2006 schließlich begann, was als »Mahlendorfer Zaunlattenstreit« auch bundesweit Beachtung fand. Auslöser war ein Rundholz, das Meckel in seinen Zaun einbaute und von dem die Gräfin behauptete, dass es ihr gehöre. »Sie wissen, dass das Diebstahl ist«, schrieb sie in einem Brief an Meckel. Und weil sie den Brief unvorsichtigerweise auch ihrem Anwalt und einigen Nachbarn zustellte, wähnte sich der Abgeordnete öffentlich verleumdet. Man traf sich wieder einmal vor Gericht. Dort würde man sich auch weiterhin treffen, hätte Meckel anno 2009 nicht die Nerven verloren. Zermürbt vom jahrelangen Stellungskampf ließ der Pfarrer aus dem Bundestag die Umzugswagen in Mahlendorf vorfahren.

Kurz darauf entfernte auch Malermeister Podschun die letzten Bibelsprüche von der durchlöcherten Dorflinde. Sie waren vom Wetter gegerbt und an den Rändern ausgebleicht, aber die Botschaften konnte man immer noch lesen. Hier zum Beispiel, aus dem Buch Salomon 20,3: »Eine Ehre ist es dem Mann, dem Streit fernzubleiben, aber die gerne streiten, sind allzumal Toren.«

So spricht der Herr. Hört jemand zu?

»Es kann der Frömmste nicht in Frieden bleiben, wenn es dem bösen Nachbar nicht gefällt«, schrieb Friedrich Schiller in seinem »Wilhelm Tell«. Was den Verdacht nahelegt, dass es Nachbarschaftsstreitigkeiten bereits seit der Erfindung des Nachbarn gibt. Und doch tut sich seit einigen Jahren Merkwürdiges in Deutschland. Mit sturer Besessenheit, heiligem Zorn und verblüffender Kreativität machen sich Menschen, die Tür an Tür hausen, das Leben zur Hölle. »Aus unserer Sicht gibt es eine eklatante Zunahme von Nachbarschaftsstreitigkeiten«, sagt Holger Becker. Becker ist Sprecher des Verbandes deutscher Grundstücksnutzer, der regelmäßig mit Medienpartnern telefonische Beratungsstunden zum Thema durchführt. »Da bekommen wir jedes Mal heiße Ohren. Bei keinem anderen Thema kriegen wir so viele Anrufe.«

Die Menschen, die sich da vertrauensvoll an Fachleute wenden, haben vor allem eines im Sinn: im Kleinkrieg mit ihrem Nächsten um jeden Preis aufzurüsten. Es geht um Grillgut und die Frage, wo und wann man es im Sommer garen darf. Es geht um vermeintlich »illegale« Misthaufen, die zum Himmel stinken. Es geht um die korrekte Bedienung von Fahrstühlen. Es geht um Überwachungskameras und das, was sie womöglich vom Nachbargrundstück mitfilmen. Es geht um Hecken, Parkplätze, Hundekot. Und es geht um Laub, das so unverschämt ist, im Herbst vom Baum zu fallen – und dabei bisweilen über den Gartenzaun geweht wird. »Um Laub!«, schnauft Becker. »Das müssen Sie sich einmal vorstellen.« Mit anderen Worten: Es geht um alles. Und um nichts. Bisweilen entblößen Streitlustige auch einfach nur die Hinterbacken, um den lieben Nachbarn sachdienlich darauf hinzuweisen, wo der ihn mal kann. So was muss natürlich ausgefochten werden. Durch alle Instanzen.

Deutsche Gerichte sind voll von Nachbarn, die sich nach jahrelangen zermürbenden Scharmützeln nicht einmal mehr eines Blickes würdigen. In Sigmaringen – Umfragen zufolge immerhin eine der glücklichsten Regionen des Landes* – trafen sich Anfang des Jahres zwei Kombattanten vor dem Amtsgericht. Der Beklagte hatte auf seinem Grundstück einen Garagenanbau errichtet, dessen Bodenplatte jedoch, je nach Lesart, neun bis sechzehn Zentimeter aufs Nachbaranwesen ragte. Unterirdisch, wohlgemerkt. Prompt verklagte ihn seine Nachbarin darauf, die überzähligen Zentimeter zu entfernen, zugleich untersagte sie dem Hobby-Bauherrn jedoch, zu diesem Zweck ihr Grundstück zu betreten. Blöderweise wären die nötigen Arbeiten aber nur von dort aus durchzuführen – es sei denn, man reißt große Teile des Anbaus wieder ab. »Das ist schon relativ kleinlich«, sagt Amtsrichter Wolfgang Wenzel. Bei den Streitparteien handelte es sich übrigens um Bruder und Schwester.

Relativ kleinlich verhielt sich auch ein Mann, der die Familie von nebenan ständig mit dem Fernglas beobachtete und, nachdem ihm das gerichtlich untersagt worden war, stattdessen eine Menschenpuppe mit Fernglas ins Fenster stellte. Dagegen ist die Justiz einigermaßen machtlos.

Wenig Größe schließlich offenbarten im Januar 2012 im bayerischen Bischofswiesen Rodelweltmeister Georg Hackl und dessen Nachbar. Weil Hackl Schnee auf dessen Grundstück geschippt haben soll, tickte der Nachbar aus und attackierte den Sportsmann mit einer Eisenstange. So erzählte es jedenfalls Hackl. Da der vermeintliche Täter andere Erinnerungen offenbarte, hatten beide am Ende eine Anzeige wegen Körperverletzung am Hals. Die Polizei Berchtesgaden ermittelte. Sie hat ja offenbar nichts Besseres zu tun.

---

* Die Online-Befragung »Perspektive Deutschland« unter 600 000 Teilnehmern ergab im Jahr 2006, dass in der Region Bodensee-Oberschwaben die glücklichsten Menschen leben.

Zwei Drittel der Deutschen würden sich, wenn sie könnten, andere Nachbarn wählen. Jeder Dritte gibt in Umfragen an, mit dem Depp von nebenan schon einmal Streit gehabt zu haben. Der wird zusehends auch mit technologischen Hilfsmitteln ausgetragen. Wachsender Beliebtheit erfreuen sich etwa Mini-Drohnen, die schon für gut 100 Euro zu haben und mit dem iPhone fernsteuerbar sind und mit denen sich der Feind hinterm Gartenzaun herrlich einfach aus der Vogelperspektive ausspionieren lässt. Die Ergebnisse sind hernach nicht selten auf YouTube oder Nachbarschafts-Hassseiten im Netz zu begutachten. Ein schwerer Rückschlag war es demnach für die Spione, die aus der Hecke kamen, als 2009 die deutsche Variante von rottenneighbor.com wieder offline ging. Aber es gibt ja noch immer genügend Alternativen.

»Das Lustigste, das ich bisher erlebt habe, war jemand, der Katzenkeramiken aufgestellt hat, um den Nachbarhund zu ärgern«, sagt Holger Becker vom Grundstücksnutzerverband. Wie überhaupt Tiere die niedersten Instinkte bei manchen Menschen zu wecken scheinen. Aus Thüringen ist ein Fall verbürgt, in dem ein Mann von der Nachbarskatze derart in Rage gebracht wurde, dass er sie kurzerhand entführte. Tags darauf fand die Besitzerin zumindest das Fell des Schmusetieres wieder. Es hing an ihrem Gartenzaun, zusammen mit einem Zettel und der Aufschrift »Bin baden!«.

Bei der Polizei hören sie gar nicht mehr auf, sich über Fälle wie diese zu wundern. Auf allen gesellschaftlichen Ebenen zerbrösele die Dialogfähigkeit, heißt es etwa bei der Gewerkschaft der Freunde und Helfer in Nordrhein-Westfalen. Offenbar wüssten immer weniger Leute, wie man diskutiert, streitet und sich hernach wieder verträgt. Früher hätten die Menschen nicht nur gewusst, wie man einen Streit anfängt, sondern auch, wie man ihn beendet. Und heute? Werde mittlerweile wegen der kindischsten Lappalien die 110 gewählt. Aber wenn die Polizei dann wirklich kommt, ist es meistens auch nicht recht.

»Wir erleben inzwischen gegenüber Beamten eine Gewaltbereitschaft, die wir in dieser Form früher nicht hatten«, sagt André Sturmeit, der Sprecher der Polizei in Frankfurt am Main. Da feiert ein Mieter bis tief in die Nacht, ein anderer beschwert sich, die Sache eskaliert, Polizisten rücken aus – und dürfen sich dann von beiden Parteien wüst beschimpfen lassen. »Der Ton macht die Musik«, sagt Sturmeit. »Und beim Ton sind wir inzwischen auf der untersten Stufe angekommen. ›Ich fick deine Mutter‹ gehört da fast noch zu den harmlosen Beleidigungen.«

Nun könnte man einwenden: Frankfurt, hartes Pflaster, da geht's halt auch mal rauer zu, na und? Blicken wir deshalb für einen Moment nach Wuppertal, statistisch betrachtet eine der friedlichsten Großstädte der Republik. Dort lebt Wolfgang Liebrecht, dreiundsechzig Jahre alt, dreißig Jahre lang Polizist und bis vor zwei Jahren Leiter des Kommissariats Kriminalprävention. Wolfgang Liebrecht sagt: »Wir hatten schon Hochzeitsfeiern, wo wir mit zehn, zwölf Streifenwagen ausrücken mussten.« Vor allem unmotivierte Körperverletzungsdelikte – also Prügeleien ohne ersichtlichen Grund – hätten in den vergangenen Jahren auch im netten Wuppertal immer mehr zugenommen. So wie überall sonst auch. Man bricht dem anderen die Nase, weil einem gerade danach ist. Man provoziert eine Backpfeife, um zurückschlagen zu können. »Wir haben heute kaum noch Veranstaltungen, wo nicht massiv Polizei daneben stehen muss, damit die nicht aus dem Ruder laufen«, sagt Liebrecht. »Das gilt nicht nur für Erstliga-Fußballspiele, Großveranstaltungen und Demonstrationen, sondern bis runter zu den Spielen der Kreisklasse und privaten Festen. Es dauert nicht mehr lange, bis wir bei jedem größeren Geburtstag dabei sein müssen.«[1]

Dabei ist es nicht so, dass die Kommunen nichts unternommen hätten, um den unheilvollen Trend zu stoppen. Manche Städte schicken verstärkt Sozialarbeiter, aber auch sogenannte Hilfssheriffs auf die Straße. Andere rufen »Ordnungspartnerschaften« mit Ämtern, Kirchen, Polizeidienststellen ins Leben. Wieder andere starten PR-Kampagnen. Und manche machen all das gleichzeitig.

Wuppertal wiederum mischte auch beim Präventionsprogramm der Landespolizei mit dem Titel »Vorsicht – wachsamer Nachbar« mit. Der Erfolg freilich hielt sich in Grenzen. »Von den Leuten bekamen wir ganz oft zu hören: ›Was interessiert mich mein Nachbar?‹«, so Liebrecht.

Seit zwei Jahren ist der Kommissar nun pensioniert. Über die Ursachen aber grübelt er bis heute. Früher, sagt Liebrecht, hätten die meisten eigentlich gewusst, was sich gehört und was nicht. »Um diese Frage brauchten wir uns einfach nicht zu kümmern. Es gab Verhaltensweisen, von denen man in der Gesellschaft sicher wusste, dass man das nicht tut. Und darauf konnte jeder Polizist genauso bauen wie jeder andere in der Gesellschaft auch. Das kann man heute nicht mehr.«[2]

Und das nicht nur unter Nachbarn.

»Meins gibt's, deins nicht« –
Was Schüler in Deutschland fürs Leben lernen

Das Schöne an Facebook ist ja: Man kann es kinderleicht bedienen. Das müssen sich auch drei Elfjährige gedacht haben, als sie im Sommer 2011 einen pfiffigen Plan ersannen, um es ihrem Mathelehrer heimzuzahlen. Der Mann, nennen wir ihn Herrn Schmidt, hatte seine Schüler zuletzt mit harter Hand und noch härteren Klausuren genervt. Es war an der Zeit, ihn in die Schranken zu weisen. Die drei Elfjährigen hatten nicht nur die Lust dazu, sie hatten auch die Möglichkeiten: Sie besuchten ein Gymnasium für Hochbegabte in Berlin.

Eines Morgens also kam Herr Schmidt an die Schule und stellte fest, dass hinter ihm getuschelt und gekichert wurde. Noch bevor er den Grund herausfinden konnte, wurde er ins Büro der Direktorin zitiert. Dort erfuhr Herr Schmidt, dass er neuerdings ein eigenes Facebook-Profil besaß, prall gefüllt mit Videoclips von kopulierenden Menschen. Es dauerte eine Weile, bis Herr Schmidt glaubhaft versichern konnte, dass weder das Profil noch die Pornos von ihm stammten. Schulintern begann daraufhin eine Ermittlung, an deren Ende einer der drei elfjährigen Musterschüler einknickte. Weil er die anderen verpfiff und sich bei Herrn Schmidt entschuldigte, war er fortan der Klassenidiot. Die beiden Mitverschwörer zuckten indes nur mit den Schultern – genauso, wie es ihnen ihre Eltern vorgemacht hatten. Eine Hochbegabten-Mutter lehnte es sogar ausdrücklich ab, ihren Sohn zu einer Entschuldigung zu drängen. Die ganze Sache sei doch ungeheuer witzig, erklärte sie in einem Krisengespräch, sie fände es phantastisch, was ihr Sprössling mit seinen elf Jahren schon alles könne.

Das war der Moment, in dem Miriam Hanke, die dabeisaß, ahnte, dass sie womöglich auf verlorenem Posten steht.

Drei Jahre zuvor hatte Miriam Hanke einen »persönlichen Feldzug« begonnen. Es war ihr zunächst ein bisschen peinlich. Egal, wohin sie ging, immer hatte die Kulturmanagerin das Gefühl, verfolgt zu werden: von U-Bahn-Fahrern, die ihr fröhlich Bier auf den Mantel kippten, von Döneressern im Kino, die ihr den Knoblauchatem in den Nacken hauchten, von rempelnden, drängelnden, hetzenden Menschen. »Wirst du jetzt komisch? Oder die anderen?«, fragte sich Hanke, entschied sich nach punktueller Feldforschung für Letzteres und bastelte sich einen neuen Job: Umgangstrainerin. Das Geld für ein entsprechendes Projekt hatte sie schnell beisammen. Im Berliner Senat, bei der Europäischen Union und vor allem in der freien Wirtschaft fand sie allerhand Verbündete. Gerade Unternehmer, so Hanke, hielten die nachwachsende Azubi-Generation mittlerweile für verroht, verkorkst und/oder verblödet. »Dieses Lied wollte ich nicht mitsingen.« Stattdessen zog sie aus, Schülern das Benehmen zu lehren. »Was ich versucht habe zu vermitteln, war so eine Art Knigge für Jugendliche.«

Ihre Rundreise in Sachen Anstand führte sie zunächst in eine Hauptschule nach Charlottenburg. Dort wurde sie an ihrem ersten Tag frühmorgens von einer Rektorin mit Alkoholfahne, dann von einer verängstigten Lehrerin begrüßt. Gemeinsam betrat man eine Klasse mit dreißig Schülern, das heißt, zunächst waren es höchstens fünfzehn, der Rest kam nach Unterrichtsbeginn allmählich reingetröpfelt, »als sei Schule so etwas wie ein Gleitzeitmodell«. Die meisten telefonierten am Handy, man beschimpfte sich aufs Herzlichste, erörterte die neueste Haarmode und ignorierte gewissenhaft die Lehrkraft, eine junge Frau, so Hanke, »die bereits zerbröselt war«. Tags darauf griff Hanke erstmals ein, sammelte Handys und Mützen ein und ließ sich dafür ausgiebig beschimpfen. Was folgte, war »ein Machtkampf um die einfachsten Dinge: dass man sich im Unterricht hinsetzt und sitzen bleibt, dass man ›Guten Tag‹ sagt, dass man Bescheid sagt, wenn man den Raum verlässt«. Nicht jedem wollte das spontan einleuchten. Nach jeder Stunde habe der Klassenraum zudem ausgesehen wie New Orleans nach dem Hurrikan Katrina. »Ich habe keine Ahnung, wie man das länger als drei Tage aushält.«

Die haben andere auch nicht. Weshalb inzwischen bundesweit Gegenmaßnahmen ergriffen werden. Seit etwa zehn Jahren haben Schulen Anstand und Umgangsformen notgedrungen für sich entdeckt. Weil »Respekt« im Zweifelsfall nur noch eine Worthülse aus dem Hip-Hop ist, bilden die Schulen eigene Lehrkräfte zu Benimmpaukern aus oder engagieren für teures Geld externe Berater. Selbst zum Unterrichtsfach hat es das Thema gebracht. Den Anfang machte im Jahr 2002 das Bremer Schulzentrum an der Flämischen Straße, das seinen Schülern mit UBV – »Umgang, Benehmen, Verhalten« – zu Leibe rückte. Vierzehn Grundregeln für das Zusammenleben ersannen die Pädagogen seinerzeit, darunter solche Ungeheuerlichkeiten wie pünktlich zu sein, an der richtigen Stelle »Danke« zu sagen oder keine Schimpfwörter zu benutzen, schon gar nicht mitten im Unterricht. Seither zogen Schulen in ganz Deutschland nach.

Der Bedarf ist offenbar groß. Der Zustand, in dem sie ihre Siebzehn- und Achtzehnjährigen antreffe, sei erschütternd, sagt etwa die Darmstädter Berufsschullehrerin Simone Kurz (Name geändert). »Die wissen nicht, wie man sich in Gesprächen verhält. Die wissen nicht, wie man jemanden ausreden lässt. Die wissen nicht, dass man in Bewerbungsgesprächen den Kaugummi aus dem Mund nimmt. Die wissen nicht, dass man dabei seine Jacke und seine Mütze ablegt. Und wenn man es ihnen sagt, machen sie es trotzdem nicht, weil das wahnsinnig uncool ist.« Ihre Schüler, sagt Simone Kurz, beachteten die Regeln vor allem deshalb nicht, »weil sie die Regeln schlicht nicht kennen«. Niemand habe sie ihnen beigebracht. Zum Spaß hat die 44-Jährige damit begonnen, an normalen Unterrichtstagen Strichlisten zu führen, für jedes »Scheiße«, für jedes »Ficken« ein Bleistiftbalken. Sie hat es irgendwann wieder bleiben lassen. Konfrontiert mit den vollgestrichelten Blättern nämlich reagierten ihre Schüler eher ratlos. Frau Kurz, raunten sie, wo ist das Problem? Machen Sie sich mal locker – ist doch alles »ganz normal«.

Ganz normal finden das andererseits aber nicht die Chefs der Ausbildungsbetriebe, wo sich die Schüler früher oder später bewerben. Manche schaffen es dabei nicht einmal in die Nähe eines Vorstellungsgesprächs – sei es, weil sie ihr Bewerbungsschreiben per Hand auf den ausgerissenen Zettel eines Notizblocks geschrieben haben, sei es, weil sich im Briefumschlag noch Asche von der einen oder anderen Zigarette befindet. Seit einigen Jahren, sagt ein Ausbilder, bewerbe sich in seinem Betrieb nur noch Schrott, ihm bleibe nichts anderes übrig, als den »Edelschrott« herauszufiltern.

Als sich die Beschwerden aus der Wirtschaft zusehends häuften und Schüler im Pulk abgelehnt wurden, weil sie auch beim besten Willen niemand für ausbildungsreif hielt, entwarf auch Kurz 2011 mit einem Kollegen eine eintägige Einführung in Überlebenskunde für Schüler. Dabei lehrt sie nun auch, wie man ein Bewerbungsschreiben so ordentlich faltet, dass es in einen Briefumschlag passt. »Man muss wirklich ganz vorne beginnen.«

Nicht jeder Lehrer freilich hat dazu noch die Kraft oder die Nerven. Zwei Drittel aller Lehrer an Haupt-, Real- und Sekundarschulen ächzen, sie hätten ihre Schüler immer seltener im Griff. Der Grund: Die Jugendlichen zeigen allenfalls noch Schmauchspuren von Disziplin und Respekt, ausreichend motiviert sei ohnehin kaum noch jemand, wie eine Studie des Instituts für Demoskopie Allensbach im April 2012 bestätigte. Der Krankenstand im Kollegenkreis sei enorm, sagt Kurz. Etliche Kollegen habe sie bereits mit Burn-Out-Syndrom in die Reha verabschiedet. Ein bundesweites Phänomen, wie es scheint. Im Herbst 2011 veröffentlichte die Deutsche Angestellten-Krankenkasse (DAK) eine Umfrage unter Lehrern. Jeder Sechste ist sich demnach sicher, dass seine Kraft nicht bis zum Pensionsalter reichen wird. Rund 44 Prozent haben zumindest Zweifel daran.[3]

Manche versuchen sich auch schlicht über die Zeit zu retten wie ein Frankfurter Chemielehrer, der im Unterricht jahrelang nur noch Spielfilme zeigte, weil seine Schüler alles andere – zum Beispiel Lernen – konsequent boykottierten. So ist es auch kein Wunder, dass sich die Berichte über eine wachsende Zahl von Analphabeten häufen. Im Februar 2012 überraschte etwa die Universität Hamburg mit einer Studie, wonach 7,5 Millionen Menschen in Deutschland als funktionale Analphabeten zu gelten haben und damit fast doppelt so viele, wie man bis dato dachte.* Anderen Studien zufolge soll jeder vierte Fünfzehnjährige in Deutschland inzwischen erhebliche Mühe damit haben, einen längeren Text zu entziffern oder gar zu schreiben. Die Zukunft dieser Jugendlichen ist zu Ende, bevor sie begonnen hat. Was bleibt da übrig, außer Wut?

Nach ihren ernüchternden Erfahrungen in der Hauptschule, setzte Miriam Hanke ihre Hoffnungen auf die nächste Station ihrer Reise: ein Gymnasium mit durchaus erfreulichem Ruf. Auch dort freilich wurde sie schnell eines Schlechteren belehrt. Das Aggressionspotential war das gleiche, nur verfügten die Schüler aus höhergestellten Schichten über einen erheblich größeren Wortschatz – und verfeinerte Methoden im Umgang mit verhassten Klassenkameraden und Lehrern. »Auch auf dem Gymnasium fehlt den Schülern jedes Verständnis dafür, dass sie Teil einer Gemeinschaft sind.« Als Lebensziel hätten die meisten angegeben, reich werden zu wollen. Reicher auf jeden Fall als die anderen. Mein Haus, mein Auto, mein Boot – die Botschaft der Werber ist angekommen in den Köpfen der Jungen. »Nach Sinnhaftigkeit, Glück oder Gesundheit sucht auch da keiner.«

---

* Funktionaler Analphabetismus bedeutet, dass Betroffene die gesellschaftlichen Mindestanforderungen an die Beherrschung der Schriftsprache, die eine Teilhabe an schriftlicher Kommunikation in allen Lebens- und Arbeitsbereichen ermöglicht, unterschreitet.

Das fand Hanke dann doch überraschend: »Das Irre ist, wer auf dem Gymnasium ist, weiß doch im Prinzip, dass er jetzt schon gewonnen hat. Und trotzdem ist da dieses Verhaltensmuster dominant, andere fertigmachen zu wollen.« In der schulischen Kleinpopulation im gutsituierten Berliner Bezirk Zehlendorf war es demnach gang und gäbe, dass die schwächeren Schüler massiv drangsaliert wurden. »Die wurden zum Teil zu Sklaven gemacht, indem man sie losgeschickt hat, damit sie mit ihrem eigenen Geld Brötchen für die Stärkeren kaufen.« Was immer die Drangsalierer von den Drangsalierten wollten: Sie nahmen es sich einfach. »Meins gibt's, deins nicht«, sagt Hanke. Irgendwo auf der schulischen Laufbahn, glaubt sie, muss die Fähigkeit zum Mitgefühl verlorengegangen sein.

An einem weiteren Gymnasium ereignete sich Ende 2009 ein vielsagender Zwischenfall. Dort arbeitete eine Lehrerin, die mutwillige Boykotteure ihres Unterrichts am Ende der Schulstunde zu sich rief, um sie mit eindringlichen Worten zur Räson zu bringen. An einem Freitagmittag nahm sie sich wieder mal einen ihrer hartnäckigsten Fälle vor. Dem Jungen war an dem Tag aber offenbar nicht nach einer Standpauke, also schnappte er sich kurzerhand den Schlüsselbund der Lehrerin, stürmte aus dem Klassenzimmer, schloss die Pädagogin von außen ein und entsorgte die Schlüssel in einer Mülltonne. Die Lehrerin selbst, eine junge Mutter, wurde erst am Abend vom Hausmeister befreit.

Der Rektor berief anschließend eine Konferenz ein und zitierte die Eltern zu sich. Diese jedoch drehten den Spieß einfach um: Die Lehrerin sei selber schuld, sie möge doch, bitteschön, aufhören, ihren Sohn ständig zu sich zu rufen. Der Junge werde sich also auch nicht entschuldigen, sollte ihm irgendjemand an der Schule Schwierigkeiten bereiten, werde man einen Anwalt einschalten. Gegebenenfalls, so schlossen die Eltern, werde man dann auch die Kosten für einen Psychologen einfordern, den man notgedrungen zurate gezogen habe, weil der Junge massiv unter seiner Lehrerin gelitten habe. Die Sache wurde dann nicht mehr weiterverfolgt.

Die Eltern. Miriam Hanke weiß ein Lied von Müttern und Vätern zu singen, denen im Kampf um ihre Kinder jedes Mittel recht zu sein scheint. Mehr als einmal musste sie sich die Frage anhören, ob sie der katholischen Kirche oder einer anderen obskuren Sekte angehöre, nur weil sie darauf beharrte, dass, wer Mist gebaut hat, auch dafür geradezustehen habe. Immer wieder sei sie bei Schülereltern auf verblüfftes Unverständnis gestoßen: Wie weltfremd sie eigentlich sei, wie blauäugig, sie sehe doch, was da draußen Tag für Tag los sei, da müsse man es den Kindern doch nicht noch schwerer machen. Selbst die »brutalsten kleinen Schweine« hätten keinerlei Sanktionen von ihren Eltern zu befürchten gehabt: Sie konnten doch nichts dafür, sie haben es doch nicht so gemeint, sie wurden doch mit Sicherheit provoziert, sie leiden doch selbst am meisten.

Mit den Kindern, sagt Miriam Hanke, sei sie im Zweifelsfall noch fertig geworden. Mit den Eltern wurde sie es nicht. Nach drei Jahren gab sie auf.

Sie ist jetzt wieder Kulturmanagerin. Aber einen Versuch, sagt die Fünfzigjährige, war es wert. Und wäre es noch immer. »Ohnmächtige Lehrer, Schüler außer Rand und Band und Eltern, die eine Vollhacke haben – ich glaube fest daran, wenn da nicht irgendwann eine Bremse reingehauen wird, dann wird sich das Rad immer schneller drehen.«

»Beweg dich, du Kackarsch-Mongole!« –
Wie Amateur-Fußballern der Spaß am Spiel abhandenkommt

In der Partie des SV Lövenich/Widdersdorf gegen SC Borussia Kaster/Königsdorf läuft die 75. Minute, als das Spiel für Schiedsrichter Stefan A. eine unerfreuliche Wendung nimmt. Die Gastmannschaft führt zu diesem Zeitpunkt 1:0, Lövenich droht die vierte Niederlage in Folge, am zehnten Spieltag bereits muss der ruhmreiche Klub in der noch ruhmreicheren Kreisliga A Rhein-Erft um den Klassenerhalt bangen. Die Nerven liegen also blank in der schicken LöWi-Arena, als Schiedsrichter A. eine Viertelstunde vor Schluss Freistoß für die Borussia pfeift. »Wichser!«, schallt es vom Spielfeldrand herein, nicht zum ersten Mal in diesem Spiel. A. kennt das, es sind die normalen Grußformeln für Unparteiische, man gewöhnt sich daran.

Nicht normal jedoch ist, was dann passiert. Nachdem der Freistoß der Gäste zum 2:0 geführt hat, rasten draußen am Spielfeldrand Kicker und Betreuer aus. Als sich A. nach dem Schlusspfiff in die Schiedsrichterkabine flüchtet, stellt ihm der LöWi-Trainer nach, brüllt »Ich schlag' dich tot!« und tritt dem 42-Jährigen in den Rücken. A. ruft darauf die Polizei. Noch bevor die eintrifft, erwartet den Schiedsrichter vor der Kabine der nächste unzufriedene Kunde. Mit einem Faustschlag streckt dieser Stefan A. nieder. Und weil der Kicker, der zum Boxer wurde, dabei einen Motorradhelm trägt, findet die Regionalpresse zu einer griffigen Schlagzeile: »Maskierter schlägt Schiri nieder.«[4] Das Merkwürdige ist: Überschriften wie diese häufen sich in der Fußballsaison 2011/2012. »Die wollten auf den Schiri los«, »Schiedsrichter sind wie Freiwild«, »Gewalt gegen Unparteiische eskaliert«, »Der Ball ist rund, der Hass ist groß« – so steht es landauf, landab in den Zeitungen. Die dazugehörigen Geschichten haben mit Sport nur noch am Rande zu tun. Sie sind im Gegenteil Ausdruck einer wachsenden Unsportlichkeit, über die sich Fußballverbände republikweit die Köpfe zerbrechen.

In der 3. Saalekreisklasse fühlt sich ein erwachsener Spieler aus Blösien Anfang November 2011 irgendwie ungerecht behandelt und attackiert daraufhin den Schiedsrichter – dass es sich bei diesem um einen vierzehnjährigen Jungen handelt, hält den Schläger nicht von seinem Angriff ab. In der Kreisliga-B-Partie der Bochumer Klubs SV Blau-Weiß Weitmar 09 II gegen FC Azadi Bochum schimpft ein Spieler den Unparteiischen »Hurensohn«. Als dieser konsequenterweise und regelkonform die Rote Karte zückt, wird er dafür geschlagen und bespuckt. In einer weiteren Kreisliga B, diesmal im Kreis Dortmund, gerät ein Spiel zwischen dem SV Körne II und dem FC Fortuna derart außer Kontrolle, dass die Fußballer der Heimmannschaft einen schützenden Kreis um den Unparteiischen bilden müssen. Anlass des Fortuna-Grolls war ein vermeintlicher Treffer, den der Schiedsrichter nicht anerkannt hatte. In Berlin-Friedrichshain schließlich wird im September 2011 dem Spielleiter Gerald B. eine Rote Karte zum Verhängnis: Mit einem gezielten Faustschlag befördert ein Kicker den Mann in Schwarz ins Krankenhaus. Auch in der Senioren-Landesliga sind manche Fußballer offenbar willens, das Spiel nach ihren ganz eigenen Regeln zu spielen.

»Vor einiger Zeit war es noch absolut tabu, den Schiedsrichter auch nur anzufassen«, sagt Bodo Brandt-Chollé, der Vorsitzende des Schiedsrichterausschusses beim Berliner Fußball-Verband. Inzwischen seien körperliche Attacken zwar nicht die Regel, aber die immer häufigere Ausnahme. Von Prügelorgien unter Spielern mal ganz abgesehen. Brandt staunt selber, wie auf den Fußballplätzen bisweilen gewütet wird. »Es geht kaum noch kameradschaftlich oder freundschaftlich zu auf dem Platz.« Früher habe man auch mal verlieren können, »heute will das keiner mehr«. Und wenn doch, dann ist aber was los auf dem Rasen. Dann decken sich Spieler mit Eckfahnen, Zuschauer mit Flaschen oder Knüppeln ein. Selbst mit Macheten wurden Blindwütige bereits auf dem Sportplatz gesichtet. Und weil der Zorn nun mal eine Zielscheibe braucht, erwischt es immer häufiger die Männer mit der Pfeife. Da trifft man stets ins Schwarze. In einer Anfang 2013 veröffentlichten Studie äußerten sich immerhin 40 Prozent der bayerischen Schiedsrichter besorgt über die jüngsten Entwicklungen auf dem Fußballplatz. Verbände aus ganz Deutschland beklagen inzwischen, es werde wegen der eskalierenden Gewalt immer schwerer, Schiedsrichter-Nachwuchs zu rekrutieren.

»Die Hemmschwelle ist niedriger geworden, die Anzahl der Übergriffe höher, die Brutalität auch«, sagt Brandt-Chollé. Auffällig dabei sei: »Je tiefer die Klasse, umso dramatischer wird es.« Ähnliches stellte der Fußballverband Mittelrhein fest, als er die Vorsitzenden seiner Spruchkammern befragte, was so los ist auf den Plätzen im Westen. »In manchen Kreisen haben die Unsportlichkeiten eine völlig neue Qualität angenommen«, sagt Medienreferentin Ellen Bertke. Anders gesagt: »Es bleibt nicht mehr bei Beschimpfungen, es fliegen schneller die Fäuste.« Das sei einerseits bedauerlich, andererseits kein Wunder: »Was in der Gesellschaft passiert, passiert halt genauso im Sport.«

Im Herbst 2011 hatten Schiedsrichter aus vielen Teilen Deutschlands die Schnauze voll. Es ist nämlich nicht so, dass die Unparteiischen für ihre Wochenendeinsätze wenigstens reich entlohnt würden. In der Hauptstadt zum Beispiel erhält, wer ein Jugendspiel pfeift, gerade mal 11 Euro Aufwandsentschädigung – inklusive Fahrgeld. In der höchsten Spielklasse, der Berlin-Liga, sind es ganze 30 Euro. Aber wer setzt sich für den Gegenwert von vier Kinokarten schon gerne der Gefahr aus, gemeuchelt zu werden? Lasst uns in Ruhe, signalisierten daher mehrere Vereinigungen von Amateurschiedsrichtern. Um ihrer Forderung Nachdruck zu verleihen, ließen sie etwa im Fußballkreis Niederrhein einen ganzen Spieltag ausfallen. In Berlin schrieb der Schiedsrichterausschuss einen Brandbrief mit dem Kernsatz »Das Maß ist voll«. Ende Oktober unterbrachen die Unparteiischen von den Jugendligen bis zur Berlin-Liga jedes Spiel für fünf Minuten, um zu demonstrieren, was Fußball ohne einen Regelwart wert ist. Motto der Notwehraktion: »Bedroht – Beschimpft – Geschlagen! Das Spiel fällt aus!«[5]

In Sachsen-Anhalt verfiel der dortige Landes-Fußballverband fast zeitgleich auf die Idee, gewalttätige Spieler nicht nur für mehrere Wochen zu sperren. Sie sollen künftig erst dann wieder aktiv werden dürfen, wenn sie selbst mehrere Spiele als Schiedsrichter geleitet haben. Vielleicht, so die vage Hoffnung, setzt bei dem einen oder anderen ja ein Denkprozess ein, wenn er neunzig Minuten lang lernt, dass er schwul, blind und ein Anhänger der Onanie ist und dass andere wissen, wo sein Auto steht.

Allein: Die Problemzone des deutschen Amateurfußballs ist nicht nur 105 Meter lang und 68 Meter breit. Viel mehr noch als die Regelverletzer, Pöbler und Choleriker auf dem Platz bereiten den Fachleuten inzwischen ihre Geistesgenossen neben dem Platz Sorgen. Und das vor allem im Jugendbereich, wo die Zukunft des Spiels ausgebildet wird. »Draußen am Spielfeldrand ticken regelmäßig die Eltern aus«, sagt Norbert Szyszka, der Vorsitzende des Schiedsrichterausschusses im Rhein-Erft-Kreis. »Sport soll doch Spaß machen« – in den Gesichtern der Zuschauer sehe er aber oftmals nichts als Verbiesterung. Beim Anfeuern griffen Spielereltern aller Klassen inzwischen in die allerunterste Schublade.

Auch sein Berliner Kollege Brandt-Chollé stöhnt: »Wie da im Jugendbereich Mütter schreiend und pöbelnd am Spielfeldrand stehen, wie Väter aufs Feld rennen und dreizehn-, vierzehnjährige

Schiedsrichter schütteln, weil sie mit einer Strafstoßentscheidung nicht einverstanden sind – da fällt Ihnen nichts mehr ein.« Einmal hat er versucht, einen Vater zu beruhigen: Der junge Schiedsrichter, beschwichtigte Brandt-Chollé, lerne doch noch genauso dazu wie der Filius auf dem Rasen. Als Antwort bekam er zu hören: »Wat willst du denn? Eene in die Fresse oder wat?« Brandt-Chollé wollte eher nicht.

»Viel schlimmer als Spieler und Trainer sind die Eltern«, sagt auch der Sportwissenschaftler Gunter Pilz von der Universität Hannover. Um das zu demonstrieren, hat er sich mit seinen Studenten einmal den Spaß gemacht, mit verdeckten Mikrophonen heimlich bei einem Jugendfußballturnier aufzukreuzen. Pilz wollte wissen, wie die Eltern ihre Kleinen zu motivieren pflegen. »Tritt ihn um!«, »Mach ihn fertig!«, »Hau ihn weg!«, so lauteten die meisten Anfeuerungen der Eltern. Eine Mutter, außer sich vor Zorn über die technischen Unzulänglichkeiten ihres Sprösslings, blökte gar: »Spiel endlich richtig, du Kackarsch-Mongole!« Der so angesprochene Junge war sieben Jahre alt. Wer so etwas Wochenende für Wochenende mitbekomme, sagt Pilz, »der lernt nicht verlieren, sondern, dass verlieren verboten ist.«

Das Problem ist längst auch andernorts erkannt worden. Der Fußballkreis Aachen etwa zog angesichts ausrastender Eltern schon vor Jahren die Reißleine und ersann das Projekt »FairPlay-Liga«[6], das inzwischen auf etliche Fußball-Kreise ausgeweitet wurde. Die Idee dahinter ist, den Menschen zu signalisieren: So kann es nicht weitergehen, ihr verderbt den Kindern den Spaß am Fußball. Zunächst bei den Jüngsten, den sechs- bis achtjährigen F-Junioren, wurde deshalb darauf geachtet, dass die Eltern einen Mindestabstand zum Spielfeld einhalten. Außerdem wird in dieser Spielklasse seither auf den Einsatz von Schiedsrichtern verzichtet, die Spieler sollen Entscheidungen gemeinsam, kooperativ und ohne Druck von außen fällen. Seither geht es zumindest bei den ganz Kleinen anders zu.

Bei den ganz Großen allerdings geht es weiterhin drunter und drüber. Das zu ändern, werde auch schwierig, glaubt Sportwissenschaftler Pilz. Zum einen seien da die Vorbilder aus der Bundesliga, die jeden Samstagabend via Sportschau in die Wohnstuben gelangen und mit ihren Meckereien, Ausrastern und Passionsfestspielen hübsches Anschauungsmaterial zum Nachmachen liefern. Nicht zu unterschätzen, sagt Pilz, sei etwa die »unmögliche Rolle«, die Trainer wie der Mainzer Thomas Tuchel und der Dortmunder Jürgen Klopp allsamstäglich spielten. Ersterer hat sich inzwischen als dauerkeifender Rumpelstilz in die ewige Zeterliste eingetragen. Letzterer nähert sich – Oliver Kahn lässt grüßen – Unparteiischen unter Umständen auch mal so, als wolle er ihr Haupthaar essen. Egal, was die verehrten Prominenten auf dem Platz vorlebten, man könne sicher sein, sagt Pilz: Am Sonntag danach wird es in den Amateurklassen eins zu eins nachgeahmt.

Zum anderen habe die Pöbelkultur auf dem Fußballplatz natürlich etwas mit einer Gesellschaft zu tun, »in der nur derjenige etwas ist, der etwas hat und etwas kann.« Und im Zweifelsfall kann ein unterlegener Spieler auf dem Platz wenigstens dieses: den Gegner beleidigen, bespucken oder umtreten. Das bringt zwar eine Rote Karte, aber womöglich auch eine Befriedigung, die so billig nirgendwo sonst zu bekommen ist. So gesehen, sagt Pilz, »wird auf dem Rasen ein zentraler gesellschaftlicher Konflikt ausgetragen«.

»Radfahrer muss man ausrotten« – Wie auf deutschen Straßen das Faustrecht ausgeübt wird

Berlins legendärste Currywurstbude ist ein idealer Ort, um dem Bürgerkrieg beizuwohnen. »Konnopke's Imbiß« liegt unter den U-Bahn-Gleisen im Stadtteil Prenzlauer Berg, an einer Kreuzung, die von Stadtplanern als die »komplexeste« der Hauptstadt beschrieben wird. Sechs Straßen treffen hier sternförmig aufeinander, vier davon mehrspurig, manche mit Abbiegespuren, jede mit Fahrradstreifen. Zwei Tramlinien mogeln sich irgendwie dazwischen, und mittendrin liegt der Aufgang zur U-Bahn, die hier eine O-Bahn ist und zu Stoßzeiten von Hunderten Fußgängern angesteuert wird. Für die Hungrigen, die es durchs Chaos zu Konnopke schaffen, geht es um die Wurst. Für alle anderen ums Überleben.

An einem beliebigen Tag im Frühjahr 2012 geschieht vor Berlins legendärster Currywurstbude Folgendes: In fast jeder zweiten Grünphase biegen Autos auf einer nicht vorhandenen Abbiegespur regelwidrig links ab. Dass andere Wagen dadurch gezwungen werden, die Kreuzung zu verstopfen: deren Pech. Regelmäßig folgen Radfahrer der Tram diagonal über die gesamte Kreuzung, regelmäßig übersehen rechts abbiegende Autos geradeaus fahrende Radler, regelmäßig liefern sich die Kombattanten daraufhin nicht jugendfreie Wortgefechte. Bisweilen hauen Radler, die soeben dem Tod ins Auge sahen, Autos mit der flachen Hand aufs Dach, bisweilen springen Autofahrer daraufhin vom Sitz, um dem Radler oder dessen Mutter mit unerfreulichen Konsequenzen zu drohen. Gelegentlich parken Lieferwagen auf dem Fahrradstreifen, weshalb Zweiräder ungebremst auf den Bürgersteig ausweichen und Fußgänger zur Flucht in Hauseingänge treiben. Bremsen quietschen, Tramfahrer klingeln sich wütend den Weg frei, Flüche verhallen im Motorlärm. Und als am frühen Abend ein Radfahrer haarscharf eine Mutter umkurvt, die mit ihrem vielleicht achtjährigen Sprössling bei Rot die Straße quert, ruft diese jenem hinterher: »Was heizt du hier so rum!?« Das folgende Wortgefecht gipfelt in dem sehr überzeugend vorgebrachten Satz der Mutter: »Ich bin Fußgängerin und hab' deswegen immer recht, du Arschloch!« Schon hat ihr Sohn wieder etwas fürs Leben gelernt.

»Tja«, sagt Burkhard Horn, »so eine Kreuzung erfordert nun mal Rücksichtnahme – ich frage mich auch oft, wo die hingekommen ist.« Horn ist der oberste Verkehrsplaner Berlins, ein freundlicher 51-Jähriger mit langer Erfahrung und ausgeglichenem Wesen. Mitunter platzt jedoch auch ihm die Hutschnur, wenn er etwa als Fußgänger eine Straße überqueren will, die Ampel für Autofahrer in fünfzig Meter Entfernung rot ist und trotzdem keiner anhält, um ihn durchzulassen. »Im Gegenteil, die fahren dann oft Stoßstange an Stoßstange, so dass fast kein Blatt dazwischen passt.«

Als Verkehrsplaner, so Horn, könne man sich da noch so tolle Sachen überlegen, »am Ende liegt es immer am Verhalten des Einzelnen«. Da der Einzelne aber zusehends vereinzelt, scheint ihn das Gemeinschaftserlebnis Straßenverkehr mehr und mehr zu überfordern. »Wir werden ja in allen möglichen Lebensbereichen dazu animiert, uns durchzusetzen und keine Rücksicht zu nehmen.« Blöderweise führe das dazu, dass auch auf der Straße Unzählige stur dem Postbankmotto folgten: »Unterm Strich zähl ich«. Sollen die anderen sehen, wo sie bleiben. Zur Not eben auf der Strecke.

Nicht jeder Fall endet dabei so spektakulär wie das Aufeinandertreffen eines radelnden Gärtners mit einem Politologen im Peugeot im Frühjahr 2009. Der Radler war in Berlin-Treptow – regelkonform – gegen den Strom in eine Einbahnstraße gebogen, was den Autofahrer offenbar bis aufs Blut reizte. Er drängte den Radler hupend ab, worauf dieser sein Rad zurückließ und dem Peugeot hinterherhetzte. Kurz darauf lag der Gärtner auf der Motorhaube, wie er da hingekommen war, darüber gehen die Erzählungen auseinander. Verbürgt allerdings ist, dass der Wagen samt ungebetenem Fahrgast noch durch mehrere Straßenzüge kurvte, bevor er zum Halten kam. Die Einlage beeindruckte sogar einen zufällig anwesenden Stuntman.[7]

Weil sich derartige Konflikte häufen und die Unfallzahlen steigen, ersann der Berliner Senat notgedrungen eine Kampagne, für die er zunächst das Bundesverkehrsministerium und als zweite Pilotstadt die Fahrradhochburg Freiburg gewann. Im Frühling 2012 ging es los. Da ploppten plötzlich in Berlin Plakate hoch, mit schicken jungen Menschen, die mitten im Verkehr ein Dosengetränk namens »Rücksicht« anpreisen, dazu Slogans wie »Kostet nichts«, »Endlich auch in deiner Stadt!« oder »Noch besser als Vorsicht!« Alles in allem ein pfiffiger Hingucker. Im Radio wurden Spots mit ähnlich feiner Ironie geschaltet. Sogar auf Beistand von ganz oben setzten die Werber, die für ihre Kampagne den guten alten Sankt Christophorus exhumierten. In trendigen Klamotten streitet der Schutzpatron der Reisenden seither für Fairness und gegen Ignoranz. Wenn's gutgeht in Zukunft auch in anderen Städten. Und dass das nötig wäre, daran hat eigentlich niemand ernsthafte Zweifel.

Im Jahr 2011 stieg erstmals seit zwei Dekaden die Zahl der Verkehrstoten in Deutschland wieder an. Nach Angaben des Statistischen Bundesamts starben 3991 Menschen auf hiesigen Straßen (2010: 3648)[8], vor allem Fußgänger und Radfahrer. Einer der Hauptgründe, so die Statistiker, sei das schöne Wetter gewesen, da drückten eben viele sportlicher aufs Gas. Eine etwas andere Sichtweise steuerte der Chef der Polizeigewerkschaft, Bernhard Witthaut, bei: »Die Menschen sind doch nicht an Sonnenbrand gestorben. Wir müssen der Leichtsinnigkeit, Rücksichtslosigkeit und Regelwidrigkeit im Straßenverkehr den Kampf ansagen.«[9]

Zumal nicht nur die Zahl der Toten gestiegen ist. Fast alle anderen statistischen Kurven weisen seit Jahren ebenfalls steil nach oben. 2011 wurden 391 500 Verkehrsteilnehmer leicht oder schwer verletzt – ein Plus von 5,5 Prozent. Die Zahl der Bußgeldbescheide, die Deutschlands Rasern, Rot-Gelb-Blinden und Mittelinselparkern zugestellt wurden, kletterte 2010 auf schlappe 4,2 Millionen – das waren 600 000 mehr als sieben Jahre zuvor. Die »Verkehrssünderdatei« in Flensburg muss derweil Jahr für Jahr Regalmeter anbauen beziehungsweise Speicherplatz erweitern: Die Zahl der Punktesammler hüpfte im ersten Jahrzehnt des neuen Jahrtausends von knapp sieben auf rund neun Millionen.[10]

Als sich der Gesamtverband der Deutschen Versicherungswirtschaft (GDV) 2010 einmal unter Verkehrsteilnehmern umhörte, stieß er denn auch auf ein Volk in Angst: Nur noch die Hälfte aller Autofahrer traute den jeweils anderen über den Weg. Zwei Jahre zuvor waren es noch mehr als 70 Prozent der Bürger gewesen. Hinterm Steuer, so die weit überwiegende Meinung, werde der Mensch zum Tier: verbissen, aggressiv, rechthaberisch – und zu schnell, um für wen auch immer bremsen zu können. Oder zu wollen. Interessanterweise galt der Befund, der in der GDV-Studie »Verkehrsklima 2010«[11] nachzulesen ist, immer jeweils nur für die anderen. Sich selbst schätzt der deutsche Autofahrer grundsätzlich als souverän, vorausschauend, höflich und regeltreu ein.

Aber weil halt die anderen immer so boshaft sind, wappnet sich der Deutsche immer häufiger gegen die Fährnisse mit Fahrzeugen, die dereinst für die Kriegsführung in unebenem Gelände erfunden wurden: mit »Sports Utility Vehicel«, kurz SUVs.* Gut zwei

---

* Einer der ersten kommerziell erfolgreichen SUVs war der von AM General im Jahr 1992 auf den Markt geworfene »Hummer«. Bei diesem handelte es sich um eine zivile Version des Mehrzweck-Armeefahrzeugs »High Mobility Multipurpose Wheeled Vehicle (HMMWV)«, genannt »Humvee«. Dieses wurde entwickelt, um in felsigem Gelände, in bis zu eineinhalb Meter tiefem Wasser und in Wüstensand manövrierfähig zu bleiben.

Millionen dieser rollenden Trutzburgen gab es im Januar 2012 in Deutschland, kein anderer Autotyp vermehrt sich auf hiesigen Straßen schneller.[12] Das »Lieblingsauto der Deutschen« ist denn auch der bullige Audi Q3, er erhielt Anfang 2012 den »Gelben Engel« des ADAC. Der Vorteil solcher bereiften Bunker: Nach Kollisionen mit herkömmlichen Blechkisten, Radfahrern oder Fußgängern bleiben in den seltensten Fällen hässliche Kratzer.*

»Auf deutschen Straßen verrohen die Sitten«, stellte *Der Spiegel* 2011 in einer Titelgeschichte fest.[13] Und damit waren alle Straßen gemeint. Man müsse sich doch nur auf eine x-beliebige Autobahn wagen, um zu sehen, was los ist, sagt Hans-Michael Klein, der Vorsitzende der Deutschen Knigge-Gesellschaft: »Da findet die Ellbogengesellschaft ihre Fortsetzung auf dem linken Streifen.« Wer schon mal im Rückspiegel die Zahnplomben seines Hintermannes zählen durfte, weiß, was gemeint ist.

Vor allem aber wird in den Städten das Verkehrsrecht zunehmend durch das Faustrecht ersetzt. Vorfahrt hat, wer stärker ist. Oder skrupelloser. Obwohl – oder weil? – der Straßenverkehr hierzulande so umfassend reguliert ist wie in kaum einem anderen Land, sind Geschwindigkeits- und andere Überschreitungen zu einer Art Massenvergnügen geworden. Stoppschilder, Zebrastreifen, Parkverbotszonen halten die meisten offenbar nur noch für putzige Designelemente im öffentlichen Raum. Haste das Achteck gesehen? Nee, das ging zu schnell.

Zur Erinnerung kurz ein Auszug aus der Straßenverkehrsordnung: »Die Teilnahme am Straßenverkehr erfordert ständige Vorsicht und gegenseitige Rücksicht«, heißt es da unter Paragraph 1. Und: »Jeder Verkehrsteilnehmer hat sich so zu verhalten, dass kein

---

* Der Autoclub ADAC kritisierte in einer Crash-Studie im Jahr 2007, dass die Hersteller der SUVs viel zu wenig unternähmen, um Fußgänger vor gefährlichen, oft sogar tödlichen Kollisionen zu schützen. »Becken und auch die Köpfe der Kinder prallen bei diesen hohen Fahrzeugen mit voller Wucht gegen die vordere Haubenkante«, heißt es in der Studie. Die Härte des Aufschlags sei mit einer fahrenden Mauer zu vergleichen.

anderer geschädigt, gefährdet oder mehr, als nach den Umständen unvermeidbar, behindert oder belästigt wird.« Aber die Umstände, sie sind halt nicht so. Und bei der Selbstverwirklichung sind Regeln wirklich lästig. Ermannt sich doch mal einer, eine Verkehrssünde als solche zu benennen, muss er froh sein, wenn er nicht Bekanntschaft mit dem Straßenbelag macht. »Sie glauben gar nicht, wie oft mir schon Schläge angedroht wurden und Leute mit erhobenen Fäusten auf mich zu kamen«, sagt der Frankfurter Bernd Irrgang, der den Bund deutscher Fußgänger vertritt. »Jeder macht sich einen Sport daraus, jeder will der Erste sein, der Vorderste, damit er sich aus der Masse herausheben und bewundert fühlen kann.«

Das Dumme ist: »Anders als in anderen Lebensbereichen kann man sich im Straßenverkehr eben noch relativ leicht einen Vorteil verschaffen«, sagt der Verkehrspsychologe Bernhard Schlag von der TU Dresden. Wer bei Dunkelgelb noch über die Kreuzung brettere, erlebe unmittelbar, dass er schneller vorankomme als die anderen. Und darum geht es ja offenbar: immer schneller voranzukommen. Die anderen hinter sich zu lassen. Um jeden Preis. Und da die Überwachung eher dünn sei, so Schlag, fühlten sich beim nächsten Mal weitere Autofahrer ermuntert, Gas zu geben. »So kommt man schnell auf eine schiefe Ebene der Erosion. Der Ehrliche ist in diesem Fall dann tatsächlich der Dumme.«

Und warum reagiert die Politik auf die zunehmende Rowdysierung im Straßenverkehr nicht mit strengerer Überwachung und härteren Strafen? Weil man ja schließlich nicht in einem Überwachungsstaat lebe, so singt der Chor der Freiheitswächter im Bundestag jahrein, jahraus. »Hierzulande werden Gesetzesverstöße als Kavaliersdelikte abgetan«[14], klagt denn auch Gerd Lottsiepen vom Verkehrsclub Deutschland, dem einzigen autokritischen Verkehrsverband hierzulande. Auf Partys ernte man zwischen Flens- und Freiburg stets aufmunterndes Schulterklopfen, wenn man sich schweren Herzens als überführter Raser offenbare. »In der Schweiz oder den USA hingegen wundern sich die Leute, worüber man sich beschwert, da es dort ganz klar ist, dass man mit Regelverletzungen seine Mitmenschen in Gefahr bringt.«

Nicht so im Autoland Deutschland, wo Chinesen auch mal Pauschalurlaube nahe der Autobahn buchen, um einmal im Leben nach Herzenslust rasen zu können. Hier wartete Anfang 2012 Verkehrsminister Peter Ramsauer (CSU) – nach dreijähriger Beratschlagung mit den PS-Lobbyisten vom ADAC – mit der Idee auf, die Regelungen der Verkehrssünderdatei zu »vereinfachen«. Das soll, so die Ursprungsidee, unter anderem so aussehen, dass Punkte in Flensburg künftig nach zwei oder drei Jahren auf jeden Fall gestrichen werden. Bislang hatte sich die Verjährungsfrist automatisch verlängert, sobald ein Fahrer weitere Punkte gesammelt hatte. Ein kleines Bonbon für notorische Gasgeber. Na dann: freie Fahrt!

Nicht nur Verkehrspsychologen wundern sich über so etwas. Mit Überwachung oder strengeren Strafen allein freilich wäre es angesichts der fortschreitenden Regellosigkeit auch nicht getan, glaubt Bernhard Schlag. Wichtiger noch seien »soziale Normen«, auf die sich die Verkehrsteilnehmer einigen müssten. Beim Fahren unter Alkoholeinfluss hat das vor Jahren mal ganz gut geklappt. Bei den meisten setzte sich die Einsicht durch, dass man besoffen lieber laufen sollte. Bei der Durchsetzung anderer sozialer Normen hapere es dagegen erheblich, so Schlag. »Gerade das Auto potenziert die eigenen Möglichkeiten doch gewaltig – die lässt man sich ungern nehmen.«

Der tägliche Straßenkampf treibt dabei immer bizarrere Blüten. Im Internet schließen sich mittlerweile ganze Autofahrerhorden zusammen, um Strategien gegen die Radfahrerpest zu entwerfen. »Radfahrer muss man ausrotten, wo immer und wann immer man sie trifft«, heißt es in einem einschlägigen Forum.[15] Mindestens aber solle man die Scheibenwaschanlage so einstellen, dass sie nach außen sprüht. Umgekehrt überbieten sich Radfahrer im Netz mit Tipps, wie man motorisierte Rüpel demütigen kann, etwa durch abgetretene Außenspiegel oder Aufkleber auf der Windschutzscheibe. Wer sich als Radler noch mehr Geltung verschaffen will, dem empfiehlt der Ausrüster Globetrotter das »Air Zound III Bike Horn«. Es kommt auf immerhin 115 Dezibel und damit knallhart an die Schmerzgrenze.[16] Im Kampf aller gegen alle wird hüben wie drüben aufgerüstet.

Und was kann man da machen? In den öffentlichen Nahverkehr flüchten? Schön wär's. Auch dort kommt nicht jeder, der vorne einsteigt, hinten unversehrt wieder raus. »Was sich bei uns Tag für Tag abspielt, ist manchmal beängstigend«, sagt ein Sprecher der Kölner Verkehrs-Betriebe. In den Bussen und Bahnen habe sich der Umgang seit einigen Jahren dramatisch verschlechtert. »Respekt, Freundlichkeit, Rücksichtnahme – das ist alles weg.« Leidtragende seien in wachsendem Maße die 1250 Bus- und Bahnfahrer sowie die 110 Fahrkartenkontrolleure der Domstadt.

Ben S. ist einer von ihnen. Seit dreiunddreißig Jahren kutschiert der Mann mit dem tiefen Bariton Linienbusse durch Köln. Dass er von niemandem mehr gegrüßt wird und sein Bus am Schichtende gelegentlich aussieht wie eine Müllhalde, daran hat er sich gewöhnt. Aber dass ihm seit geraumer Zeit immer mal wieder Fahrgäste an den Kragen wollen, macht ihn einigermaßen fassungslos. Seit etwa zehn Jahren, sagt Ben S., würden er und seine Kollegen immer häufiger zu Prellböcken. »Keine Ahnung, woran es liegt, vielleicht am Alkohol, am Finanziellen oder am allgemeinen Frust.« Noch einmal drastisch verschärft habe sich die Situation 2007, als es zur Regel wurde, dass Fahrgäste nach 20 Uhr vorne einsteigen und ihre Ausweise vorzeigen müssen. »Da wurden viele von uns verprügelt.« Einfach so. Ihn selbst hat es auch einmal erwischt, es war spätabends auf der Linie 155, als einer seiner letzten Fahrgäste ihm beim Aussteigen eine Schnapsflasche auf den Ellbogen schlug. Ben S. weiß bis heute nicht, warum. Meistens sei es in seinem Fall aber bislang immer glimpflich ausgegangen. »Wissen Sie, ich bin groß, und in der Regel trifft es die Kleinen.«

Kollegen zum Beispiel wie Iris K., eine 1,67 Meter große Kontrolleurin, die sagt: »Die Leute machen uns inzwischen für alles verantwortlich, selbst für ihre eigenen Fehler.« Und dabei sei es eigentlich egal, wem sie in Bussen und Bahnen begegne. »Das sind Jugendliche genauso wie Anzugträger oder Studenten.« Kaum noch jemand schäme sich, wenn er beim Schwarzfahren erwischt werde, fast jeder reagiere sofort aggressiv. Zehn bis fünfzehn Mal, sagt Iris K., sei sie in zweiundzwanzig Dienstjahren körperlich attackiert worden, mindestens genauso oft habe sie erlebt, wie es Kollegen erwischte.

Einmal wollte sie eine junge Familie mit Kinderwagen kontrollieren und wandte sich an den Vater, einen mindestens zwei Meter großen Mann. »Guten Tag, die Fahrausweise bitte«, sagte Iris K. Der Mann sagte nichts, sondern schlug zu, gegen den Hals, so dass die Kontrolleurin durch die Straßenbahn flog und mit Rippen- und Gesichtsprellungen liegenblieb. Von den anderen Menschen in der Tram habe niemand eingegriffen. Nur ein Fahrgast stand auf und schimpfte – auf Iris K. Was sie da eigentlich mache, fragte er, sie sehe doch, dass der Mann einen Kinderwagen habe.

»Dem Machterhalt wird vieles geopfert« –
Wieso sich Anstand in der Politik immer seltener auszahlt

Im Advent 2012 sah Horst Seehofer die Zeit gekommen, mal wieder die Rute auszupacken. Es war auf einer Weihnachtsfeier mit Journalisten, als Bayerns Landesvater mit unverhohlener Freude auf seinen abwesenden Finanzminister eindrosch. Markus Söder, dozierte also Seehofer, offenbare erhebliche »charakterliche Schwächen«. Er sei von »Ehrgeiz zerfressen« und leiste sich im politischen Geschäft »zu viele Schmutzeleien«. Einmal in Fahrt gab Seehofer auch dem gefallenen christlich-sozialen Heilsbringer Karl-Theodor zu Guttenberg einen mit. Der Ex-Doktor und Ex-Minister sei doch statt einer großen Leuchte eher ein klitzekleines »Glühwürmchen« gewesen.

Das alles sei selbstverständlich »frei« zur Veröffentlichung, erläuterte der offenbar vorweihnachtlich gestimmte Ministerpräsident den Medienvertretern. Die waren verblüfft. Im Verhältnis von Deutschlands Spitzenpolitikern zur Pressezunft nämlich hat es sich eingebürgert, dass in kleiner Runde zwar auch mal krachledern über Parteifreunde und andere Rivalen hergezogen wird. Das aber im Normalfall mit der Einschränkung »unter drei« – soll heißen: Öffentlich werden darf nichts davon. In selteneren Fällen gestatten die Mächtigen die Verwendung ihrer Aussagen »unter zwei«, das heißt zitiert werden darf schon, aber bitteschön ohne Angabe des Absenders. »Unter eins« rückt eigentlich kaum jemand mit der ganzen Wahrheit raus.

Umso erstaunlicher daher die unverbrämte Offenheit Seehofers, den die Frankfurter Allgemeine Zeitung nicht von ungefähr einst »Crazy Horst« taufte. Ähnlich lustvoll hatte schon lange kein Regierungschef mehr einen seiner Hintersassen zusammengefaltet, schon gar nicht einen aus der eigenen Partei, der noch dazu bis dato stets als Seehofers bayerischer »Kronprinz« gehandelt worden war. Entsprechend groß war in den Tagen darauf das öffentliche Hallo. Seehofer schien es beinahe zu genießen.

Der Klartexter aus dem Freistaat erwies sich damit einmal mehr als Angehöriger einer Spezies, die im politischen Betrieb eigentlich seit Jahren auf dem Rückzug ist: die des allzeit rauflustigen Berufs-Cholerikers.

Kaum einer übte die Profession virtuoser aus als der sozialdemokratische Haudrauf Herbert Wehner, der es zwischen 1949 und 1982 – in einer Zeit also, als Deutschland geteilt und Bonn die Hauptstadt des Westens war – auf immerhin 58 Ordnungsrufe im Bundestag brachte. Ein einsamer Rekord. Von Wehner sind so originelle Beschreibungen wie »geistiges Eintopfgericht« für den CDU-Kollegen Georg Kliesing überliefert. Den Abgeordneten Jürgen Wohlrabe verballhornte er einst als »Übelkrähe«, Jürgen Todenhöfer wiederum als »Hodentöter«. Jede einzelne dieser Verbalinjurien würde heute wohl die sofortige Zwangsexmatrikulation aus der SPD nach sich ziehen. Aber es waren halt andere Zeiten damals.

So anders, dass auch die CSU-Ikone Franz Josef Strauß die große alte Dame der Liberalen, Hildegard Hamm-Brücher, mitunter ungestraft als »Krampfhenne« beschimpfen durfte. »Parlamentskasper«, »Kabinettsgrufti«, »Cheflügner«, »Kriegstreiber«, »Drecksack«, ja sogar »Mini-Goebbels«: Das war so das Niveau, auf dem sich Bonner Parlamentarier jahrzehntelang beharkten.

Bis in die neunziger Jahre hinein gehörte es, wenn schon nicht zum guten, so doch zum normalen Ton, wenn eine FDP-Frau wie Irmgard Adam-Schwaetzer ihren Parteikollegen Jürgen Möllemann quasi-öffentlich als »intrigantes Schwein« abkanzelte. Die Folgen blieben überschaubar. Dem Grünen-Abgeordneten Joseph Fischer wurde es auf dem Weg zu Deutschlands Chefdiplomaten nicht zum Verhängnis, dass er dem Bundestagspräsidenten Richard Stücklen einmal zuraunte: »Mit Verlaub, Herr Präsident, Sie sind ein Arschloch!« Immerhin: Er hatte ihn nicht geduzt. Und auch der Karriere des Grünen Jürgen Trittin schadete es nicht nachhaltig, als er zu Beginn des neuen Jahrtausends dem barhäuptigen Christdemokraten Laurenz Meyer attestierte: »Meyer hat die Mentalität eines Skinheads und nicht nur das Aussehen.«

Seither jedoch tut sich Merkwürdiges im politischen Betrieb des wiedervereinigten Landes. Das schöne alte Schimpfwort ist, jedenfalls in der öffentlich geäußerten Version, ein wenig aus der Mode geraten. Der Maulkorb ist zum Standard-Utensil des Volksvertreters geworden. Wohl auch deshalb, weil die leicht erregbare Medienmeute des Landes inzwischen sogar einen Rücktrittsgrund darin sieht, wenn ein Mann wie Hessens FDP-Chef Jörg-Uwe Hahn offenkundig ohne Arg über seinen Parteichef sagt: »Bei Philipp Rösler würde ich allerdings gerne wissen, ob unsere Gesellschaft schon so weit ist, einen asiatisch aussehenden Vizekanzler auch noch länger zu akzeptieren.« Im Februar 2013 gab es sogar Leute, die in dem Zitat, unter maximaler Böswilligkeit, »Rassismus in Reinkultur« witterten.

Da ist es kein Wunder, wenn Politiker ihre Aussagen bis zur Unkenntlichkeit abschleifen. Man will ja vielleicht doch noch Karriere machen. Der Autor Günter Pursch jedenfalls, seit den siebziger Jahren Spezialist für politische Wortgefechte, stellt in seinem »Parlamentarischen Schimpfbuch« etwas ernüchtert fest, dass der Ton unter Volksvertretern mit den Jahrzehnten immer sanfter wurde. Wobei als ausdrückliche Ausnahme die Piraten gelten dürfen, die sich seit ihrem Siegeszug durch einige Landesparlamente mit beherztem Masochismus selbst niedermachen. Als wolle sie

Wehner & Co. ins digitale Zeitalter beamen, bekriegt sich die junge Partei unter Zuhilfenahme modernster Kommunikationstechnik derart leidenschaftlich, dass sie darüber im Wahljahr fast vollständig die Politik und ihre Wähler aus den Augen verlor. Der noch bis Herbst 2012 hochwahrscheinliche Einzug in den Deutschen Bundestag ist damit mehr als fraglich geworden. Gut möglich also, dass nach der Bundestagswahl 2013 doch nur wieder die etablierten Parteien mit ihrem abgerüsteten Wortarsenal das Hohe Haus besetzt halten. Und da selbst Die Linke, nach einer konsequenten Selbstzerfleischungsphase, inzwischen äußerlich erstaunlich sanftmütig auftritt, ist ein Rückfall in Wehners Zeiten einstweilen eher nicht zu erwarten.

Aber heißt das auch, dass die Politik und die Politiker insgesamt im Lauf der Jahrzehnte friedlicher, sachorientierer – ja, anständiger geworden sind? Man darf es bezweifeln.

Dass Politiker immer seltener auf offener Bühne aneinander geraten, dass Auftritte wie die des »Schmutzeleien«-Seehofers inzwischen eher folkloristische Ausnahmen von der vordergründig höflichen Regel sind, heißt ja zunächst nur, dass das Publikum immer seltener mitbekommt, was genau eigentlich Sache ist. Gelästert, verhöhnt, verletzt und intrigiert wird ja weiterhin – nur eben in öffentlich nicht ohne weiteres zugänglichen Räumen und strikt »unter drei«.

Nicht anders ist es zu verstehen, wenn der ehemalige Ministerpräsident von Niedersachsen und CDU-Hoffnungsträger David McAllister in Interviews freimütig erklärt, weshalb er vor dem Umzug aus dem beschaulichen Hannover in die Politzentrale Berlin bislang immer zurückschreckte: »Was ich nicht mag, ist, dass in Berlin jeder gegen jeden hinter den Kulissen arbeitet, dass jeder jedem versucht, in die Suppe zu spucken. Ich will mit so einem Politikbetrieb in Berlin nichts zu tun haben. Damit das ganz klar ist: Das ist nicht meine Welt!«

McAllister ist nicht der einzige Landespolitiker, der sich in den vergangenen Jahren mit verblüffender Offenheit vom politischen Kosmos Berlin abzugrenzen versucht hat. Während sich noch Ende des letzten Jahrhunderts etliche Ministerpräsidenten – also etwa Schröder, Lafontaine, Scharping auf Seiten der SPD, Koch, Stoiber, Biedenkopf auf Seiten der CDU/CSU – um höhere Aufgaben im Bund balgten, haben beide Volksparteien mittlerweile größte Schwierigkeiten, Nachwuchs für den Berliner Betrieb zu rekrutieren. Die aktuelle Riege der weithin unbekannten Landesmütter und -väter bleibt, unter Verweis auf das Intrigantenstadl Berlin, lieber zu Hause in der wohligen Provinz.

Das Wahlvolk aber wird von den Hauptstadtpolitikern gleichzeitig von ebenso technokratischer wie nichtssagender und alle Unterschiede zusehends verwischender Sprache eingelullt. Sätze wie frisch aus der Stanzmaschine sickern allabendlich via Tagesschau in die Wohnzimmer. Es ist die Kunst, viel zu reden, ohne etwas zu sagen, die vom politischen Personal formvollendet zelebriert wird. Jede Authentizität, jede Spontaneität verbietet sich in diesem Betrieb – damit aber auch die Aussicht, vom Wähler als Mensch mit Stärken und Schwächen, als im eigentlichen Sinne Vertrauensperson wahrgenommen zu werden.

Rituell vorgeführt wird dieses verdruckste, unanständige Schauspiel alle paar Monate sonntagabends ab 18 Uhr: Wenn dann die Wahllokale geschlossen sind, stehen immer und ausschließlich Gewinner vor den Kameras – die eigentlichen Wahlsieger, diejenigen, die zwar verloren, aber doch gewonnen haben, weil sie ja immerhin besser abschnitten als von den Umfragen vorausgesagt und schließlich diejenigen, die nun wenigstens reicher sind an Erfahrung. »Wir haben verloren«: Das ist ein Satz, der in Politikerohren offenbar derart obszön klingt, dass man sich ihn verbieten muss.

Die Wirkung derartiger Sprachstanzen auf die Wahrnehmung von Politik ist – alle Umfragen belegen das – verheerend. So ist es kein Wunder, dass der Tod des Sozialdemokraten Peter Struck im Dezember 2012 über alle Grenzen hinweg Entsetzen auslöste. Einen wie ihn findet man in Berlin nur noch sehr selten. In der Süddeutschen Zeitung schrieb Nico Fried: »Struck war, wie man so gerne sagt, authentisch; einer, bei dem man wusste, woran man war; einer, den man als Politiker und Charakter akzeptierte, selbst wenn er eine andere Haltung vertrat. Er war glaubwürdig auch für jene, die nicht glaubten, dass seine Politik richtig war.«

Authentizität, Glaubwürdigkeit, Charakterstärke: Nicht von ungefähr sind das Eigenschaften, die eine Mehrheit der Bürger mit vielen verbindet – aber nicht mit gewöhnlichen Politikern.

Das löst sogar bei dem einen oder anderen in der Politik inzwischen eine gewisse Besorgnis aus. In einem seltenen Anflug von Selbstkritik gestand etwa SPD-Chef Sigmar Gabriel der Sächsischen Zeitung: »Viele Menschen glauben, dass ›die Politiker‹ eine abgehobene Kaste bilden. Das Vorurteil lautet: Die wissen sowieso nichts von unserem Leben und schauen nur auf ihren eigenen Vorteil. Das ist mehr als Politikverdrossenheit. Da spürt man schon Verachtung. Und daran ist die Politik ja nicht unschuldig.« Ja mehr noch: »Wir brauchen eine neue Ehrlichkeit in der Politik«, so Gabriel.

Zu dieser Ehrlichkeit allerdings müsste es auch gehören, nicht nur als Oppositions-, sondern gegebenenfalls auch als Regierungspartei die Frage nachvollziehbar zu beantworten, inwieweit gewählte Politiker tatsächlich nur ihrem Gewissen verpflichtet sind. Es gab daran in den letzten Jahren einige Zweifel. Sie werden genährt, sobald man einen flüchtigen Blick auf die Internetseite des Deutschen Bundestages wirft (www.bundestag.de). Dort nämlich finden sich, für jedermann einsehbar, kurze Steckbriefe zu jedem einzelnen Abgeordneten – inklusive der Rubrik »Veröffentlichungspflichtige Angaben«.

Bei diesen Angaben handelt es sich in der Regel um »Nebentätigkeiten« der Politiker, also etwa Aufsichtsrat- oder Beiratsposten in privatwirtschaftlichen Unternehmen, anwaltliche Tätigkeiten, Vorträge, Reden oder Ähnliches. Wie viel Geld genau die Abgeordneten für derlei »Nebentätigkeiten« einheimsen, bleibt unklar.

Bislang hat es noch jede Regierung zu verhindern gewusst, dass die Mandatsträger ihre Nebenverdienste auf Euro und Cent offenlegen müssen.

Schon bei oberflächlicher Betrachtung aber fällt auf, dass etliche Abgeordnete offenbar derart viel Freizeit haben, dass sie scheinbar mühelos vier, sechs, acht Nebenjobs unter einen Hut bringen – und damit mehr Geld verdienen, als es ihr Mandat einbringt. Dabei wird auch das nicht schlecht honoriert: Gut 8000 Euro erhalten die Mitglieder des Deutschen Bundestages als »Abgeordnetenentschädigung«, besser bekannt als Diäten. Nur: Wenn einer 8000 Euro vom Steuerzahler bekommt, aber das Doppelte aus der Honorarabteilung großer Konzerne – welches ist dann eigentlich die Nebentätigkeit? Wenn ein Politiker im Bundestag über Steuersätze, Mindestlohn, Leiharbeit abstimmen soll, gleichzeitig aber bei Thyssen, Bosch oder Bayer im Beirat sitzt, hört er dann wirklich ausschließlich auf sein Gewissen? Und: Wie geht das eigentlich: Hauptberuflich den Euro retten oder die Energiewende stemmen und nebenher Mandanten vertreten, Konzerne beraten, Vorträge halten?

Das sind Fragen, die immer mehr Wähler unverhohlen stellen. Ihre Skepsis wird nicht kleiner durch die Fülle an politischen Seitenwechseln in den letzten Jahren. Heute noch Abgeordneter im Verkehrsausschuss, morgen schon Angestellter der Deutschen Bahn; heute noch Staatssekretär mit Zuständigkeit für gesunde Ernährung, morgen schon Lobbyist eines Schokoriegel-Herstellers. Schlechtes Gewissen? Skrupel? Anstand? Fehlanzeige.

Im Herbst 2012 wertete Der Spiegel die Lebensläufe von 41 Politikern aus, die in den Bundesregierungen der Jahre 1969 bis 1982 saßen. Das Ergebnis: Seinerzeit wechselten binnen zweier Jahre nach Dienstende nur drei Minister in die Wirtschaft. Von den 35 Regierungsmitgliedern im neuen Jahrtausend schafften das binnen zweier Jahre elf – darunter Ex-Innenminister Otto Schily, Ex-Wirtschaftsminister Werner Müller, Ex-Superminister Wolfgang Clement und sogar Ex-Kanzler Gerhard Schröder. Empört darüber zeigte sich jeweils das gerade nicht regierende politische Lager – das just, nachdem es die nächste Wahl gewonnen hatte, schon gar nicht mehr so empört war.

Das alles belegt einen höchst selektiven Umgang mit Aufrichtigkeit und Wahrheit. Das heißt aber auch, dass Glaubwürdigkeit von und Vertrauen in Politik – und damit die beiden wichtigsten Währungen der Parteien – in rapidem Maße schrumpfen. Wo Wähler statt Prinzipien Beliebigkeit wittern, statt Mut Opportunismus und statt Inhalt Show, da wenden sie sich ab. In Deutschland tun sie es seit Jahren, das Nichtwählerlager ist inzwischen in beängstigendem Maße gewachsen. »Wenn Politiker den berechtigten Wunsch nach Anstand, nach Ehrlichkeit, nach Glaubwürdigkeit, nach Verantwortungsbereitschaft missachten, dann ist es schnell so, dass Parteien und Personen in der Politik insgesamt ebenfalls missachtet werden«, sagt Sigmar Gabriel. Der hat aber auch gut reden: Seine Partei saß in den vergangenen vier Jahren in der Opposition – das ist der Ort, wo Parteien in der Regel ihren moralischen Kompass wieder entdecken.

Was aber gleichwohl stimmt: In der ablaufenden Legislaturperiode hat die christlich-liberale Bundesregierung wenig getan, um politische Glaubwürdigkeit zurückzuerobern. Steuergeschenke für Hoteliers angesichts klammer Staatskassen, eine angeblich »alternativlose« Rettung großer Banken, der Ausstieg aus dem Atomausstieg, gefolgt vom Ausstieg aus dem Ausstieg aus dem Ausstieg, eine Energiewende unter Gewährung großzügiger Ausnahmen für die Industrie, Waffenlieferungen in autokratisch regierte Staaten wie Saudi-Arabien, ein geschönter Armutsbericht, weil nicht sein kann, was nicht sein darf, und die Betonung von Menschenrechten, nur wenn es gerade passt: Das ist die Bilanz einer Regierung, die »bürgerliche« Werte und Tugenden wie keine andere für sich reklamiert. Wer so Politik betreibt, darf sich nicht wundern, wenn der Wähler seine ganz eigenen Schlüsse daraus zieht.

Als sich die Stiftung für Zukunftsfragen 2010 unter den Bürgern umhörte, stieß sie auf ein Volk von Desillusionierten. Eine

»generelle Unzufriedenheit mit Politikern und Parteien« lasse sich zwar mehrheitlich in allen Ländern der Europäischen Union diagnostizieren (EU-Schnitt: 57 Prozent), so die Forscher. Nirgendwo aber sei der Missmut größer als in Deutschland, wo drei Viertel (73 Prozent) der Wähler die institutionalisierte Politik ablehnen. 87 Prozent der hier lebenden Menschen vertraten die Ansicht, Politiker seien »mehr am Machterhalt als am Wohl der Bürger interessiert«. Und 90 Prozent, also praktisch alle, denken, dass Volksvertreter »nicht mehr ehrlich« sind. Im Jahr 2002 war davon nur die Hälfte der Bürger ausgegangen. »Dem Machterhalt wird vieles geopfert«, sagt der Forschungsleiter Horst Opaschowski – »Zeit, Geld, Glück und manchmal auch das Gewissen«.

»Das bleibt für immer drin« –
Warum im Internet so gut wie keine Hemmschwellen mehr existieren

Am 1. Juli 2009 wird im Dresdener Landgericht die Ägypterin Marwa El-Sherbini ermordet. Achtzehn Mal sticht der Täter auf die 31-jährige Pharmazeutin ein, die im dritten Monat schwanger ist. El-Sherbinis dreijähriger Sohn steht daneben und muss zusehen, wie seine Mutter verblutet. Deutschland ist geschockt über die Tat eines fanatischen Islamhassers. Ganz Deutschland? Nein, in einem gar nicht so kleinen Internet-Blog melden sich in den folgenden Tagen begeisterte Kommentatoren zu Wort und bejubeln den Tod der »erstochenen Muselantin«. »Der Osten ist schon lange nicht mehr muselfrei«, klagt einer. Ein anderer schreibt: »Mir tut es überhaupt nicht leid um diese verschleierte Kopftuchschlampe. Und noch dazu ein Moslem im Bauch weniger!« So wird geredet auf »Politically Incorrect«, dem Zentralrat deutscher Islamfeinde.[17] PI, wie er kurz genannt wird, ist einer der größten Internet-Blogs des Landes. Aber längst nicht der einzige, dessen Geschäft der Hass ist.

Keiner hat die Seiten im Internet gezählt, auf denen Menschen anderen deren Daseinsberechtigung absprechen. Aber unbestritten ist: Es werden immer mehr, schon allein deshalb, weil auch immer mehr Menschen online sind. Muslime und Juden, Schwarze, Schwule und »Zigeuner«, Ossis, Zeugen Jehovas, »Gutmenschen«: Niemand ist gefeit gegen die Hetze einer anonymen Masse, die sich vierundzwanzig Stunden am Tag, sieben Tage die Woche über sie ergießt. Aber nicht nur Minderheiten werden weltöffentlich mit Häme und Unrat überzogen. Fast peinlich muss es Prominenten inzwischen sein, auf keine eigene Hassseite im Internet verweisen zu können. Lena Meyer-Landrut hat eine, Justin Bieber auch, sogar Jesus steht, runde 2000 Jahre nach seiner Kreuzigung, nun wieder am Pranger. Das ist manchmal lustig. Und manchmal eher nicht.

Auf Nürnberg 2.0 wird seit 2011 ein offenes Archiv mit Personen erstellt, denen einst ein neuer Kriegsverbrecherprozess gemacht werden soll. Mit Porträtbild, genauen Daten und Privatanschriften werden dort mehrere Dutzend Politiker, Wissenschaftler und Publizisten quasi steckbrieflich gesucht. Ihr Vergehen: Sie haben sich für eine multikulturelle Gesellschaft ausgesprochen. Sogar der Verfassungsschutz interessiert sich inzwischen für Seiten wie diese – unter anderem deshalb, weil die Einstellung der Verantwortlichen nahezu deckungsgleich ist mit der wirren Weltsicht des norwegischen Massenmörders Anders Breivik.

»Im Internet ist mittlerweile jede Art von Hemmschwelle gefallen«, sagt Michael Terhaag. Der vierzigjährige Düsseldorfer ist Fachanwalt für Onlinerecht, er war einer der Ersten, die im Netz nach Fällen fischten, und erwirkte bereits einstweilige Verfügungen, als mancher Richter Chatrooms noch für Telefonzellen hielt. »Die übelsten Fälle«, sagt Terhaag, habe er bereits erlebt. Zu seinen Mandanten zählen Frauen, die sich bei Sexspielen haben filmen lassen und deren Partner die Clips auf freien Seiten veröffentlichten, sobald sie zu Ex-Partnern wurden; Hoteliers, die wahrheitswidrig über sich lesen durften, in ihren Zimmern blühe der Schimmel und unter den Matratzen krabbelten Kakerlaken; Unternehmer, die beinahe pleitegingen, weil ihre Geschäftspartner sie nach einer Google-Recherche fälschlicherweise für Scientologen hielten.

»Sie können damit berufliche Existenzen zerstören oder ein ganzes Leben«, sagt Terhaag. Und offenbar hätten immer weniger

Menschen ein Problem damit, genau das zu tun. Wie weit manche in ihrem Furor bisweilen gehen, wurde Ende März 2012 im ostfriesischen Emden deutlich. Nach dem Mord an einer Schülerin nahm die Polizei dort zunächst einen Siebzehnjährigen fest, dessen voller Name und Adresse bereits wenige Stunden später im Netz kursierten. Einige Nachbarn des Jungen hatten genau aufgepasst. Über Facebook rottete sich sogleich ein wütender Mob zusammen. Einer schrieb: »Es gibt nur eins: Erschießen!« Ein anderer rief die virtuelle Meute dazu auf, ganz reell das Emdener Polizeipräsidium zu stürmen und mit dem Siebzehnjährigen kurzen Prozess zu machen. Tatsächlich tauchten kurz darauf fünfzig Menschen vor der Wache auf, entgeisterte Polizisten sprachen von versuchter Lynchjustiz. Dabei hatte der vermeintliche Täter nichts mit dem Mord zu tun, er durfte wieder gehen. Aber wohin? Weil in der Kleinstadt nun alle mit dem Finger auf ihn zeigen konnten, entschloss sich seine Familie, Emden zu verlassen. Der Mob blieb. Aber immerhin: Gegen den Rädelsführer der Blindwütigen begannen die Behörden zu ermitteln.

Das ist bemerkenswert. Bis dato nämlich durften virtuelle Hetzer, Lügner und Anstifter relativ sicher sein, ungeschoren davonzukommen. Die wenigsten hätten ernsthafte Konsequenzen zu fürchten, sagt Terhaag, weil die Staatsanwaltschaften mit dem Phänomen inzwischen heillos überfordert seien. Und wenn, dann kommen Täter oft so glimpflich davon wie der Mann, dem im Januar 2012 vor dem Trierer Landgericht der Prozess gemacht wurde. Er hatte auf der Plattform wer-kennt-wen eine Dreizehnjährige kontaktiert und nach einigen E-Mails ließ sich die Schülerin dazu hinreißen, ihm Nacktbilder von sich zu schicken. Kurz darauf kursierte mindestens eines der Fotos an der Schule des Mädchens. Wegen »Verletzung des höchstpersönlichen Lebensbereichs« wurde der Mann aus Traben-Trarbach zur Zahlung von 300 Euro Schmerzensgeld verurteilt.[18] Er wird es verkraften können. Das Mädchen auch?

Offenbar, sagt Terhaag, sei den Wenigsten bis heute klar, dass das Netz vor allem eines nie tue: vergessen. »Wenn Sie früher auf der Straße jemandem Arschloch hinterhergerufen haben, bekamen es höchstens diejenigen mit, die zufällig danebenstanden. Heute stellen Sie es für alle sichtbar ins Netz, und da bleibt es im Zweifelsfall für immer drin.« Der Anwalt wundert sich selbst, welche Formen von Beleidigung, übler Nachrede, Anschwärzung und Bedrohung die Zeit im virtuellen Raum überdauern. Dass einer im Affekt Unflat verbreite, nun gut, das komme vor, aber wieder bei Sinnen könne man die Einträge schließlich wieder löschen. »Das tun aber die wenigsten. So bleibt es drin und wird von anderen, die es lesen, noch übertroffen. Der Mensch hat anscheinend das Bedürfnis, andere immer übertreffen zu wollen.« Und sei es in Sachen Schäbigkeit.

Nun ist es nicht so, dass es an Ratschlägen zu anständigen Umgangsformen im World Wide Web fehlen würde. Unzählige User haben seit dem Urknall der virtuellen Welt an Leitfäden zum freundlichen Miteinander mitgeschrieben. So mahnt etwa das Netz-Lexikon Wikipedia: »Vergiss niemals, dass auf der anderen Seite ein Mensch sitzt.«[19] Gut gemeint, aber ohne jede rechtliche Relevanz ist auch das weit verbreitete Netiquette-Dokument RFC 1855. Darin heißt es unter anderem: »Insbesondere sollten Unhöflichkeiten, Doppeldeutigkeiten oder gar Beleidigungen nicht die Kommunikation per Text, der die Sinngebung durch nonverbale Signale fehlt, erschweren.«[20] Das ist trefflich formuliert – aber schneller gelöscht als geschrieben.

Sogar der Deutsche Knigge-Rat fühlte sich im Jahr 2010 berufen, aus gegebenem Anlass einen »Social-Media-Knigge« zu veröffentlichen. »Wahren Sie die Formen der Höflichkeit«, mahnten die Anstandswächter alle Nutzer der sogenannten sozialen Netzwerke. Nicht jeder »Freund« sei wirklich ein Freund, sogar im Internet gebe es Regeln. Rührend altmodisch lautet das Fazit der Tugendwächter: Nur mit einem gerüttelt Maß an Anstand und Respekt »können diese Netzwerke auf Dauer das sein, was früher einmal die Dorflinde war, unter der sich Menschen zum täglichen Meinungsaustausch getroffen haben – ein Ort, der soziales Gefüge wachsen lässt«[21].

Zu spät. Im Netz sind längst die Asozialen los. Menschen, die sich Aliasnamen zulegen und dann kein Blatt mehr vor den Mund nehmen. Digitale Freiheitskämpfer, die mit großem Eifer einen »Shitstorm« entfachen und andere mit Unflat vollkübeln, weil diese sich erdreisten, nicht nur eine andere Meinung zu haben, sondern sie auch noch zu äußern. Extremisten, die die Kommentarspalten von Online-Medien überlaufen lassen mit rassistischem, volksverhetzendem, fäkalem Schund. Geltungssüchtige, die Online-Abstimmungen kapern, Mehrheitsmeinungen simulieren und dabei gerne auch seitenweise mit sich selbst diskutieren.

Putzige Namen hat die Netzwelt für das Heer dieser Querulanten erfunden: »Trolle« heißen etwa die notorischen Störer in Chats, Foren oder Blogs. Die Klone, die sie erschaffen, um so zu tun, als seien sie viele, sind »Sockenpuppen« (sock puppets), die Zwietracht, die sie säen, mündet oft in einen »flame war«. Das klingt nach »Muppet-Show« und »Herr der Ringe«. Spannend irgendwie. Und drollig. So kann man sich täuschen.

Auch die Wissenschaft hat längst ihre eigenen Begriffe gefunden für das, was sich täglich im Netz abspielt. Der gute alte Psychoterror: Er heißt jetzt Cyber-Bullying oder Cyber-Mobbing. Wobei gerade Mobbing ein Begriff ist, der in kürzester Zeit eine erstaunliche Karriere hingelegt hat. Einer der ersten, die ihn benutzten, war Anfang der 1960er Jahre der Verhaltensforscher Konrad Lorenz. Er bezeichnete so den Gruppenangriff von Tieren auf einen Fressfeind, also etwa die Attacke von Gänsen auf einen Fuchs. In seiner heutigen Bedeutung tauchte der Begriff Mobbing dann erst in den 1990er Jahren wieder auf. Und ist seither in aller Munde.

Wobei »Mobbing« im Prinzip nur schwammig umschreibt, wenn ein Mensch einen anderen fertigmacht. Die genauen Umstände und Ursachen sind bis heute nur unzureichend erforscht. Dafür wächst die Zahl derer, die sich betroffen fühlen. Zum Beispiel am Arbeitsplatz. »Die Gründe sind mangelnder Respekt, mangelnde Wertschätzung, mangelnde Transparenz, ständig neue Arbeitsstrukturen, Überforderung, Verunsicherung, Stress«, sagt Bärbel Meschkutat von der Sozialforschungsstelle Dortmund, die 2002 den ersten – und bisher einzigen – Mobbing-Report für die Bundesregierung mitverfasst hat. Die Folgen seien nicht nur für den Einzelnen verheerend, sondern auch für die Volkswirtschaft. Die finanziellen Folgekosten des Mobbing werden heute auf einen zweistelligen Milliardenbetrag geschätzt. Nicht nur deshalb sagt Meschkutat: »Es vergeht kein Tag, an dem ich nicht über den Verlust von Normen und Werten empört bin.«

Auch an deutschen Schulen steht Mobbing mittlerweile inoffiziell auf fast jedem Stundenplan. Im Herbst 2011 ließen sich daher bundesweit allerhand Aktivitäten der zuständigen Stellen beobachten. Das bayerische Kultusministerium etwa ließ Geld für das Projekt »Mobbingfreie Schule – Gemeinsam Klasse sein« springen. Das Bundesinnenministerium wollte da nicht hintanstehen und lancierte das Präventionsprogramm »fairplayer.manual« für die Jahrgangsstufen 7–9. »Wenn man in der Schule Angst vor anderen haben muss, ist das ganz fürchterlich«, ließ sich ein besorgter Innenminister Hans-Peter Friedrich (CSU) vernehmen. Es sei wichtig, respektvollen Umgang miteinander zu lernen, um Konflikte zu vermeiden oder zu lösen. »Das hält eine Gesellschaft zusammen.«[22]

Ob allerdings die dafür entwickelten Rollenspiele, Flyer und »Anti-Mobbing-Koffer« mit ihren bunten Informationsbroschüren auch dazu angetan sind, dem Volkssport Cyber-Mobbing beizukommen, darf man bezweifeln. Sicher ist: Das Netz mit seinen unbegrenzten Möglichkeiten hat den Psychoterror zum Kinderspiel gemacht. Mit zum Teil verheerenden Folgen.

Für allgemeines Entsetzen etwa sorgte im Frühjahr 2010 der Fall des dreizehnjährigen Joël. Der Junge aus dem österreichischen Velden war auf seinem Gymnasium schon häufiger gehänselt worden, weil er etwas fülliger und etwas cleverer war als die anderen.

Am Abend des 14. Mai 2010 kam Joël mit einem Freund nach Hause, sie hatten sich verabredet, um ein bisschen im Netz zu surfen. Routinemäßig schaute der Junge kurz auch auf Facebook vorbei. Dort hatte einer seiner »Freunde« einen Eintrag auf der Pinnwand hinterlassen. »Du bist ein arschgefickter Homo«, las Joël. »Du bist schwuler als die Polizei erlaubt!« Darunter tanzten lustige Buchstaben das Wort »Schwuchtel«, ein Pornofilm zeigte zwei Männer beim Sex. Es war gegen 21 Uhr, als Joël seinem Freund sagte, er müsse nur schnell zur Toilette. Eine halbe Stunde später war er tot. Er hatte sich vor einen Zug geworfen. Joëls Mutter weiß bis heute nicht, welcher der 64 Facebook-»Freunde« den Eintrag hinterließ. Die Staatsanwaltschaft Klagenfurt stellte das Verfahren nach wenigen Tagen ein. Es habe sich halt um einen Böse-Buben-Streich gehandelt.[23]

Wie viele solcher Streiche im Internet schon gespielt wurden und womöglich bis zum Sankt-Nimmerleins-Tag abrufbar bleiben, ist schwer zu ermitteln. Nur die drastischsten, wie Joëls Tod oder weitere Suizidfälle vor allem in den USA und Großbritannien, werden je einer breiten Öffentlichkeit bekannt. Aber dass es unzählige andere gibt, machen die wenigen existierenden Statistiken deutlich. Als das Videoportal YouTube die Medienkompetenz von Schülern untersuchen und dafür 435 Videos sichten ließ, stellte sich heraus: 178 davon enthielten verletzende oder bloßstellende Aufnahmen anderer Personen.[24] Die Techniker Krankenkasse kam 2011 zu dem Ergebnis, dass in Deutschland bereits 32 Prozent aller Jugendlichen Opfer von Cyber-Mobbing wurden.[25] International schätzt man, dass bis zu 40 Prozent aller jungen Leute betroffen sind. Das heißt: Zwei von fünf Heranwachsenden wurden bereits auf die eine oder andere Weise weltöffentlich der Lächerlichkeit preisgegeben. »Der gleiche Internetschwarm, der binnen kurzer Zeit Millionen Spenden für Erdbebenopfer generieren kann, kann ebenso Menschenleben zerstören«, schreibt der Online-Journalist Thomas Wanhoff.

Welchen Stellenwert das Thema inzwischen genießt, zeigt etwa der Besuch von Lady Gaga im Dezember 2011 im Weißen Haus: Die Pop-Ikone warb dort eindringlich für ihre Anti-Mobbing-Stiftung »Born This Way«. In Deutschland hatten sich kurz davor die Pubertätspostille *Bravo* und das Familienministerium zusammengeschlossen, um die nächste Kampagne gegen Cyber-Mobbing zu lancieren.[26] Sogar Facebook selbst hat inzwischen reagiert: Weil ein Zusammenhang zwischen Mobbing-Attacken und sich häufenden Selbstmordfällen schlechterdings nicht mehr zu leugnen ist, hat der Netzwerkgigant eine Art Anti-Suizid-Funktion freigeschaltet.[27] Facebook-User können nun Alarm schlagen, wenn sich ein »Freund« mit Gedanken an das Ableben trägt. Das Unternehmen verschickt daraufhin fürsorglich E-Mails mit einer Hotline und Links zu psychologisch geschulten Beratern.

»Mobbing ist ein Phänomen, dem man Aufmerksamkeit schenken sollte«, sagt Ruth Festl. Die Kommunikationswissenschaftlerin leitet seit Anfang 2012 eine Langzeitstudie zum Thema Cyber-Mobbing an der Universität Hohenheim. Erste Vorstudien förderten bereits Bedenkliches zutage – zum Beispiel, dass Cyber-Mobbing an Schulen nicht mehr die Ausnahme, sondern längst die Regel ist. Schüler, die sich unter Lehrernamen in Single-Börsen einloggen oder Lehrerfotos in Computerspiele kopieren, so dass jeder sie nach Belieben per Kopfschuss hinrichten kann. Schüler, die erste Küsse von Mitschülern filmen und auf YouTube posten. Schüler, die digitale Schulhefte mit Hardcore-Pornographie verbreiten. Schüler, die sich in Facebook-Accounts anderer hacken und unter deren Namen lügen und lästern. Wie gesagt: ein Kinderspiel.

»Es geht oft darum, soziale Beziehungen zu zerstören«, sagt Ruth Festl, beim Cyber-Mobbing sei eine bemerkenswerte »soziale Aggression« im Spiel. Eine Aggression, die in der Regel Mittel zu vor allem einem Zweck sei: seine eigene soziale Position zu verbessern. Festl warnt deshalb davor, Cyber-Mobbing als individuelles Problem zu begreifen. Mit Täter-Opfer-Profilen alleine werde man nicht weiterkommen. »Wir haben es hier mit einem strukturellen Problem zu tun.« Zumal das Phänomen eben nicht auf Schüler und Jugendliche begrenzt ist. »Das geht weit darüber hinaus.«

Fragt sich nur: Was hat uns so verrohen lassen? Oder waren wir schon immer so asozial?

Teil II

»Der größte Fehler, den wir jetzt machen könnten, wäre, die Schuld beim Trainer zu suchen.«
(Karl-Heinz Körbel, Eintracht Frankfurt)

Von Ignoranten und Egoisten

Edel, hilfreich und gut –
Wie wir von Natur aus sind

Ein Mann betritt einen Raum. Er trägt mit beiden Händen einen Stapel Hefte und nähert sich so einem Schrank. Der Mann versucht, den Schrank zu öffnen, mal mit dem einen Ellbogen, mal mit dem anderen – es gelingt ihm nicht. In der Ecke steht ein Kleinkind, keine achtzehn Monate alt, und beobachtet ihn. Als es nach wenigen Sekunden erkennt, dass der Mann es alleine nicht schaffen wird, läuft es zu ihm hinüber und öffnet beide Schranktüren.

Ein Mann hängt Tücher an eine Leine. Beim zweiten fällt ihm eine Wäscheklammer auf den Boden. »Oh«, sagt der Mann. Nebenan hockt ein Kleinkind, es kann noch nicht gut laufen. Aber sobald es das Malheur bemerkt, krabbelt es hinüber zur Klammer und reicht sie dem Mann.

Eine Frau sitzt am Tisch und schreibt einen Brief. Plötzlich fällt ihr der Stift zu Boden. Sie streckt sich und ächzt, aber erreicht ihn nicht. Auf der anderen Seite des Raumes sitzt ein Kind und spielt, zwischen ihm und dem Tisch befinden sich mehrere Hindernisse. Als der Stift fällt, unterbricht es sein Spiel, steht auf und schaut, scheint kurz zu überlegen, und bahnt sich dann seinen Weg durch den Raum, um der Frau zu helfen.

Es sind kurze Videosequenzen wie diese, mit denen Michael Tomasello in den vergangenen Jahren für ein gewisses Aufsehen gesorgt hat.[1] Legen die Clips doch scheinbar spielerisch nahe, dass der Mensch in seinem Naturzustand vielleicht doch nicht der rücksichtslose und egoistische Geselle ist, als der er allzu lange hingestellt wurde. Für Tomasello jedenfalls, den Direktor am Max-Planck-Institut für evolutionäre Anthropologie in Leipzig, steht fest: »Das Hilfsmotiv ist sehr früh im Leben da, und es ist, davon bin ich überzeugt, die Grundeinstellung.«[2]

Die Frage nach der Grundeinstellung der Menschen spaltet diese seit Menschengedenken. Grob gesagt stehen sich Rousseauisten und Hobbesianer einigermaßen unversöhnlich gegenüber. Hüben also die Anhänger des großen Aufklärers Jean-Jacques Rousseau (1712–1778), der gewiss war, der Mensch sei »von Natur aus gut« – so lange jedenfalls, bis er in die unheilvolle Gesellschaft anderer gerät. Drüben die Adepten des englischen Philosophen Thomas Hobbes (1588–1679), der Seinesgleichen im Naturzustand für gewalttätig und verroht hielt, vom »Krieg aller gegen alle« sprach und – Plautus plagiierend – den Mensch zu des Menschen Wolf erkor. Nur durch die Gesetze und Normen einer Gesellschaft sei dieser zu bändigen.

Nicht nur Tomasellos Experimente haben die Waagschale zuletzt eher in Rousseaus Richtung neigen lassen. Zwar verfügten alle lebensfähigen Organismen über eine egoistische Ader, ohne die sie im Wettbewerb der Arten niemals hätten überleben können, so behauptet der Forscher. Aber: »In einem beispiellosen Ausmaß hat sich der Homo sapiens daran angepasst, in Gruppen kooperativ zu handeln und zu denken; und in der Tat sind die beeindruckendsten kognitiven Leistungen der Menschen – von komplexen Technologien über linguistische und mathematische Symbole bis hin zu komplizierten sozialen Institutionen – nicht Produkte allein handelnder, sondern gemeinsam agierender Individuen.«[3] Kurzum: Hätten wir nicht gelernt, vernünftig miteinander umzugehen, hätten wir wohl bis heute nicht das Rad erfunden.

Wie weit unsere natürlich angelegte Bereitschaft zur Zusammenarbeit geht, konnten die Leipziger Forscher in einem weiteren Versuch zeigen. Diesmal sollten zwei Dreijährige gemeinsam eine Holzlatte eine Treppe hochtragen. An beiden Enden der Latte war ein Gegenstand angebracht, mit dem man auf einer »Pling-Maschine« ein lustiges Geräusch erzeugen konnte. Nun waren die »Pling-Maschinen« für die beiden Kinder jedoch auf unterschiedlichen Stufen der Treppe angebracht, das heißt ein Kind konnte das Geräusch früher auslösen als das andere. In fast allen Fällen nutzte das bevorzugte Kind zwar die »Pling-Maschine«, half dann aber seinem Partner die weiteren Stufen hoch, damit dieser auch auf seiner Seite das Geräusch machen konnte. Manche Kinder halfen sogar erst ihrem Gegenüber, bevor sie sich ihre eigene Belohnung abholten. Schon von ihrem ersten Geburtstag an, schloss Tomasello, seien Kleinkinder in vielen, wenn auch nicht in allen Situationen hilfsbereit und kooperativ.

Andere Forscher gehen noch weiter und sind überzeugt davon, dass auch unsere nächsten Verwandten, die Schimpansen, bisweilen zu bemerkenswerter Kooperation, Mitleid, Einfühlungsvermögen – man könnte fast sagen: zu Humanität neigen. So beobachtete etwa der niederländische Verhaltensforscher und Psychobiologe Frans de Waal von der Emory Universität in Atlanta den Fall eines sterbenden Schimpansen, dem ein altes Weibchen spontan half, ohne davon einen eigenen Vorteil zu haben. Das Weibchen polsterte dem Sterbenden den Rücken mit Holzwolle aus, »wie eine Krankenschwester, die das Kissen richtet«[4].

Auch sonst gehe es unter nichtmenschlichen Primaten gemeinschaftlicher und altruistischer zu, als man vielleicht denken mag, berichtet de Waal. Für Paviane zum Beispiel sei das soziale Leben in der Gruppe beinahe so etwas wie eine Lebensversicherung. Gleichwohl müssen sie nach der Pubertät ihre Gruppe verlassen und sich einige Jahre alleine durchschlagen, bevor sie groß genug sind, um sich einer neuen Gruppe anschließen zu können. In dieser Zwischenzeit ist die Sterblichkeitsrate dieser Tiere ungewöhnlich hoch. »Das beweist: Es ist keine gute Sache für Primaten, alleine zu sein.«[5]

Unter Menschen war das, davon ist die Wissenschaft mittlerweile mehrheitlich überzeugt, die meiste Zeit ihres irdischen Daseins nicht anders. Charles Darwin als Kronzeugen für den angeblich alles überragenden Aggressionstrieb des Homo sapiens zu bemühen, hieße, den Naturforscher misszuverstehen. Mutwillig tun das all jene, die das Recht des Stärkeren vor allem im 20. Jahrhundert zur Ideologie erkoren haben, bis heute. Tatsächlich aber war auch der britische Evolutionsforscher Darwin überzeugt davon, dass einer der dominantesten Instinkte des Menschen seine Suche nach Gemeinschaft war. Und dass dieser Instinkt uns im Wettbewerb der Arten zur erfolgreichsten machte – jedenfalls aus menschlichem Blickwinkel.

»Während der längsten Zeit der Menschheitsgeschichte kooperierten unsere Vorfahren, weil ihnen ein gewisses Maß selbstloser Neigungen angeboren war und weil sie Gruppennormen befolgten. Dies, und nicht der in freien Märkten kanalisierte Egoismus, ist das Fundament, auf dem jedes menschliche Zusammenleben ruht«[6], schreibt der Wissenschaftsautor Stefan Klein. Nur, weil wir erst »die freundlichsten, dann die intelligentesten Affen« wurden, konnten wir uns überhaupt für längere Zeit häuslich auf diesem Planeten einrichten. »Überleben konnten nur Gemeinschaften, in denen die Menschen füreinander einstanden. Solidarität auf allen Ebenen zahlte sich aus: Familien, die besser zusammenhielten als andere, brachten mehr Nachkommen durch. Clans, die sich das Vertrauen ihrer Nachbarn erwarben, konnten eintauschen, was ihnen fehlte. Und Stämme, in denen die Clans ihre Interessen denen des Volkes unterordneten, vergeudeten weniger Kraft mit inneren Querelen. Ein Haufen dagegen, in dem jeder zuerst auf den eigenen Vorteil schaute, dürfte in den Wirren der Vorgeschichte schlechte Karten gehabt haben.«[7] Unseren Scharfsinn, unsere Sprache, unsere Kultur, unsere gesamte Zivilisation verdanken wir demnach nicht unseren Keulen, sondern unserer Fähigkeit, miteinander auszukommen.

Nun gibt es heute zwar keine Mammuts mehr, die gruppendynamisch zu bezwingen wären. Die meisten anderen Fressfeinde haben wir ebenfalls erfolgreich ausgerottet oder domestiziert. Es gibt immer mehr von uns, die immer länger hienieden verweilen. Die Sieben-Milliarden-Hürde haben wir im Jahr 2011 locker genommen, wenn es so weitergeht, werden wir gegen Ende dieses Jahrhunderts gut zehn Milliarden sein. Ernsthafte Sorgen um den Arterhalt müssen wir uns also – vom Zustand des gesamten Planeten mal abgesehen – nicht machen. Was sich im Laufe der Jahrtausende aber auf unsere Festplatte namens Gehirn eingeschrieben hat, lässt sich so ohne weiteres nicht löschen. Michael Tomasello hat es in seinen Experimenten mit Kleinkindern ein ums andere Mal belegen können: Im Prinzip sind wir alle – sei es auch nur aus Gründen der Arterhaltung – ziemlich nette und hilfsbereite Wesen.

Nur: Wieso merkt man das immer seltener? Auch darauf geben die Versuche der Leipziger Forscher ein paar interessante Antworten.

Nachdem sie die grundsätzliche und spontane Hilfsbereitschaft von etwa zwanzig Monate alten Mädchen und Jungen getestet hatten, teilten Tomasellos Leute die Kinder in zwei verschiedene Gruppen auf. Wenn nun ein Kind aus der ersten Gruppe einem Erwachsenen half, bekam es dafür ein Spielzeug als Belohnung, mit dem sie einen aufregenden Effekt auslösen konnten. In der zweiten Gruppe erhielten die Kinder für ihr Engagement nichts, nicht einmal ein Lächeln oder ein Dankeschön des Erwachsenen. Nach kurzer Zeit geschah etwas Interessantes: Während die Hilfsbereitschaft in Gruppe zwei in der nächsten Phase des Experiments gleich hoch blieb, hatten die Kinder in Gruppe eins offenbar in Windeseile die Gleichung Hilfe = Spielzeug gelernt. Fortan halfen sie nur noch unter der Bedingung, eine Belohnung zu bekommen.

Blieb diese aus, rührten die meisten Kinder keine Hand mehr. Ihr angeborener Trieb zu helfen verschwand.

Mit anderen Worten: Es mag sein, dass wir von Natur aus edel, hilfreich und gut sind – aber unter Umständen kann sich das sehr schnell ändern. »Unsere Bereitschaft zu helfen, stellt nur einen Teil unseres Wesens da. In gleicher Weise achten wir auf unseren Vorteil«, sagt Tomasello. »Es gibt Bedingungen, die jeweils kooperatives oder egoistisches Verhalten entstehen lassen. Wir sollten darauf achten, Bedingungen zu schaffen, die Kooperation ermöglichen.«[8]

Die schlechte Nachricht ist: In den vergangenen Jahrzehnten haben wir uns alle Mühe gegeben, exakt das Gegenteil zu tun.

Die anti-zivile Seuche –
Wie das Sozialkapital aus dem Alltagsleben der Amerikaner verschwand

Gegen Ende des letzten Jahrtausends machte der US-amerikanische Sozialforscher Robert Putnam eine scheinbar beiläufige Entdeckung. Bowling, das zu Amerika gehört wie Burger, Baseball und die Bombe, stand plötzlich auf der Liste der aussterbenden Sportarten. Zumindest in seiner Form als Wettkampfsport. Über Jahrzehnte hinweg hatten sich Putnams Landsleute mit Liga-Bowling die Freizeit versüßt. Aber Anfang der achtziger Jahre setzte plötzlich eine regelrechte Massenflucht vom Bowlingparkett ein, immer weniger Frauen und Männer schienen noch Spaß daran zu haben, wochenends eine ruhige Kugel zu schieben. Putnam rechnete hoch und kam zu dem Ergebnis, dass, sollte sich der Trend fortsetzen, Liga-Bowling irgendwann zwischen 2010 und 2020 amerikanische Geschichte sein würde.

Nun lässt sich darüber streiten, ob das für die Menschheit ein unwiederbringlicher Verlust wäre. Nur: Putnam beließ es nicht dabei, Amerikas Hobby Nummer eins zu untersuchen. Einmal auf die Spur gesetzt, schaute er sich gleich noch alle anderen Freizeitaktivitäten der Amerikaner an – und stellte fest: Was fürs Bowlen gilt, gilt für ausnahmslos alle anderen Lebensbereiche nicht minder. Die Bereitschaft, sich in der einen oder anderen Partei zu engagieren: rapide gesunken. Das Interesse an Politik und

Wahlen insgesamt: verflüchtigt. Gewerkschaftliches Engagement: im Schwinden begriffen. Und sogar ihre Kirchen besuchen Amerikaner, auch wenn sie gelegentlich wiedergeborene Christen ins Präsidentenamt wählen, immer seltener.

Eine interessante Entwicklung durchlebten im letzten Drittel des 20. Jahrhunderts auch die Vereine, Clubs und Nichtregierungsorganisationen der USA. Zwar verdoppelte sich ihre Gesamtzahl zwischen Ende der sechziger und Ende der neunziger Jahre. Die Gesamtzahl der Mitglieder jedoch schrumpfte im gleichen Zeitraum. Soll heißen: Übers Land verteilten sich immer mehr Interessengruppen mit immer weniger Interessenten.

Hatten die Leute einfach keine Lust mehr auf formale Zusammenkünfte mit Satzungen und Regeln? Und zogen sich stattdessen ins Private zurück, wo sie mit umso größerem Engagement Freunde und Verwandte trafen? Mitnichten. Putnam untersuchte auch die informellen Beziehungen der Menschen zueinander – mit demselben Ergebnis. Die Leute spielten durch die Bank weniger Poker und Bridge als noch zwanzig Jahre zuvor; sie tranken seltener ein Feierabendbier mit Kollegen, besuchten seltener Freunde, luden seltener Gäste zu sich nach Hause ein. Die Bereitschaft von Durchschnitts-Bob und Ottonormal-Betty, neue Freunde kennenzulernen, war von 1985 bis 1998 um ein Drittel geschrumpft. Kein Wunder: Besuchten Betty und Bob doch auch immer seltener Bars, Nachtclubs, Discos und Kneipen. Gleichzeitig hatten sie in drastischem Ausmaß die Lust daran verloren, mit Nachbarn zu tratschen oder an Grillabenden um die Ecke teilzunehmen.

Die einzigen Nachbarschaftsaktivitäten, die im selben Zeitraum zugenommen hatten, waren sogenannte Neighbourhood-watch-Gruppen, eine Art Kiezbürgerwehr gegen echte oder vermeintliche Bedrohungen. Mit ihnen stieg nicht nur die Zahl der Pistolen, Alarmanlagen und Wachhunde in den Vorstädten, sondern auch das Misstrauen. Entsprechend änderte sich auch in den Vereinigten Staaten der Tonfall unter den Menschen. Der alltägliche Umgang miteinander wurde härter, das Klima rauer.

Von einer »anti-zivilen Seuche« schreibt Robert Putnam in seinem Buch »Bowling Alone«, das, zumindest in der Wissenschaftswelt, für erhebliches Aufsehen sorgte. Kein Bereich der amerikanischen Gesellschaft habe sich als immun dagegen gezeigt. »Sie hat alle angesteckt: Männer und Frauen; Millionenstädte, Vorstädte und Dörfer; die Reichen, die Armen und die Mittelschicht; Schwarze, Weiße und andere ethnische Gruppen; Leute mit Arbeit und ohne; Verheiratete und Singles; Norden, Süden, beide Küsten und das Kernland.«[9]

Eine, eine einzige Ausnahme identifizierte der Forscher: die Alten. Die investierten noch sehr viel mehr als andere Generationen in das, was Putnam und andere Gesellschaftsforscher »Sozialkapital« nennen, also in menschliches Miteinander. Die Zunahme an ehrenamtlichem Engagement und die erhöhte Spendenbereitschaft gingen vor allem auf das Konto der über sechzigjährigen Senioren. Wobei es mit der angeblich wachsenden Spendenfreudigkeit bei genauerem Hinsehen auch nicht so weit her war: Zwar stieg die gesamte gespendete Geldmenge in den USA von Jahr zu Jahr an – gemessen am Einkommen nahm jedoch auch die Freigiebigkeit des Einzelnen prozentual ab. Aber immerhin: Die Alten zeigten sich in fast allen Lebensbereichen noch am ehesten als echte Mitmenschen. Mit jeder nachfolgenden Generation jedoch schmolz das Sozialkapital der Gesellschaft ein Stückchen weiter ab. Keine allzu rosigen Voraussetzungen für die Zukunft.

Denn Sozialkapital ist kein »Gedöns«, um einen großen sozialdemokratischen Denker zu zitieren. Wie beim Finanzkapital rentiert sich seine Akkumulation für eine Gesellschaft – nur lässt sich das nicht ohne weiteres in Dollar und Euro berechnen. Die Währung heißt hier: Vertrauen. Wer sich mit Menschen und für Menschen engagiert, das belegen zahlreiche Untersuchungen aus der Sozialforschung, erhält Zinsen in Form von Sicherheit, Lebenszeit und Lebenszufriedenheit.

In Gemeinschaften mit hohem Sozialkapital sinkt die Kriminalitätsrate und steigt die Lebenserwartung. Wer regelmäßig etwas für andere tut, braucht weniger Psychopharmaka und Schlaftabletten und stuft sich auf Umfragen nach seinem Wohlbefinden signifikant höher ein als andere. Auch in herkömmlicher Währung zahlt sich gesellschaftliches Miteinander aus. Studien der OECD und des Internationalen Währungsfonds kamen übereinstimmend zu dem Ergebnis: »Gesellschaften mit einem hohen Vertrauenspotenzial wachsen schneller. Moral – das ist ein wichtiger Standortfaktor, volkswirtschaftlich gesehen.«[10] Es gibt ernstzunehmende Stimmen, die überzeugt davon sind, dass auch die Finanzkrisen der Jahre 2008 und folgende ganz wesentlich auf mangelndes Vertrauen unter den weltweiten Billionen-Jongleuren zurückzuführen ist.

»Menschen, die ihren Mitmenschen vertrauen, melden sich häufiger freiwillig, spenden mehr für gute Zwecke, engagieren sich stärker in Politik und Gesellschaft, sitzen bereitwilliger in Jurys, spenden regelmäßiger Blut, kommen umfassender ihren Steuerverpflichtungen nach, sind toleranter gegenüber Minderheitenmeinungen und offenbaren viele andere zivile Tugenden«[11], schreibt Putnam. Wer sich dagegen isoliert und Sozialkontakte vermeidet, lässt sich sehr viel leichter von seinen niedrigsten Instinkten leiten. »Es ist kein Zufall, dass Amokläufe ... in der Regel von Menschen begangen werden, die hinterher als ›Einzelgänger‹ beschrieben werden.«[12] All das hat man erforscht. Allein, es half nichts. 1999 glaubten zwei Drittel aller Amerikaner, dass der soziale Zusammenhalt in den vorangegangenen Jahren abgenommen habe. Wiederum zehn Jahre später vertraten bereits drei Viertel der US-Bürger die Ansicht, »dass die Gesellschaft das Gespür für das verloren hat, was wirklich zählt. Sie glauben, dass Konsumismus und Materialismus die für den Menschen viel wichtigeren Werte von Freundschaft, Familie und Gemeinschaft unter sich begraben haben«[13], schreiben die Gesundheitswissenschaftler Kate Pickett und Richard G. Wilkinson. Ein wunderbarer Nährboden ist das für Misstrauen und Missgunst – und für das Ausbreiten von Aggression aller gegen alle.

»Unterm Strich zähl ich« –
Wieso auch die Deutschen allmählich auseinanderdriften

Schreckliches Amerika? Mag sein. Nur gibt es hierzulande keinen Grund, sich wohlgefällig zurückzulehnen. Alle vorliegenden statistischen Daten belegen, dass wir selbstredend auch in dieser Hinsicht den Amerikanern geflissentlich nachgeeifert haben.

Auch in Deutschland schwindet das Sozialkapital seit einigen Jahrzehnten rapide. Politische Parteien – allen voran die »Volks«-Parteien SPD und CDU – haben in drastischem Maße Mitglieder verloren.* Nicht anders ergeht es den Gewerkschaften, die in manchen Regionen Deutschlands überhaupt keine Füße mehr auf den Boden bekommen. 2010 gaben noch ganze 2 Prozent der Deutschen an, dass sie sich ehrenamtlich in einer Partei oder Gewerkschaft engagieren.[14] Drei Viertel der jungen Deutschen waren in den letzten Jahren auf überhaupt keiner Demonstration mehr – wenn sie denn je auf einer waren. 71 Prozent der Jugendlichen finden es altmodisch, sich politisch einzumischen. »Und das, obwohl die allermeisten es für absolut notwendig halten, dass sich etwas ändert. Weit über die Hälfte der Jungen glauben, die Zukunft der

---

* Im Jahr 2011 rutschten sowohl CDU als auch SPD unter die Mitgliederzahl von 500 000. Für die SPD war es das erste Mal seit 1906, dass sie weniger als eine halbe Million Parteigänger zählte. Auch die FDP und die Partei Die Linke verzeichneten einen zum Teil herben Mitgliederschwund. Einzig Die Grünen und die Piratenpartei konnten erheblich zulegen.

Gesellschaft sehe ›düster‹ aus«[15], schreibt die Journalistin und Autorin Julia Friedrichs. Aber deswegen gleich auf die Barrikaden gehen?

Deutschlands Kirchen, ob katholisch oder evangelisch, verwaisen ebenfalls und werden in wachsender Zahl umgesegnet zu Lofts oder Kindertagesstätten. Eine Mitarbeit in der Kirche behaupteten 2010 ganze 7 Prozent der Befragten.[16] Auch wenn eine erkleckliche Anzahl der Bürger inzwischen zu transzendenteren Heilslehrern abgewandert ist: Unsere Staatsreligion lautet längst Individualismus.

Der lässt, natürlich, auch nicht allzu viel Platz für eine Mitarbeit in Vereinen. Zwar gab es 2011 in Deutschland rund 580 000 eingetragene Vereine, darunter so putzige wie den WC-Club, den Klub langer Menschen, den Zuckersammler-Klub, den Teddybär e. V. und den »Letzten Verein gegen Vereins- und Gruppenbildung«, dessen Mitgliederversammlung praktischerweise an jedem 29. Februar abgehalten wird, also nur alle vier Jahre. Die Deutschen sind damit weiter globale Vereinsmeister. Aber: Vor allem die Sportvereine, die 40 Prozent aller Zusammenschlüsse ausmachen, klagen seit Jahren über sinkende Mitgliederzahlen. Nicht einmal jeder Fünfte gab 2010 an, sich in der Vereinsarbeit zu engagieren. Auch hierzulande also gilt in zunehmendem Maße: Für jedes Töpfchen ein Vereinchen, selbst wenn alle Mitglieder gleichzeitig in ein Bahnhofsklo passen.

Auch beim viel beschworenen Ehrenamt im sozialen Bereich klaffen Dichtung und Wahrheit erstaunlich weit auseinander. Während keine politische Rede mehr ohne die »Bürgergesellschaft« auskommt, die sich angeblich in Windeseile ausbreitet, wissen offenbar die meisten hierzulande immer noch nicht, was das ist. Ganze 5 Prozent der Menschen in Deutschland wähnen sich in einer Bürgergesellschaft. Etwas näher dran an der Wirklichkeit dürften dagegen die 39 Prozent sein, die von einer Klassengesellschaft sprechen, in der das Wohlstandsgefälle wächst.[17]

Mit dem Zusammenhalt im Privaten sieht es nicht viel besser

aus. Die Zahl der Ehescheidungen wuchs von knapp 140 000 Anfang der 1990er Jahre auf mehr als 200 000 um die Jahrtausendwende und hat sich heute bei etwa 190 000 eingependelt. Jedes Jahr steigt die Zahl der Scheidungswaisen damit um etwa 150 000 Kinder.[18] Inzwischen gibt es fast 1,6 Millionen alleinerziehende Mütter in Deutschland, für sie wie für ihre Kinder ist die soziale Teilhabe mitunter ein Ding der Unmöglichkeit.[19] Neben der Zeit fehlt vor allem das Geld. In herkömmlichen Vater-Mutter-Kind-Familien wiederum ist mittlerweile jeder vierte Sprössling ein Einzelkind. Sozialverhalten unter Geschwistern lässt sich so mangels Gelegenheit nicht einstudieren.

Von unseren Freunden und Nachbarn entfernen wir uns derweil ebenfalls immer weiter. Unter den fünfzehn wichtigsten Freizeitaktivitäten der Bundesbürger im Jahr 2010 fand sich gerade mal eine, die zwingend den leibhaftigen Kontakt von Mensch zu Mensch erforderlich machte: 72 Prozent der Befragten gaben an, sie beschäftigten sich regelmäßig mit der Familie. Ansonsten hörten sie Radio (89 Prozent), lasen Zeitschriften (79), gingen ihren Gedanken nach (71), saßen am Computer (57) oder taten einfach mal nichts (50). Von »Cocooning 4.0« spricht Ulrich Reinhardt, der Freizeitexperte der Stiftung für Zukunftsfragen. »Die häufigsten Freizeitaktivitäten, die die Deutschen regelmäßig, das heißt wenigstens einmal pro Woche ausüben, finden fast alle in den eigenen vier Wänden statt.«[20]

Vielleicht ist es also kein Zufall, dass Rüpeleien und Ruppigkeiten vor allem dort zunehmen, wo Menschen auf ihnen fremde Menschen treffen. Wer sich die meiste Zeit mit sich selbst beschäftigt, weiß womöglich gar nicht mehr, wie er sich gegenüber anderen verhalten soll. Könnte es sein, dass Selbstverwirklichung die Wirklichkeit verkompliziert? Tatsache jedenfalls ist, dass nicht alle mit dieser Art zu leben glücklich sind. Die Angst davor zu vereinsamen, wächst kontinuierlich. Jeder vierte Erwachsene fürchtet sich vor einem Leben in Isolation, unter Jugendlichen ist es sogar jeder

Dritte.[21] Übertriebener Individualismus macht vieles. Unter anderem einsam.*

Das nämlich ist die Kehrseite des »Unterm Strich zähl ich«: Unterm Strich gibt's im Zweifelsfall nur noch mich. Der Individualismus ist der große Bruder des Egoismus. »Wenn jeder anders als die anderen sein will, gibt es kein Wir mehr«[22], schreibt Richard David Precht. Es stimmt ja: Kollektiv, Gemeinschaft, das sind Begriffe, die in der jüngeren Menschheitsgeschichte – gerade in Deutschland – bis zur Unkenntlichkeit missbraucht wurden. Sie sind bis heute verbunden mit Marschieren im Stechschritt, erstickender Gleichmacherei, Unterdrückung, Zwang. Dann doch lieber Freiheit. Und nichts als Freiheit.

---

* Zudem steigt bei Menschen, die über wenige oder keine Sozialkontakte verfügen, das Risiko, früher zu sterben, signifikant.

Und nichts als die Freiheit –
Wie der Individualismus zur Staatsreligion wurde

Nun ist die Vorrangstellung des Einzelnen vor der Gemeinschaft ganz sicher keine Erfindung der Moderne. Schon in der Renaissance, schreibt Meinhard Miegel, sei der »aufblühende Egoismus (...) in höchster Vollendung kultiviert«[23] worden. Der Staat hatte sich herauszuhalten aus den Belangen des Einzelnen, auch ins Verhältnis von Arbeitgeber zu Arbeitnehmer hatte er sich nicht einzumischen. Und schlecht war damals wahrlich nicht alles: Wissenschaft und Kunst blühten auf und machten den Weg frei für geniale Einzelgänger wie Leonardo da Vinci, Albrecht Dürer oder Johannes Gutenberg.

Im 18. Jahrhundert machte sich im Bürgertum der Liberalismus breit. Und dessen Credo war es nach Max Horkheimer, dass »der höchste Grad von Harmonie einzig durch die unbeschränkte Konkurrenz individueller Interessen« erreichbar sei. Zur alles überragenden Ideologie brachte es der Individualismus aber erst ab der Mitte des 20. Jahrhunderts. In allen reichen westlichen Industrieländern – vor allem aber in der Bundesrepublik Deutschland – vollzog sich nach dem Zweiten Weltkrieg »ein gesellschaftlicher Individualisierungsschub von bislang unerkannter Reichweite und Dynamik«, so der Soziologe Ulrich Beck.[24] Kein anderes westliches Land schließlich war näher dran am Eisernen Zaun als die Bundesrepublik, im Systemwettstreit wurde dem Menschenbild vom glücklichen Kollektiv drüben die radikale Selbstbestimmung des Einzelnen hüben entgegengesetzt. »Freiheit statt Sozialismus« wurde nicht nur zur Wahlkampfkeule, das Konzept setzte sich gründlich in den Köpfen fest.

Es wurde sogar regelrecht in Stein gemeißelt. Man kann das noch heute in der einst geteilten Stadt Berlin beobachten: Während im Osten der Stadt die wuchtige Karl-Marx-Allee zum architektonischen Vorzeigeprojekt wurde, erkor der Westen das Hansaviertel in der Spreeschleife zum Gegenentwurf. Hier fast identische Backsteinklötze in nahezu symmetrischer Anordnung, dort scheinbar wahllos hingewürfelte Hochhäuser, von denen keines dem anderen gleicht. Individuell, ungeordnet, einzigartig. Die Botschaft lautete: Wie die vier Wände, so auch der Mensch darin. Und die Freiheit, die der Einzelne im Westen sich fortan hemmungslos nahm, führte ja durchaus zu vorzeigbaren Ergebnissen: Uniformiertheit und Obrigkeitsdenken wichen in der zweiten Hälfte des 20. Jahrhunderts einem kritischen Hinterfragen von Autoritäten. Frauen lösten sich aus überkommenen Rollenbildern. Schwule und Lesben emanzipierten sich. Ein Land kam in Bewegung.

Anfang der 1980er Jahre dann fiel dem Individualismus – im Gefolge der amerikanischen Reagonomics und des britischen Thatcherismus – allmählich der ganze Staat in die Hände. Alles wurde nun liberalisiert, also befreit: der Handel von seinen Schranken, der Markt von seinen Restriktionen, die Arbeit von ihrem Schutz, die Banken von ihrer Aufsicht, die Welt von ihren Grenzen, der Mensch von seiner Privatsphäre. Deregulierung hieß das für die Wirtschaft, Eigenverantwortung für den Einzelnen. Das klang gut und ging auch eine Weile gut. Aber nach und nach zeigte sich, dass mit der vollständigen Deregulierung auch unseres Alltags das eine oder andere auf der Strecke blieb. Ungehindert verbreiteten sich »eine exzessiv individualistische Charakterprägung und entsprechende Verhaltensweisen«[25].

Schon Anfang der 1990er Jahre hatten die deutschen Individualisten ihre Lektion gründlich gelernt. In Umfragen gaben knapp zwei Drittel der Menschen an, sie wollten vor allem selbstständig sein und ihre eigenen Ziele verfolgen. Nur einer Minderheit war es noch wichtig, »für andere da zu sein«[26]. Entsprechend erzogen die Deutschen auch ihre Kinder: Oberste Priorität war nunmehr, dass die Sprösslinge selbstständig werden und sich gegenüber anderen durchsetzen können. »Dies gehört auch zu den wichtigsten Ratschlägen, die die Alten den Jungen mit auf den Weg geben: Immer darauf achten, unabhängig und nicht auf andere angewiesen zu sein.«[27] Wobei es die Kinder, die so erzogen werden sollten, immer seltener gab.

Der stetig wachsende Wohlstand machte den Einzelnen derweil noch unabhängiger – in jeder Hinsicht. Er war nun nicht mehr auf Nachbarn, Freunde oder die Familie angewiesen: Was er brauchte, konnte er sich kaufen. Natürlich blieben Freunde wichtig, aber nur, solange sie keine Ansprüche stellen. »Sie behindern die Wahrnehmung eigener Interessen. Die aber gehen, wenn irgend möglich, vor.«[28]

Viel geändert hat sich daran nicht. Im Gegenteil. Heute ist dann jeder mal so frei, sich um den anderen nicht zu scheren. Schon gar nicht, wenn es ein Fremder ist. Was steht der im Weg, wenn ich hier entlangfahren will? Wieso warten, wenn ich mich auch vordrängeln kann? Wieso das Handy ausmachen? Sollen die anderen doch weghören! Die Tür aufhalten – was bringt mir das? So sind wir langsam zu schwer erträglichen Ichlingen geworden. Und überall dort, wo sich ein Aufeinandertreffen nicht vermeiden lässt – auf der Straße, im Kino, in Bus und Bahn, auf dem Sportplatz, in der Schule – fühlen wir uns im Zweifelsfall von den anderen gestört. Wie die drängeln. Wie ignorant die sind. Wie rücksichtslos. Wie aggressiv. Die – nicht wir, versteht sich. Die Doofen sind immer die anderen.

In einer Umfrage für den Intel-Konzern gaben zum Beispiel im Jahr 2009 zwei Drittel der Befragten an, es nerve sie, wenn jemand laut telefoniert.[29] 55 Prozent wollen nicht ungefragt die persönlichen Telefongespräche von Mitmenschen belauschen müssen. 54 Prozent finden es unhöflich, wenn ihr Gegenüber bei einem Treffen ständig aufs Handy starrt. Inzwischen mache das fast jeder. Aber: Zwei Drittel der Befragten behaupteten auch, sie selbst würden so etwas nie tun. Das passt nicht zusammen? Was juckt mich das?

»Heute bin ich der König der Welt und benehme mich immer und überall auch so«, sagt Hans-Michael Klein von der Knigge-Gesellschaft. Für das Sozialkapital einer Gesellschaft, für den Zusammenhalt ihrer einzelnen Glieder ist das eher suboptimal. Es bedeutet nämlich, dass Misstrauen, Angst und Aggression sich ungehindert ausbreiten können. Was heißt können? Sie haben es längst getan: In vielen Industriestaaten glaubt nur noch eine kleine Minderheit der Menschen, dass man seinem Nächsten noch vertrauen kann. In Portugal zum Beispiel denken das gerade noch 10 Prozent. »Was mag es im Alltag bedeuten, in einem Land zu leben, in dem 90 Prozent der Menschen dem anderen nicht mehr über den Weg trauen? Wie geht man in dieser Gesellschaft miteinander um – bei der Arbeit, auf der Straße, beim Einkaufen, in der Schule?«[30], fragen die Epidemiologen Wilkinson und Pickett.

Wie schön, dass Deutschland nicht Portugal ist. Hier haben nur etwa zwei Drittel der Bürger das Vertrauen in ihre Mitmenschen verloren. Nur?

Chinesische Wasserfolter –
Wie das Fernsehen aus einer
Tu- eine Guck-Gesellschaft gemacht hat

Gibt es eigentlich nichts, das wir heute häufiger tun als früher? Doch. Eine Sache wäre da. Während wir uns immer weiter aus dem Sozialleben zurückgezogen haben, während wir Freunde und Bekannte seltener treffen, während wir gründlich gelernt haben, uns nur auf uns selbst zu verlassen, haben wir doch einen treuen Begleiter schätzen gelernt – das Unterhaltungsfernsehen. Es ist frappierend: Wie in kommunizierenden Röhren sackten alle Freizeitaktivitäten in den vergangenen Jahrzehnten nach unten, nur der durchschnittliche Fernsehkonsum ging durch die Decke. Mit 97 Prozent ist das Glotzen seichter Unterhaltung auf LCD- oder Plasmabildschirmen heute die mit weitem Abstand wichtigste Ausspannbeschäftigung der Deutschen.[31] Auch in dieser Hinsicht erwiesen sie sich als eifrige Kopisten der Amerikaner. »Im 20. Jahrhundert hat nichts anderes unsere Freizeitgestaltung so rapide und grundlegend verändert.«[32] Die viel diskutierte Frage lautet nun: Was war zuerst da? Hat das Unterhaltungsfernsehen die Epidemie des zivilen Rückzugs ausgelöst oder zumindest beschleunigt, wie Putnam glaubt? Oder sind wir erst auseinandergedriftet, und das Fernsehen hat nur eine Lücke gefüllt? Unstrittig ist, dass es einen Zusammenhang gibt. Wen der Schwund von Sozialkapital interessiert, der sollte vor dem Fernsehen nicht die Augen verschließen.

Die statistischen Daten sprechen Bände. Während sich die Amerikaner in den vergangenen vierzig Jahren jede Form von Freizeitbeschäftigung immer rigider sparten, schnellte der Fernsehkonsum in derselben Zeit in beeindruckende Höhen. 1995 wurde pro Haushalt doppelt so viel ferngesehen wie 1950. Wobei nicht Informationssendungen die Zuschauer in ihren Bann zogen, sondern das sanft rieselnde Unterhaltungsangebot der Sender. Gegen Ende des Jahrtausends verbrachten Männer und Frauen drei- bis vier Mal mehr Zeit vor der Glotze als mit Gesprächen.[33] Innerhalb kürzester Zeit gelang es dem Medium, den Alltag von Bob und Betty so zu konditionieren, dass eine Welt ohne Mattscheibe schlechterdings nicht mehr denkbar war. Als die Detroit Free Press im Jahr 1977 Testpersonen suchte, die gegen Geld einen Monat lang auf das Fernsehen verzichten sollten, hatte sie erhebliche Mühe, überhaupt jemanden zu finden. Eine Frau, die sich am Ende dazu bereiterklärt hatte, sagte nach den vier Wochen: »Es war furchtbar. Wir haben gar nichts gemacht – mein Mann und ich unterhielten uns sogar.«[34]

Vergleichbare Horrorszenarien müssen auch die Deutschen schon lange nicht mehr fürchten. 1984 – und damit zufälligerweise mit der totalen Liberalisierung von allem – schwappte das Privatfernsehen in hiesige Wohnstuben. Seither hat es einen Siegeszug sondergleichen angetreten, andere Medien kannibalisiert und die Deutschen zu einem Volk der Abhängigen gemacht. Im Jahr 2011 schauten die Menschen hierzulande im Durchschnitt 225 Minuten fern. Pro Tag. Ein nie zuvor erreichter Spitzenwert. In Sachsen-Anhalt brachten es die Zuschauer sogar auf 272 Minuten. Das ist, als würde man ohne Pause drei Fußballspiele hintereinander gucken. Das kostet nicht nur Kraft und Kondition. Und wo soll da die Zeit zum Fußballspielen herkommen?

Und was schauen wir so? Talkshows, Kochsendungen und »scripted reality« – also nachgestellte Wirklichkeit, die sich von der echten nur durch den Sendeplatz unterscheidet. So müssen wir uns nicht mehr mit dem lästigen Alltag da draußen plagen – wir holen ihn uns bequem in die Wohnstube. Und schalten ihn ab, wenn er nervt. Wir haben uns von einer Tu- in eine Guckgesellschaft verwandelt. Wir stehen nicht mehr in der Küche, wir schauen anderen beim Kochen zu. Wir reden nicht miteinander, wir hören anderen beim Reden zu. Wir treiben keinen Sport, wir gucken ihn. Wobei, nein, das stimmt nicht, seit einigen Jahren gibt es ja diese drolligen Spielkonsolen, mit denen wir – ganz alleine – Tennis oder Golf oder Fußball spielen können. Dazu müssen wir uns sogar bewegen, nur leider nicht nach draußen. Es sei denn, da steht ein Bildschirm.

Vor allem aber schauen wir wahnsinnig gerne anderen Menschen beim Scheitern zu. Am liebsten nachmittags zwischen 12 und 18 Uhr. Da laufen auf RTL – seit 2010 der unangefochtene Marktführer – fast ganz reale Serien wie »Mitten im Leben«, »Verdachtsfälle«, »Familien im Brennpunkt« oder auch »Die Schulermittler«. Lauter Formate über Menschen, die ihr Leben nicht im Griff haben, die pöbeln und popeln, jammern und schreien und einem das wohlige Gefühl geben, dass es da draußen Menschen gibt, denen es noch beschissener geht. Keine anderen Programme im deutschen Fernsehen werden häufiger geschaut als diese.

An einem Freitag im März 2012 zum Beispiel ist High Noon kaum vorüber, da werden Millionen bereits Zeugen der ersten nachmittäglichen Schimpfkanonade auf RTL. In einem engen Wohncontainer stehen sich da zwei übergewichtige Schwestern gegenüber, sie haben sich nicht viel zu sagen außer »Scheißvitrine«, »Scheißregal«, »blöde Kuh« und »kannst mich mal kreuzweise«. Die Mutter, eine Rothaarige mit mehr Lücken als Zähnen im Gebiss, steht daneben und barmt: »Keiner hilft uns, keiner macht was.« Irgendwie sei die Familie, denen das Haus unterm Hintern weggelodert ist, vom Pech verfolgt. Eine Stunde lang aalen sich eine Kamera und eine besorgte Stimme aus dem Off in diesem

Pech mitten aus dem Leben, dann wird nahtlos übergeleitet zu Verdachtsfällen, in diesem Fall: einer sexuell frustrierten Dreißigjährigen, die ihren Mann außerehelicher Eskapaden bezichtigt. Auch hier sieht Konfliktlösung paradoxerweise so aus, dass seine Ruhe hat, wer lauter brüllt. Sie: »Du bist doch nicht mehr normal!« Er: »Mensch, hör' auf zu spinnen!« Sie: »Ich lass mich doch von dir nicht verarschen!« Er: »Wenn ich so scheiße bin, suchste dir am besten 'nen andern Mann!« Dann fällt eine Tür ins Schloss. Durch diese schreit die Frau irgendetwas, das vom Sender mit einem Piepgeräusch übertönt wird und das dann doch irgendwie neugierig macht: Was um alles in der Welt kann so bodenlos sein, dass es selbst die Schamgrenze von RTL unterschreitet? Noch bevor man zu Ende gegrübelt hat, steht aber schon die nächste Familie im Brennpunkt beziehungsweise im Kleinkrieg, der mit geklauten Klebebildchen aus dem Supermarkt beginnt und unter großem Gezeter – »Du widerst mich an!« – in der vollständigen Zerrüttung endet. So geht das weiter, immer weiter, es ist ein sechsstündiges Festival der Pöbelkunst, bei dem Wohltemperiertes auf dem Index steht und das nur unterbrochen wird von gelegentlichen Werbeblöcken, die wiederum Dieter Bohlen nutzt, um sich als Trüffelschwein bundesdeutscher Sangeskultur anzupreisen. Derselbe Bohlen im Übrigen, der vom hiesigen Fernsehvolk einst zu einem der dreißig größten Deutschen gewählt wurde – hinter Luther, Bach und Einstein, aber weit vor Schiller, Richard von Weizsäcker und sogar dem »Kaiser« Franz Beckenbauer.

Das Programm von RTL, sagt ZDF-Intendant Thomas Bellut, sei »wie chinesische Wasserfolter: immer dasselbe – und das ständig«[35]. Das klingt erstaunlich kulturkritisch. Aber wer weiß: Vielleicht ist es nur der Neid desjenigen, der auch gerne schönere Folterinstrumente hätte.

225 Minuten. Tag für Tag. Das bleibt natürlich nicht ohne Folgen. Exzessiver Konsum von Unterhaltungsfernsehen macht Menschen nicht nur materialistischer – sondern auch aggressiver. Fernseh-

Junkies neigen dazu, Probleme wie Armut, Obdachlosigkeit, Ausgrenzung eher als individuelles Versagen und nicht als strukturelles Defizit zu betrachten. Mitgefühl oder gar Empörung bleiben so auf der Strecke. »Starker Fernsehkonsum unter Jugendlichen ist verbunden mit staatsbürgerlicher Ignoranz, Zynismus, geringerer politischer Teilhabe in späteren Jahren, außerdem mit schlechterer Ausbildung und geringerem Einkommen«[36], schreibt Putnam. Zu ganz ähnlichen Ergebnissen kamen kürzlich Forscher der University of Otago in Neuseeland. Diese befragten seit Anfang der 1970er Jahre regelmäßig Kinder und Jugendliche, wie viel Zeit sie vor der Glotze verbringen, und verfolgten anschließend deren Entwicklung im Erwachsenenleben. Früher intensiver TV-Konsum, so das Ergebnis, macht Menschen später überdurchschnittlich abweisend und aggressiv. Die Forscher stießen bei den Betroffenen auf deutliche »antisoziale Verhaltensweisen«. Und nicht nur das: Mit jeder Stunde pro Tag, welche die Versuchspersonen als Kind länger vor der Mattscheibe gehockt hatten, stieg das Risiko einer strafrechtlichen Verurteilung im jungen Erwachsenenalter um 30 Prozent.

Wie man es also auch dreht und wendet: Glücklich scheint das Fernsehen nicht zu machen. Eher im Gegenteil. Während alle anderen kulturellen Aktivitäten sich positiv auf das eigene Wohlbefinden auswirken, ist Fernsehkonsum der einzige Bereich, der »einen deutlich negativen Effekt auf die Lebenszufriedenheit hat«[37]. Aber macht ja nichts: Irgendwo läuft bestimmt eine Ratgebersendung, die mir erklärt, was ich kaufen muss, um wieder glücklicher zu werden.

»Ohne Zweifel haben die privaten Sender in den vergangenen 25 Jahren viel geleistet für die örtliche Betäubung von Gehirnen«, schreibt Richard David Precht. »Arbeitslose sitzen heute kaum noch auf der Straße, sondern vielmehr vor dem Fernseher und dem Computer, dazu Rentner, Kinder und Einsame. Und ebenso zweifellos hinterlässt diese Befriedung durch Befriedigung Spuren: zwar keine Erfüllung, aber zumindest weitgehend Ruhe. Wie hoch das Empörungspotenzial der Zu-kurz-Gekommenen in unserer Gesellschaft wäre, gäbe es dafür keine Ablenkungsindustrie, will man lieber gar nicht wissen.«[38]

Wie gut, dass gerade noch rechtzeitig das Internet erfunden wurde. Oder?

Freunde, »Freunde« –
Wieso die sozialen Netzwerke in Wirklichkeit anti-soziale Netzwerke sind

Als das Portal classmates.com 1995 in den Vereinigten Staaten online ging, ahnte niemand, nicht einmal die Erfinder, welchen Geist sie da aus der Flasche gelassen hatten. Die Idee von classmates leuchtet spontan ein. Die Älteren unter uns erinnern sich: Alle fünf Jahre fällt Menschen, die mal zusammen zur Schule gingen, auf, dass sie ja mal zusammen zur Schule gingen. Meistens erbarmen sich dann ein oder zwei gute Seelen, die schon zu Mathe-Zeiten keinen Ellbogen vor die Klausur nahmen, einen Rundruf zu starten, der in der Hälfte der Fälle echolos verhallt, weil die alten Kameraden unbekannt verzogen sind. Über mühsame Recherchen – wer kennt wen? – werden am Ende auch Eremiten in Wisconsin und ergraute Kiffer in Goa aufgestöbert, man verabredet sich, man trifft sich, man hat eine gute Zeit, man schwört sich, in Kontakt zu bleiben. Dann geht man wieder – und hört die nächsten fünf Jahre nichts mehr voneinander.

Classmates revolutionierte diese Art von Kärrnerarbeit auf einen Klick. Das Internetportal, und später auch seine zahllosen Klone, ermöglichten nicht nur den dauerhaften Zugriff auf Jahrgangsbände und damit auch auf bizarre Frisurmoden des 20. Jahrhunderts, die bis dahin völlig zu Recht der Vergessenheit überantwortet worden waren. Fortan – so steht es heute auf der Seite des übergeordneten Netzwerks Memory Lane – war es »ganz einfach, Schulfreunde und alte Flammen zu kontaktieren, die du seit Jahren nicht mehr gesehen hast«. Mal abgesehen davon, dass es womöglich Gründe gibt, wieso man Schulfreunde und alte Flammen seit Jahren nicht gesehen hat: eine überzeugende Erfindung.

So überzeugend, dass wenige Jahre später die nächsten Online-Tüftler noch eine Spur weiter dachten. Wieso sollte man übers Internet nur bereits Bekannte kontaktieren? Wieso nicht auch Leute, mit denen man gerne bekannt wäre? Oder solche, von denen man noch gar nicht weiß, dass sie sich als Bekannte oder gar Freunde gut machen könnten? Und wieso sollte man mit denen nicht Gedanken und Musik und Filme und überhaupt alles, was Spaß macht, dauerhaft austauschen? Solche und ähnliche Fragen führten früher oder später zur Gründung etlicher Internetportale. Im Juli 2003 ging MySpace an den Start, im Februar 2004 Facebook, im November 2005 studiVZ, später schülerVZ und meinVZ, XING, Google+, wer-kennt-wen und-so-weiter. Eine der cleversten Marketingideen der letzten Jahrzehnte war es, diese Portale »soziale Netzwerke« zu nennen. Dagegen kann schlechterdings niemand etwas haben.

Was seither passierte, ist mit dem Begriff Revolution nur unzulänglich beschrieben. Hatte allein Facebook, der Moloch unter den Portalen, im August 2008 bereits 100 Millionen Nutzer weltweit, so waren es im Februar 2010 schon 400 Millionen. Am 21. Juli 2010 vermeldete der Konzern stolz, die Zahl von einer halben Milliarde Kunden übersprungen zu haben. Als dieses analoge Buch geschrieben wurde, ging die Welt von gut einer Milliarde Facebook-Mitgliedern aus. Aber diese Zahlen sind sicher ebenfalls längst überholt.

Im Jahr 2009 übernahm Facebook auch in Deutschland die Markführerschaft. Das Wachstumspotential hierzulande ist gewaltig. Waren vor vier Jahren noch 8,6 Millionen Deutsche in einem oder mehreren »sozialen« Netzwerken angemeldet, sollten es am Ende des Jahres 2012 bereits rund 22 Millionen sein.[39]

Wenig verwunderlich, finden sich die eifrigsten Nutzer in der Altersklasse 14 bis 29 Jahre. Von ihnen tummeln sich nach Angaben des Branchenverbandes Bitkom bereits 94 Prozent in den »sozialen« Netzwerken. Mehr als jeder Zehnte gilt dabei als »heavy user«, ist also mehr als zwei Stunden täglich im Netz unterwegs. Mitten drin, statt nur dabei, sind aber auch schon 76 Prozent der 30- bis 49-Jährigen, und selbst unter den über Fünfzigjährigen mischt knapp die Hälfte (47 Prozent) online mit. Als häufigsten Grund für ihre Teilnahme geben die allermeisten der Befragten an, »sich über Freunde informieren« zu wollen.

Vielen ist das inzwischen so wichtig, dass sie im Prinzip nichts anderes mehr tun möchten als zu verfolgen, was ihre Freunde, oder solche, die sie dafür halten, in jedem beliebigen Moment gerade treiben. Die Grenzen gesunden Kommunikationsverhaltens sind damit in zahllosen Fällen längst erreicht. Aktuell gelten 250 000 Jugendliche in Deutschland im Alter von 14 bis 25 Jahren als krankhaft abhängig vom Internet. Mehr als eine Million Jugendliche werden von Epidemiologen als »Problemnutzer« beschrieben.

Ein interessantes Experiment hat in diesem Zusammenhang der amerikanische Psychologe Wilhelm Hofmann von der Universität Chicago veröffentlicht. Zur Durchführung dieses Versuches zog es Hofmann, warum auch immer, in die fränkische Stadt Würzburg. Dort drückte er 205 Probanden im Alter von 18 bis 85 Jahren ein sogenanntes Smartphone in die Hand und bat sie, ihn regelmäßig darüber zu informieren, welche Lust oder Begierde sie gerade überkommt, welcher davon sie widerstehen und welcher sie nachgeben. Knapp 8000 »Begierde-Episoden« sammelte Hofmann auf diese Weise, als er sie auswertete, stieß er auf eine verblüffende Tatsache: Während die Menschen relativ problemlos dazu in der Lage waren, auf Alkohol, Zigaretten und sogar Sex zu verzichten, konnten sie einfach nicht die Hände vom Internet lassen. Die mit Abstand höchsten Raten mangelnder Selbstkontrolle verzeichnete der

Forscher, wenn es darum ging, ausnahmsweise mal auf das Checken von E-Mails und Pinnwand-Einträgen zu verzichten.[40]

Andere Forscher berichten von regelrechten Entzugserscheinungen bei Menschen, die, und sei es nur für Stunden, von ihren elektronischen Kommunikationswegen abgeschnitten waren. So testete das International Center for Media and Public Agenda in den USA die Reaktion von Studenten, die sich bereit erklärt hatten, vorübergehend offline zu sein – und entdeckten Erstaunliches: Binnen kürzester Zeit beschrieben die Studenten sich als krank und isoliert. Einer bekannte: »Ich kam von der Schule gegen 5 Uhr nach Hause und suchte verzweifelt nach irgendeinem Stück Technologie. Ich betrog ein wenig und schaute in mein Telefon. Ich las SMS, sah, dass ich knapp ein Dutzend Anrufe verpasst hatte, überflog einige E-Mails und bemerkte mehrere Twitter-Anfragen, ob es mir gut gehe und wo ich sei. In diesem Moment hielt ich es nicht mehr aus, alleine in meinem Zimmer zu sein mit nichts, das mich beschäftigte, also gab ich das Experiment auf. Ich hatte 19 Stunden geschafft, aber schon diese waren Folter für mich.«

Kurzum: Nutzer »sozialer« Netzwerke fühlen sich offenbar magisch von ihren Online-Freundschaften angezogen. Man bleibt immer und jederzeit in Kontakt, komme, was wolle. Für die Entstehung von neuem Sozialkapital sind das wunderbare Neuigkeiten. Könnte man meinen.

Tatsächlich hat die Vernetzung der Welt zahlreiche erfreuliche, verblüffende und bizarre Früchte getragen. Ob die Ausrichtung von Online-Trauerfeiern für Verstorbene, das Feiern von Cyber-Hochzeiten und die seuchenartige Ausbreitung von virtuellem Sex dazu gehören, mag jeder für sich selbst entscheiden. Unbestreitbar aber ist, dass die virale Internet-Kommunikation den politischen Bewegungen der letzten Jahre den Protest erleichtert hat. Kein Medium kann es auch nur ansatzweise mit dem Informationstempo und der Informationsmenge des Netzes aufnehmen. Die – weitgehende – Anonymität im Netz nützte der grünen Oppositionsbewegung im Iran und trug ihren Teil zum Gelingen der Arabellion bei.*

Die lawinenartige Verbreitung von Text-Messages ermöglichte den Occupy-Camps auf den verschiedenen Kontinenten, sich zu koordinieren. In Deutschland ist eine neue Partei erstarkt, deren Erfolg vordringlich auf der Digitalisierung des Alltags und der Vernetzung ihrer Mitglieder basiert. Die radikale Basisdemokratie der »Piraten« muss nicht jedem gefallen, und ob sie durchzuhalten ist, wenn die Partei weiter rapide wachsen sollte, bleibt abzuwarten. Gleichwohl aber geben die »Piraten« den Blick frei auf ein ebenso etabliertes wie erstarrtes Parteiensystem.

Massiv hat sich durch die modernen Medien auch die konkrete Kommunikation von Mensch zu Mensch verändert. Gewiss nicht nur zum Schlechteren. Chats und Foren bieten Nutzern, die sonst nicht oder kaum zu Wort kommen, die Gelegenheit, sich zu positionieren. Computergestützte Kommunikation ist weniger hierarchisch als Gespräche von Angesicht zu Angesicht. Statusunterschiede verwischen sich, wer im echten Leben der Boss ist, muss es in einem Chatroom nicht auch sein, natürliche Autorität oder Hahnenkampfgehabe lassen sich per Tastatur schwer vermitteln. Erfreulich auch, dass Frauen in Online-Diskussionen weniger häufig unterbrochen werden. Und schließlich gelingt es Menschen, die per Computer kommunizieren, in der Regel schneller, sich über bestimmte Punkte zu verständigen – vermutlich deshalb, weil

---

* Die Begriffe Twitter- oder Facebook-Revolution halten manche Wissenschaftler in diesem Zusammenhang allerdings für irreführend. Die Annahme, Twitter, Facebook und YouTube hätten die – gescheiterte – Revolution im Iran 2009 erst ermöglicht, sei eine gefährlich naive Fehleinschätzung, sagt etwa Evgeny Morozov von der Stanford University. Tatsächlich hätten die Internetdienste zwar geholfen, die Nachrichten von der grünen Erhebung in die Welt zu tragen. Umgekehrt hätten die zahllosen Text-Messages und Videos von den Protesten dem iranischen Regime anschließend die Suche nach vermeintlichen »Verbrechern« mehr als erleichtert. Ein zwölfköpfiges Cybercrime-Team der Regierung habe auf diese Weise mindestens vierzig Demonstranten identifizieren und verhaften lassen können. »Unbeirrter Cyber-Utopismus«, schreibt Morozov, »kann sich als kostspielige Ideologie erweisen, denn autoritäre Regime sind nicht untätig. Es gibt absolut keine Garantie, dass sie keinen Weg finden, um das Internet in ein machtvolles Unterdrückungsinstrument zu verwandeln.«

belangloser Ballast wie die Frage, wer als Nächstes Teewasser aufsetzt, nicht ins Gewicht fällt.

Sind »soziale« Netzwerke also wirklich so sozial, dass sie uns wieder zueinander finden lassen? Man darf es – trotz allem – bezweifeln.

Was nämlich ist computergestützte Kommunikation? Sie ist, von der unglaublichen Anzahl ins Netz gestellter Fotos mal abgesehen,* vor allem der Austausch von Text-Messages – von 140 Zeichen an aufwärts. Reale Kommunikation aber braucht einen sozialen Kontext, um verstanden zu werden. Wenn sich Menschen, die sich kaum oder wenig kennen, über eine gemeinsame Unternehmung, ein gemeinsames Ziel verständigen sollen, muss dafür zunächst eine Vertrauensbasis geschaffen werden. Der Schlüssel dazu ist nonverbale Kommunikation. Aber wie geht das per iBook, iPhone, iPad?

»Augenkontakt, Gesten (absichtliche und unabsichtliche), Nicken, ein kurzes Zucken mit der Augenbraue, Körpersprache, Sitzanordnungen, selbst millisekundenkurzes Zögern – nichts von dieser Informationsflut, die wir normalerweise ohne zu denken produzieren, kann durch Text übermittelt werden.«[41] Ironie, Sarkasmus, sich anbahnender Ärger, Unsicherheit – kaum etwas davon lässt sich ohne weiteres in Text übersetzen. Missverständnisse sind so im Wortsinne programmiert. Ärger auch. Unzählige Online-Diskussionen münden oft früher als später in persönliche Angriffe und Beschimpfungen – die »Piraten« können bereits ein Lied davon singen. Die Teilnehmer »lassen sich weniger von sozialen Nettigkeiten leiten und neigen schneller zu extremer Sprache und Beleidigungen«[42]. Im Zweifelsfall wird man sich ja nie (mehr) begegnen.

Aber was macht es eigentlich mit Menschen, wenn sie von Fremden – von denen sie nicht einmal sicher sagen können, ob diese sind, wer sie behaupten zu sein – angeraunzt, beleidigt und

---

* Alleine bei Facebook sollen pro Monat etwa 2,5 Milliarden Bilder hochgeladen werden.

bloßgestellt werden. Wie beeinflusst es unser Miteinander, wenn wir nicht mehr im persönlichen Gespräch erfahren, dass sich zwei Freunde oder gar die eigene Partnerin getrennt haben – sondern über den im Facebook-Profil ablesbaren Beziehungsstatus? Wie reagieren wir, wenn uns die Möglichkeit genommen wird zu reagieren, weil wir als Freund nach einer hitzigen Debatte einfach abgeschaltet wurden? Hat das Folgen für unser Verhalten, wenn wir doch mal wieder echten Menschen begegnen, ganz reell? Wissen wir noch, wie das geht? Sind wir womöglich gerade dabei, bestimmte Formen von Kommunikation zu verlernen? Oder anders gefragt: Sind wir wirklich miteinander verbunden, wenn wir 24 Stunden am Tag miteinander verbunden sind?

Das Problem, dass Gefühle nicht über Bits und Bites zu vermitteln sind, ist natürlich auch von Programmierexperten längst erkannt worden. Ein hilfloser Versuch, darauf zu reagieren, sind die sogenannten Emoticons, hüpfende, feixende, küssende, heulende Bälle mit Mondgesicht, die Gefühle transportieren sollen und heute beinahe jedes Tweet und jede Mail beenden. In den »sozialen« Netzwerken hat man weitere Versuche unternommen, uns den Aufenthalt so angenehm wie möglich zu gestalten. Und um nichts anderes geht es schließlich bei Facebook & Co: Wie jedes Shopping Center wollen sie uns zum Verweilen animieren, weil nichts anderes den Betreibern bares Geld sichert. Man muss es vielleicht kurz noch einmal betonen: Facebook ist kein caritativer Verein und auch kein Freundschaftsanbahnungsinstitut. Die Währung hier heißt Zeit: Je länger ich online bin, desto teurer lässt sich Werbeplatz verhökern. Und deshalb klingt auch alles, was rund um diese Netzwerke geschieht, so wahnsinnig kuschelig und anheimelnd und einladend. Die Gruppe, in der ich mich bewege, ist eine Gemeinschaft (community), wir treffen uns zum Tratsch (chat) im Hinterzimmer (chatroom). Dort warten meine »Freunde« auf mich zum Plausch. Und es gibt sogar im Internet den guten alten Marktplatz.

Aber lassen wir uns nichts vormachen: Die Netzwerke, die da

gerade die Welt erobern, sind tatsächlich anti-soziale Netzwerke. Zum Aufbau echter Gemeinschaft können sie wenig beitragen. Im Gegenteil.

Es ist nämlich trotz der unglaublich rasanten Ausbreitung der Netzwerke nicht so, dass tatsächlich alle daran teilhaben. Mögen die »digital natives« sich auch geschlossen im virtuellen Raum versammeln – die Armen, die Alten, die Benachteiligten sind zum allergrößten Teil noch immer ausgeschlossen. Wenn Ende 2012 allein in Deutschland tatsächlich 22 Millionen Nutzer in einem oder mehreren der Netzwerke aktiv sein sollten (von denen viele Doppel-, Dreifach-, Vierfach-Nutzer sein werden), heißt das eben auch: Rund sechzig Millionen sind es – noch – nicht. Weil aber längst nur derjenige etwas zu sagen hat, der es online sagt, haben sie eben bis auf weiteres nichts zu sagen. »Internet-Demokratie kann sehr elitär sein.«[43]

Und sehr flüchtig. »In sozialen Netzwerken werden oft aufgrund aktueller Anlässe Gruppen gegründet, die schnell auf mehrere Hundert oder Tausend Anhänger wachsen. Lässt die meist mediale Aufmerksamkeit nach, verschwindet nach und nach die Festigkeit innerhalb der Gruppe und damit auch die Haltbarkeit der damit verbundenen Beziehungen«[44], schreibt Thomas Wanhoff, eigentlich ein Fan der modernen Medien. Wunderbar unverbindlich ist das alles. Man ist so schnell wieder draußen, wie man drinnen war. Niemand ist zu irgendetwas verpflichtet. Der »Freund« ist der Freund des Individualisten.

Diejenigen aber, die per Computer nonstop plappern, reden eben auch nicht unbedingt miteinander. Zumindest nicht alle und nicht mit jedem. Die schiere Menge an Nachrichten, Fotos, Listen, Einladungen hat etwa Facebook längst dazu übergehen lassen, die Einträge zu filtern. So ähnlich wie es Google bei Suchanfragen tut. Der genaue Algorithmus, nach dem das funktioniert, ist selbstverständlich ein Staatsgeheimnis. Nachforschungen aber haben eine schlichte Gleichung ergeben: Je neuer ein Nutzer im Netzwerk ist, je weniger er von sich preisgibt, je weniger Videos er hochlädt oder auf andere Netzinhalte verlinkt, desto weiter hinten befindet er sich im Facebook-Ranking.[45] Mit anderen Worten: Wer gehört werden will, muss jede Menge Wind machen. Ich poste, also bin ich.

Aber wer ist eigentlich dieses Ich? Die Sozialwissenschaftlerin Sherry Turkle hat für ihr Buch »Alone Together« in jahrelanger Recherche junge, ältere und alte Menschen befragt, welches Selbstbild sie übers Netz vermitteln. Sie stieß dabei auf ein Heer von Verunsicherten, die stunden-, ja tagelang darüber grübeln, welches Foto und welche Vorliebe man veröffentlichen kann und welche man besser verschweigt, was cool ist und was nicht, was attraktiv macht und was potentielle »Freunde« abschreckt. Ein vor lauter Netzwerkerei erschöpfter Student vertraute Turkle an: »Es muss schön gewesen sein, als man Menschen einfach nur kennenlernen konnte, indem man mit ihnen sprach.«

Und schließlich macht es das Internet herrlich einfach, Meinungen und Ansichten, die nicht den eigenen entsprechen, aus dem Weg zu gehen. Der Austausch mit anderen Menschen in der wirklichen Welt zwingt uns, mit unterschiedlichen Sichtweisen klarzukommen. So entstehen Gemeinschaften überhaupt erst: indem sich Alte, Junge, Dicke, Dünne, Männer, Frauen, Kluge, Dumme, Fleißige und Faule mit unterschiedlichen Begabungen und unterschiedlichen Interessen zusammentun, um das Beste draus zu machen. Cass Sunstein, Jura-Professor und ein Berater des US-Präsidenten Barack Obama, geht sogar noch weiter: »Unvorhergesehene Begegnungen, die ungewohnte, sogar irritierende Themen und Ansichten zu Tage fördern, sind zentral für die Demokratie und Freiheit als solche.«[46]

Im Netz dagegen bleiben die Klugen, Dicken, Faulen und Jungen zunehmend unter sich. Der dumpfdeutsche Rassist hat die Auswahl aus einer unübersichtlichen Zahl von Foren, in denen er frisch von der Leber weg über Ausländer hetzen kann. Der Islamist kann sich unter Seinesgleichen in aller Ruhe Maßnahmen gegen die Ungläubigkeit ausdenken. Der Latex-Fetischist findet Gleichgesinnte genauso wie der Sprachpurist, den der Apostroph in »Heidi's Salon« in den Wahnsinn treibt. Es gibt Bier- und Weinliebhaber-Clubs im Netz, und unter Letzteren wieder eigene Interessengemeinschaften, die über Vorzüge und angemessenen Tanningehalt von Merlot, Cabernet und Shiraz leidenschaftliche Debatten führen. Kein noch so abseitiges Hobby, das nicht diverse Internetpräsenzen füllte.

Von »Cyber-Balkanization« sprechen Fachleute, dem Zerfall der virtuellen Welt in immer winzigere Fürstentümer. Und von denen mag jedes seinen Marktplatz und seinen Stammtisch haben, aber es handelt sich eben im Zweifelsfall um Marktplätze mit begrenztem Warensortiment und um Stammtische, deren Gäste tun, was sie seit jeher am Stammtisch taten: sich ihrer eigenen (Vor-)Urteile zu vergewissern und dabei mal so richtig Dampf abzulassen. »Alle, die sich um die Zukunft der Demokratie sorgen, sollten aufhören zu träumen und sich der Realität stellen: Das Internet bietet so viele billige und leicht zugängliche Entertainment-Möglichkeiten für Menschen (...), dass es deutlich schwerer geworden ist, diese überhaupt für Politik zu interessieren«, schreibt Evgeny Morozov.

Stattdessen kann sich jeder im Netz sein individuelles Weltbild schnitzen. Und für dieses Bild mag es dann auch wichtig sein, allen »Freunden« und »Followern« mitzuteilen, welche Unterhosenmarke man bevorzugt, dass die S-Bahn mal wieder Verspätung hat und dass die Oma ein wirklich gutes Hausrezept gegen Pilzinfektionen kennt. Und wenn man schon mal dabei ist, kann man auch schön öffentlich über den neuen Freund der Freundin herziehen, die Streberin aus dem Chemieunterricht verhohnepiepeln und Gerüchte in die Welt setzen, wer gerade was mit wem hat. Das kann ungeheuer kurzweilig und witzig sein. Aber, so Alexandra Borchardt: »Teilt jeder jedem jederzeit mit, was er von ihm hält, wird ein friedliches Miteinander unmöglich.«

Schon wahr: Das Netz kann, klug angewandt, der Verbreitung freiheitlicher und demokratischer Ideen dienen. Es erlaubt uns allen jederzeit, Missstände offenzulegen und vor Gefahren zu warnen – so wie es Zigtausende in virtuellen Menschenrechts- und anderen Aktionsforen tun. Aber wie viele sind Zigtausende gegen die Millionen anderen, deren Freiheit es ist, sich rund um die Uhr mit Stumpfsinn zu befassen? So gesehen sind die sogenannten sozialen Netzwerke eben auch Teil einer Ablenkungsindustrie. Sie bringen einen Großteil derer, die online sind, gar nicht erst auf den Gedanken, dass es da draußen noch anderes gibt, womit zu beschäftigen sich lohnte.

Interessanterweise scheint das ein kleiner Teil der Web-Gemeinde inzwischen auch so zu sehen. Da Ausstiegswillige und Netzwerkgeschädigte aber offenbar selbst nur schwer loskommen von ihrem Rund-um-die-Uhr-Spielzeug, bieten inzwischen Dienstleister einen mehr oder weniger kalten Entzug an. Über die Seite macfreedom.com kann man sich, für einmalig zehn Dollar, Freizeit von Facebook & Co. erkaufen. Wer zahlt, der wird gefragt: »Wie viele Minuten Freiheit möchtest du haben?« Bis zu acht Stunden lang wird daraufhin die eigene Internetverbindung unterbrochen – für manche eine bereits übermenschliche Leistung.

Noch weiter geht die »Web 2.0 Suicide Machine«[47]. Sie verspricht all jenen, die ihre gesamte virtuelle Existenz in einem Netzwerk beenden wollen, gratis einen kurzen und gründlichen Selbstmord. »Willst du deine wirklichen Nachbarn mal wieder treffen?«, heißt es auf der Startseite von Suicide Machine, daneben baumelt ein grobgedrechselter Galgen. Allen Unentschlossenen verheißen die Initiatoren im Kleingedruckten einen fast schon märchenhaften Alltag: »Versuch', ein paar Freunde anzurufen, geh' im Park spazieren oder kauf' eine Flasche Wein und beginne, dein echtes Leben zu genießen. Manche von denen, die Sozial-Suizid begangen haben, berichten, ihr Leben habe sich auf einen Schlag um schätzungsweise 25 Prozent verbessert. Keine Angst, wenn du dich unmittelbar nach dem Selbstmord leer fühlst. Das ist eine normale Reaktion, die üblicherweise in den ersten 24 bis 72 Stunden nachlässt.« Und auch wenn Facebook scharf gegen

Suicide Machine geschossen hat: Das Angebot wird anscheinend genutzt. Wenn auch nur von einer verschwindend kleinen Minderheit.

Der ganz große Rest bastelt sich derweil weiter ein virtuelles Leben, in dem man sein und aussehen kann, wie man immer schon wollte, jederzeit die Auswahl unter mehreren Hundert Freunden hat und alles andere getrost ausblenden kann.

So haben es die neuen Medien in den vergangenen Jahrzehnten geschafft, uns scheinbar näher zusammenzubringen. Tatsächlich aber haben sie uns, ohne dass wir es merken, immer weiter voneinander entfernt. Auch die anti-sozialen Netzwerke sind ein Indiz: Wir verlernen, Menschen unter Menschen zu sein.

Deswegen war es für Wirtschaft und Politik auch selten so leicht, weitere Keile zwischen uns zu treiben.

Über die Aggression

Von Menschen und anderen Affen –
Wie die Gerechtigkeit in die Welt kam

Kapuzineräffchen sind putzige Wesen. Die kleinen Gesellen mit dem flauschigen Haarkranz sind Filmfreunden und Zirkusbesuchern als tierische Begleiter von Drehorgelspielern bekannt. Für gewöhnlich allerdings bevorzugen Kapuziner das Leben in der Gruppe. Dort verhalten sich die Tiere, die zu den intelligentesten Primaten zählen, in der Regel friedlich und kooperativ. Kapuziner sind genügsam, sie nehmen das Leben, wie es kommt. Zu Umstürzen oder Revolten tragen sie eher selten bei.

Als der Verhaltensforscher Frans de Waal im Jahr 2003 jedoch die Ergebnisse eines bemerkenswerten Experimentes mit Kapuzineräffchen in der Fachzeitschrift *Nature* veröffentlichte, ließen besorgte Kommentare nicht lange auf sich warten. Der Niederländer de Waal, der seit mehr als vierzig Jahren die Evolution von Menschenaffen und Menschen erforscht, habe seinen Marx wohl ein bisschen zu oft gelesen, spotteten Journalisten und Wissenschaftler. Jetzt benutze er schon Primaten, um Werbung für den Kommunismus zu machen; da verwechsele einer Evolution mit Revolution. Der 1948 geborene Forscher nahm es sportlich: »Ich habe geantwortet, dass die Verbindung zwischen Anstrengung und Belohnung doch ein zutiefst kapitalistisches Prinzip sei.«[1]

So geriet ein scheinbar harmloses Experiment unversehens zwischen die ideologischen Frontlinien, die auch im neuen Jahrtausend noch überall präsent sind. Wie konnte das passieren?

Um herauszufinden, ob die Affen, die zu unseren nächsten Verwandten zählen, so etwas wie ein Gerechtigkeitsempfinden haben, hatten de Waal und seine Kollegin Sarah Brosnan ein Experiment ersonnen und dafür folgende Versuchsanordnung gewählt: In einer Gruppe von zusammenlebenden Kapuzinern erhielt zunächst jedes Mitglied eine Art Spielstein. Anschließend wurden die Äffchen darauf trainiert, die Steine gegen eine Belohnung einzutauschen. Zeigten sie sich freigiebig, erhielten sie jeweils ein Stück Gurke. Dann jedoch begannen die Forscher, die Tiere bewusst ungleich zu behandeln. Während die einen für ihren Spielstein weiterhin eine Gurkenscheibe erhielten, bekamen andere eine als weitaus größere Leckerei angesehene Traube. Schließlich gönnten die Wissenschaftler sogar vereinzelt Tieren eine Traube, die nichts dafür hergegeben hatten.

Die Reaktion war unmissverständlich: Innerhalb kürzester Zeit war im sonst friedlichen Affenkäfig die Hölle los. Auf die offenkundige Ungleichbehandlung reagierten die zu kurz gekommenen Kapuziner zunächst mit Grimm, dann mit immer heftigerer Aggression. Als Artgenossen ohne zu bezahlen mit einer Traube entlohnt wurden, tobten die possierlichen Äffchen, einzelne randalierten, andere schmissen die Spielsteine und schließlich sogar Gurkenscheiben aus dem Käfig – sie schienen ihnen nun nicht mehr gut genug. Einzig die bevorzugten Tiere führten sich auf, als hätten sie mit all dem nichts zu tun. Sie saßen zufrieden in einer Ecke und zuzelten ihre Traube. Interessant auch, was passierte, als die Forscher in einer nächsten Stufe allen Kapuzinern wieder Gurken boten, obwohl eine Traube sichtbar danebenlag: Sofern keiner die Traube erhielt, war die Gurke weithin akzeptiert.

De Waal und seine Kollegen folgerten daraus, dass alle Primaten – und damit auch der Mensch – von ihren Vorfahren einen

Sinn für Gleichbehandlung geerbt haben müssen. Vermutlich habe dieser in frühzeitlichen Verhältnissen die Zusammenarbeit erleichtert und damit das Überleben der Art gesichert. »Ich denke, wir erfahren hier etwas über die Grundpfeiler von Moral«, sagt de Waal. »Der eine ist Empathie, was ich mit Einfühlungsvermögen übersetze. Der andere ist die Gerechtigkeit.«[2]

Nun sind Menschen keine Affen. Zumindest nicht alle. Man muss deshalb vorsichtig sein, will man de Waals Kapuziner mit unsereinem vergleichen. Trotzdem gilt auch für die intelligentesten Primaten, dass sie seit ihrer Menschwerdung die weitaus meiste Zeit Gruppen bildeten, in denen jeder seinen Platz, jeder seine Berechtigung und jeder Pflichten und Rechte besaß. Vereinzelt gilt das bis ins 21. Jahrhundert hinein: »Fast alle Sammler- und Jägerkulturen (...), die sich heute noch auffinden lassen, zeigen drei herausstechende Merkmale: das Gleichheitsprinzip, das Teilen von Ressourcen und die Gleichrangigkeit von Mann und Frau.«[3]

Um an dieser Stelle keine allzu blauäugige Evolutionsromantik aufkommen zu lassen: Natürlich hat jede Gesellschaft – selbst unter Steinzeitkommunisten – ihre Eliten hervorgebracht. Seien es gewählte, selbst ernannte oder selbst ermächtigte. Natürlich pflückten einige immer schon die hoch hängenden Trauben und behielten sie für sich, während es für viele andere nicht mal Gurken gab. Und dennoch: Ohne ein Mindestmaß an Gleichheit und Gerechtigkeit wäre die Menschheit wohl schon längst jämmerlich zugrundegegangen. »Nicht ›demonic males‹ und ›man the hunter‹, sondern Intelligenz, Kooperation, weitgehender Egalitarismus, Geschlechterparität und kreativer Erfindungsreichtum waren das evolutionäre Erfolgsmodell des Menschen.«[4]

Nun ließe sich einwenden: Na gut, Evolution. Lange her, dass wir von den Bäumen runterkletterten. Und was im Tertiär galt, muss uns heute nicht mehr primär interessieren. Wieso also zusammenhalten, wenn es auch alleine geht? Wieso Gemeinsinn haben, wenn Eigensinn viel näherliegt? Die Antwort ist simpel: Bis heute gilt, dass es in Demokratien mit größerer Egalität allen Mitgliedern besser geht – in jeder Hinsicht.

Diese Erkenntnis verdanken wir den beiden britischen Epidemiologen Kate Pickett und Richard Wilkinson. Im Jahr 2009 veröffentlichten die Wissenschaftler ein Buch, das wie wenige Sachbücher heftige und langanhaltende politische Debatten in Großbritannien auslöste. Rüttelten Pickett und Wilkinson doch an einem bis dato ehernen Glaubenssatz: dass es in einer Gesellschaft nur den Armen und Ausgegrenzten schlecht geht; dass man also nur alle ein bisschen reicher machen müsse, schon gehe es auch den Armen besser.

Pickett und Wilkinson kamen in »The Spirit Level – Why More Equal Societies Almost Always Do Better« – das im Deutschen den irreführenden Titel »Gleichheit ist Glück« trägt – zu einem anderen Ergebnis. In beeindruckender Fleißarbeit trugen die beiden Autoren statistische und ideologie-unverdächtige sozioökonomische Daten aus rund zwei Dutzend marktwirtschaftlichen Demokratien zusammen und verglichen diese miteinander. Die Ergebnisse waren verblüffend: Je ungleicher die Einkommen in einem der Staaten verteilt waren, desto größer waren in diesen Staaten die gesundheitlichen und sozialen Probleme *aller* Bürger.

Welches Problem die Wissenschaftler auch immer untersuchten: Ganz vorne in dieser nicht sehr schmeichelhaften Statistik lagen stets die USA, Großbritannien und Portugal – und damit Staaten, in denen die Einkommensungleichheit am weitesten fortgeschritten ist. Deutlich besser, in der Regel drei bis zehn Mal, schnitten Japan sowie die skandinavischen Staaten Schweden, Norwegen und Finnland ab. Traditionell ist dort der gesellschaftliche Abstand zwischen ganz oben und ganz unten am geringsten. »Nach unseren Erkenntnissen gibt es in reichen Demokratien mit großer Ungleichheit deutlich mehr Gewalt und Verbrechen, mehr

Teenager-Schwangerschaften und mehr psychische Erkrankungen, viel mehr Fettleibige, eine sinkende Lebenserwartung, mehr Mobbing in der Schule und so weiter«, sagt Kate Pickett. »Jeder Einzelne in dieser Gesellschaft ist davon betroffen.«[5]

Und was heißt das für Deutschland?

Getrennt marschieren wir –
Was Arme und Reiche noch miteinander zu tun haben. Und was nicht.

Im Advent 2011 beunruhigte *Spiegel Online* die Deutschen mit einer nicht allzu weihnachtlichen Botschaft: »Deutschland wird amerikanischer.«[6] Das ist an sich nichts Neues, bezog sich in diesem Fall aber nicht auf unsere Ess-, Seh- und Sprechgewohnheiten – es ging um Grundsätzlicheres. Die Organisation für wirtschaftliche Zusammenarbeit und Entwicklung (OECD) hatte Anfang Dezember eine Untersuchung der wirtschaftlichen Verhältnisse in ihren Mitgliedstaaten veröffentlicht und Deutschland im wahrsten Sinne des Wortes ein Armutszeugnis ausgestellt.

Die Studie mit dem fast schon poetischen Titel »Divided We Stand – Why Inequality Keeps Rising« kam nämlich zu dem eindeutigen Urteil, dass der Abstand zwischen Arm und Reich seit der Jahrtausendwende in keinem anderen Land schneller gewachsen ist als in Deutschland. 1 Prozent der Bevölkerung verfügt hierzulande mittlerweile über etwa ein Viertel des gesamten gesellschaftlichen Vermögens. Dagegen haben knapp 30 Prozent der Bürger nichts auf der hohen Kante – oder sogar Schulden. Schon wahr, Großbritannien und die Vereinigten Staaten liegen in dieser Statistik noch immer vorne. In den USA ist inzwischen sogar das Undenkbare passiert: Als größte Gefahr für den sozialen Zusammenhalt betrachten die dortigen Bürger nicht mehr die traditionelle Kluft zwischen Weißen und Schwarzen – sondern das Auseinanderdriften von Arm und Reich.[7] Aber ist das für Deutschland ein Trost? Oder doch eher ein Menetekel? Tatsache ist: Zwischen Reichen und Armen klafft auch hierzulande längst ein unüberbrückbarer Abgrund.

Es gibt endlos viele Zahlen, die das verdeutlichen. Beschränken wir uns auf einige wenige: Im Jahr 2010 gab es in Deutschland – nach einer eher konservativen Schätzung – 924 000 Dollar-Millionäre und damit schlappe 62 000 mehr als im Jahr zuvor.[8] Andere Forscher gehen von der doppelten Zahl aus, ganz genau weiß man es nicht – die Reichen lassen sich eher ungern in ihre Kontoauszüge schauen. 2010? War das nicht ein Krisenjahr? Schon, aber nicht für jeden. Erst recht nicht in Deutschland. Dort verzeichnete der Club der Millionäre mit einem Plus von 7,2 Prozent einen größeren Zuwachs als im gesamten Rest Europas (6,3 Prozent).* Im Schnitt verfügten die reichsten Deutschen über ein Vermögen in Höhe von rund 3,9 Millionen Dollar – was wiederum der stetig wachsenden Zahl von Milliardären Tränen des Mitgefühls in die Augen treiben dürfte.

Das in Deutschland kursierende Geld- und Immobilienvermögen erreichte im Jahr 2012 zum ersten Mal überhaupt die astronomische Summe von 10 Billionen Euro.[9] In Zahlen: 10 000 000 000 000. Das entsprach zum Zeitpunkt der Erhebung durch die Bundesbank ziemlich genau den Gesamtschulden aller 27 Mitgliedsländer der Europäischen Union und war dreimal mehr als noch zwanzig Jahre zuvor. Sachvermögen wie Autos, Möbel, Schmuck und Kunstsammlungen noch nicht eingerechnet. Zieht man von den zehn Billionen die darin enthaltenen 1,5 Billionen Kreditschulden ab, bliebe immer noch so viel übrig, dass man damit vier Mal die deutschen Staatsschulden begleichen könnte. Man? Nun ja: Die reichsten 10 Prozent könnten. Wenn sie denn wollten.

---

* Auf dem alten Kontinent leben nirgendwo mehr Millionäre und Milliardäre als in Deutschland – weltweit liegen in dieser Statistik nur die USA und Japan vor der Bundesrepublik.

Ganz anders sieht es derweil am unteren Ende der Leiter aus. Galten 2005 noch 12,7 Prozent der Deutschen als armutsgefährdet, waren es 2009 bereits 15,6 Prozent.[10] Das entsprach einer Zunahme von rund zweieinhalb Millionen auf nunmehr fast 13 Millionen Menschen. Zum Vergleich: Im weniger wohlhabenden Tschechien waren zur selben Zeit nur 9 Prozent der Bürger von Armut bedroht. Wobei in Deutschland und allen anderen OECD-Staaten als »armutsgefährdet« gilt, wer pro Monat weniger als 60 Prozent des Durchschnittseinkommens auf dem Konto hat. »Relativ arm« wiederum sind diejenigen, die nicht einmal über die Hälfte des mittleren Einkommens verfügen. Auch ihre Zahl steigt seit vielen Jahren rasant.

Kritiker wenden an dieser Stelle für gewöhnlich ein, der Begriff Armut sei für Länder wie Deutschland irreführend. Anders als in Kolkata oder Lagos lebten Menschen hierzulande nicht in der Gosse oder stürben auf offener Straße, jeder Kranke habe Zugang zu medizinischen Leistungen, niemand leide existenzbedrohende Not. Aber zum einen stimmt das nicht. Nach seriösen Schätzungen gibt es sogar im reichen Deutschland mehrere Hunderttausend »absolut« Arme, also Menschen, die mit weniger als 1 Euro am Tag über die Runden kommen müssen.* So leben nach Angaben der Bundesarbeitsgemeinschaft Wohnungslosenhilfe etwa 250 000 Obdachlose unter uns. Etwa 22 000 von ihnen verbringen ihre Zeit ohne irgendeine schützende Behausung im Freien.[11] Weitgehend unbeachtet von der Öffentlichkeit sterben jeden Winter einige den Kältetod.

Zum anderen ist der Bezugsrahmen für die hiesigen Armen nicht Kolkata oder Lagos – sondern Remscheid, Leipzig oder Bremerhaven. Mag sein, dass ihnen dort nicht oder selten Essen fehlt. Dafür aber sind sie in der Regel arm an allem anderen. »Natürlich kann man die Armut von Langzeitarbeitslosen in Deutschland

---

* Die von der Weltbank festgelegte Grenze für absolute Armut liegt bei 1,25 Dollar am Tag – im Frühjahr 2011, als dieses Buch geschrieben wurde, entsprach das etwa 95 Eurocent.

nicht vergleichen mit dem Elend von Hungerflüchtlingen in Äthiopien«, schreibt die Journalistin und Buchautorin Kathrin Hartmann. »Relativ arm bedeutet nicht: im Vergleich zu Afrika – sondern in Relation zum sozialen Umfeld. Die Schwere der Armut in Deutschland rührt nicht allein von einem materiellen Mangel her, sondern von einem Mangel an Teilhabe und Anerkennung. Die Armut in der Konsumgesellschaft kann deshalb sogar noch deprimierender sein als die in armen Ländern.«[12]

Und nicht nur das. Wer in einem reichen Land arm ist, der stirbt auch früher. Die Lebenserwartung zwischen Gut- und Schlechtverdienern unterscheidet sich in Deutschland um etliche Jahre. Auch hier öffnet sich die Schere: Während die Lebenserwartung der Wohlsituierten kontinuierlich steigt, nimmt die der ärmeren Bewohner sogar ab.[13] Armut grenzt demnach nicht nur aus – sie stellt auch eine Bedrohung für Leib und Leben dar.

In seinem Armutsbericht 2011 schlug der Paritätische Wohlfahrtsverband Alarm: Mehr als zwölf Millionen Menschen in Deutschland seien mittlerweile armutsgefährdet – und damit jeder Siebte. In Städten wie Dortmund, Duisburg, Gelsenkirchen sei sogar jeder Fünfte betroffen. Hauptgeschäftsführer Ulrich Schneider prophezeite angesichts dieser Entwicklung düster: Wenn der Kessel Ruhrgebiet mit seinen fünf Millionen Menschen einmal zu kochen anfange, »dürfte es schwerfallen, ihn wieder abzukühlen«[14]. Wohlweislich warnte Schneider vor Londoner Verhältnissen. Er meinte die Ausschreitungen im Sommer 2011, als Tausende Jugendliche durch britische Städte zogen, um sich mit Gewalt zu holen, was für sie ansonsten unbezahlbar wäre.

Londoner Verhältnisse auch in Deutschland? Gut möglich, meint auch der Neurobiologe und Psychotherapeut Joachim Bauer. Der Professor von der Universität Freiburg ist einer der bekanntesten Hirnforscher des Landes, in seinem Buch »Schmerzgrenze« hat er sich intensiv mit dem Ursprung alltäglicher und globaler Gewalt befasst. Das menschliche Gehirn, so schreibt er, sei auf sozialen

Zusammenhalt geeicht. Darüber hinaus besitze es »einen biologisch verankerten Fairness-Messfühler und strebt im Sinne einer natürlichen, durchaus ›triebhaften‹ Tendenz nach einem Mindestmaß an fairer Ressourcenverteilung«[15].

Ist davon nichts zu spüren, wird tatsächlich die Schmerzgrenze des Menschen überschritten. Und das nicht nur im übertragenen Sinne. Menschen, denen die soziale Teilhabe verweigert wird, die gedemütigt und an den Rand gedrängt werden, empfänden tatsächlich körperlichen Schmerz, sagt Bauer. In ihrem Hirn werden dieselben Regionen aktiviert, als würden sie physisch angegriffen. »Unsere Vorfahren lebten seit Millionen von Jahren in Gruppen. Soziale Akzeptanz war für das Überleben des Einzelnen mindestens ebenso wichtig wie die körperliche Unversehrtheit. Wer sozial ausgegrenzt wurde, war so gut wie tot. Dies ist der Grund, warum unser Gehirn dann, wenn wir Ausgrenzung erleben – ja selbst dann, wenn wir sie nur fürchten! – den Aggressionsapparat aktiviert.«[16]

Es sei deshalb ratsam, Ausgrenzung und Ungleichheit nicht überhand nehmen zu lassen. Ansonsten droht der Kitt zu bröckeln, der eine Gesellschaft zusammenhält.

Ganz unten –
Wieso es auf dem Arbeitsmarkt immer noch einen gibt, auf den man herabschauen kann

Alle Monate wieder wird den Bürgern in Deutschland seit geraumer Zeit ein phantastisches Märchen erzählt. Es trägt den Titel »Das Jobwunder«. Es handelt von dem Unhold Arbeitslosigkeit, der das Land jahrelang in seinen eisigen Klauen hielt, nun aber allmählich gebändigt werden konnte. Harte Entbehrungen habe man dafür in Kauf nehmen müssen, aber der Erfolg rechtfertige sie im Nachhinein. Im Frühjahr 2013 hatte die Arbeitslosigkeit nach dieser Legende nur noch weniger als drei Millionen Menschen im Griff. Alles in allem aber, so schallte es aus Nürnberg und Berlin, könne man mehr als zufrieden sein. Man sei auf einem guten Weg, und wer weiß: Vielleicht dürfe Deutschland ja bald schon wieder von der Vollbeschäftigung träumen. Und wer bis dahin nicht gestorben ist, hat Arbeit bis zum Lebensende. Zumindest aber bis zur Rente mit 67.

Es ist, wie gesagt, eine schöne Geschichte. Sie hat nur einen Haken: Mit den tatsächlichen Verhältnissen auf dem Arbeitsmarkt hat sie nur am Rande zu tun. Die Statistik offenbart nämlich nicht, wer aus ihr mit welchen Taschenspielertricks entfernt wurde. Sie sagt nichts aus über all jene, die aufgegeben haben und deshalb auch aufgegeben wurden. Und schon gar nicht lässt sie erahnen, wie viele Menschen in diesem Land arbeiten, ohne davon leben zu können. Diese Geschichte ist weniger schön. Man erzählt sie deshalb nicht so gerne herum.

Der Arbeitsmarkt, auf dem wir alle uns heute tummeln, wird für gewöhnlich mit dem Adjektiv »flexibel« versehen. Flexibel – das klingt irgendwie dehnbar, sportlich und modern. Aber so ist es nicht gemeint. Flexibel heißt in diesem Fall: in höchstem Maße unsicher. Es heißt: Zeit- oder Leiharbeit, Niedrig- und Niedrigstlöhne, Ein-Euro- bis 400-Euro-Jobs, Multijobbing und prekäre Selbstständigkeit. Es heißt, wenn überhaupt, ausgehöhlter tariflicher Schutz und befristete Arbeitsverträge. Es heißt, dass Hunderttausende in Um-, Weiter- und Fortbildungsmaßnahmen stecken, weil sie so elegant aus offiziellen Arbeitslosenstatistiken getilgt werden können. Genauso im Übrigen wie mehr als 100 000 ältere Hartz-IV-Empfänger, die nicht mehr mitgezählt werden, weil ihnen seit mindestens einem Jahr kein Job mehr angeboten wurde.[17] Es heißt mit anderen Worten: ein dauerhaftes Leben in Ungewissheit und Angst.

Das gilt erst recht für diejenigen, die überhaupt nichts zu arbeiten haben. Die Wahrscheinlichkeit, dass sie sich auf ein dauerhaftes Leben in Armut einrichten müssen, ist so hoch wie nirgendwo sonst in der Europäischen Union. Das jedenfalls fand die EU-Statistikbehörde Eurostat heraus.[18] Demnach sind Arbeitslose in Deutschland zu 70 Prozent armutsgefährdet – im EU-Durchschnitt waren es zum Zeitpunkt der Erhebung nur 45 Prozent. »Deutschland ist Europameister, wenn es um Armut unter Arbeitslosen geht«, sagt Eric Seils, Forscher der Hans-Böckler-Stiftung.

Aber nicht nur, wenn es darum geht. Auch im Niedriglohnsektor macht den Deutschen keiner in Europa etwas vor. Waren im Jahr 1995 noch 15 Prozent aller Erwerbstätigen zu Hungerlöhnen beschäftigt, konnten das 2011 bereits 22 Prozent der Arbeitnehmer – und damit mehr als sechseinhalb Millionen Menschen – von sich behaupten.[19] Die wenigsten von ihnen kamen dabei auch nur in die Nähe der Niedriglohngrenze, die in Westdeutschland bei 9,50 Euro, in Ostdeutschland bei 6,87 Euro pro Stunde liegt. Tatsächlich bringt es ein bayerischer Konditor auf einen Stundenlohn von 5,26 Euro, das ist nicht viel, aber viel mehr, als eine sächsische Friseurin erhält – um das Wort verdienen zu meiden. In »Heidi's Salon« gelten 3,06 Euro als salonfähig.

Nach Angaben der Gewerkschaft Verdi arbeiten 2,1 Millionen Menschen hierzulande für weniger als 6 Euro in der Stunde. Man kann daher mit Fug und Recht behaupten: »Deutschland verkommt zum Billiglohnland.«[20] Und Deutschland lässt sich das allerhand kosten, Hauptsache, die Billiglöhner tauchen in keiner Arbeitslosenstatistik auf: Nach einer Studie des Deutschen Gewerkschaftsbundes musste der Staat 2011 rund 2 Milliarden Euro zuschießen, um Geringverdienern mit Vollzeitjob so etwas wie ein Existenzminimum zu ermöglichen.

Es wären noch mehr Milliarden, würden von den Abgespeisten nicht etliche nach Feierabend einen Zweitjob erledigen. Jeder Zehnte sozialversicherungspflichtige Beschäftigte putzt nach der Arbeit noch schnell ein paar Schulen, erledigt Kurierfahrten oder setzt sich in eine Pförtnerloge. Dass sich die wöchentliche Arbeitszeit damit ganz schnell mal auf sechzig Stunden und mehr erhöht: Was soll man machen? Glücklicherweise gibt es Nächte und Wochenenden. Auch die Zahl der Multijobber wächst selbstredend unaufhörlich – allein 2011 um 5,4 Prozent.[21] Natürlich sei der Grund dafür nicht immer finanzielle Not, beeilt man sich beim Institut für Arbeitsmarkt- und Berufsforschung zu versichern. Bisweilen spare ein Multijobber auch einfach nur auf ein teures Hobby oder eine ausgedehnte Urlaubsreise. Dann ist die doppelte Arbeit ja nur halb so schlimm.

Bleibt in unserer unvollständigen Aufzählung noch die Leiharbeit, die – hält man es für möglich? – ebenfalls von Rekordniveau zu Rekordniveau eilt. Mitte 2011 jedenfalls gab es in Deutschland nach Angaben der Bundesagentur für Arbeit 910 000 Leiharbeiter, das waren erstens gut 100 000 mehr als im Jahr zuvor und zweitens so viele wie noch nie.[22] Aber wahrscheinlich noch immer nicht genug.

Denn für die Arbeitgeber haben Leiharbeiter seit der endgültigen »Flexibilisierung« des Arbeitsmarktes unter Rot-Grün einige unschätzbare Vorteile. Auch wenn ihr Stundenlohn seit Januar 2012 auf mindestens 7,89 Euro (im Osten: 7,01 Euro) festgelegt wurde, sind sie doch erheblich günstiger als die Stammbelegschaft eines Betriebes. Sie genießen ungleich geringeren tariflichen Schutz und können heute gefeuert und morgen wieder geheuert werden. Je nach Auftragslage oder Lust und Laune des Chefs.* Vor allem aber sind Leiharbeiter so etwas wie eine fleischgewordene Disziplinierungsmaßnahme für alle regulär Beschäftigten in einem Unternehmen. Allein durch ihre Anwesenheit signalisieren sie der Stammbelegschaft: Seht her, es ginge auch ohne euch – billiger und, natürlich, flexibler.

Was das für das Betriebsklima bedeute, könne sich jeder selbst ausmalen, sagt der Soziologie-Professor Klaus Dörre, einer der Gründer des Jenaer Zentrums für interdisziplinäre Gesellschaftsforschung. Es gebe sogar Betriebe, die ihren Leiharbeitern zur besseren Wiedererkennung rote Winkel an die Monteurkluft heften. Entsprechend würden die Arbeitskollegen dann auch oft behandelt: mit Herablassung, Ignoranz und unverhohlener Ablehnung. »Das führt zu einer eklatanten Abwertung von Anderen.« Nicht nur bei Dörre wecken solche roten Winkel ausgesprochen unerfreuliche Erinnerungen. Da finde eine für alle sichtbare Ausgrenzung statt. Leiharbeiter seien »nahezu rechtelos, ausgeliefert und austauschbar«, kritisiert Kathrin Hartmann – es handele sich um »modernen Sklavenhandel«[23]. Dass die Atmosphäre in solchen Betrieben nicht eben besser und die Kollegialität von allen auf eine harte Probe gestellt wird, liegt auf der Hand. Misstrauen, Angst,

---

* Nach dem Arbeitnehmerüberlassungsgesetz ist es grundsätzlich verboten, Leiharbeiter anders als Stammbeschäftigte zu bezahlen oder zu behandeln. Eine sogenannte Tarifklausel ermöglicht es jedoch der Zeitarbeitsbranche, Leiharbeiter zu abweichenden Tarifverträgen zu beschäftigen. Mehr als 90 Prozent aller Zeitarbeitsfirmen machen davon Gebrauch. Das Bundesarbeitsministerium forderte Arbeitgeber und Gewerkschaften Anfang 2012 dazu auf, diesen Zustand zu beenden und ein allgemeines Gleichbezahlungsmodell zu entwickeln. Andernfalls werde die Regierung dies auf dem Gesetzesweg regeln.

Ausgrenzung treffen alle Beschäftigten, wenn auch aus unterschiedlichen Blickwinkeln. Wie sehr vor allem die Mietarbeiter unter dauerhafter Demütigung und Unsicherheit leiden, machte im Frühjahr 2012 das umfangreiche »Schwarzbuch Leiharbeit« der IG Metall deutlich, in dem zahllose Betroffene selbst zu Wort kommen. Aus der Studie ging unmissverständlich hervor, dass Leiharbeiter wie unterklassige Menschen behandelt werden und sich auch so fühlen. Entsprechend leiden sie auch häufiger unter psychischen Erkrankungen als andere Beschäftigte. Was aber manche Unternehmer nicht davon abhält, die Aufsplittung der Belegschaft mit immer subtileren Methoden immer weiter voranzutreiben. Dass das nicht unbedingt im Licht der Öffentlichkeit stattfinden soll, versteht sich von selbst. Nicht immer aber gelingt das.

Am 9. September 2011 zum Beispiel versammelten sich 130 Top-Manager im Düsseldorfer Holiday Inn, darunter Vertreter von Bosch, BMW und BASF, Deutsche Bahn und Porsche, Siemens und Metro.[24] Auf dem Tagungsprogramm stand etwas sperrig: »Freie Industriedienstleistungen als Alternative zur regulierten Zeitarbeit.« Man kann es auch einfacher ausdrücken: Die Manager trieb die Frage um, wie sie die teurer werdenden Leiharbeiter durch noch billigere Lohnempfänger ersetzen könnten. Dass das Treffen in dieser Form publik wurde, ist einem Zufall zu verdanken: Der IG-Metall-Anwalt Dieter Stang saß unerkannt unter den Zuhörern.

Die Idee der Wirtschaftselite: Wieso sollte man nicht noch viel mehr Arbeitsbereiche als bislang per Werkvertrag ausgliedern? Man muss dazu wissen, dass Werkverträge früher in der Regel mit Subunternehmen geschlossen wurden, die Arbeitskräfte oft ohne Ausbildung, ohne nennenswerte Rechte und oft auch ohne Deutschkenntnisse zu Hungerlöhnen beschäftigen. Vor allem in der Baubranche und der Schlachtindustrie geht es ohne Werkverträge praktisch nicht. Die Arbeit in einem Betrieb darf aber, so will es das Gesetz, nur auf diese Weise ausgegliedert werden, wenn der Arbeitsbereich eindeutig von dem der Stammbelegschaft getrennt ist.

Für die erfindungsreichen Unternehmer freilich ist das kein Problem. Bisweilen lassen sie einfach gestrichelte Linien auf den Boden der Werkshalle pinseln – hüben arbeiten dann regulär Beschäftigte und Leiharbeiter, drüben die Niedrigstlöhner mit den Werkverträgen. Oder aber die Betriebe vermieten ihre Maschinen einfach stundenweise an den Subunternehmer – die Tagschicht erledigt dann die Stammbelegschaft, die Nachtschicht die Billigstlöhner mit Werkvertrag. Oder umgekehrt. Während Gewerkschaften von einer Gefahr für den Betriebsfrieden sprechen, reiben sich Arbeitgeber die Hände: Sie können so jede Vereinbarung über einen Mindestlohn unterlaufen. Verdienen Beschäftigte mit Werkvertrag doch rund 5 Euro weniger pro Stunde als die Stammbelegschaft und immerhin 1 Euro weniger als Leiharbeiter. In Düsseldorf, erinnert sich IG-Metall-Anwalt Stang, seien diese Tricks auf offene Ohren gestoßen. »Das Ganze war eine Anleitung zum Lohndumping mit neuen Mitteln.«[25]

Inzwischen scheint sich das profitable Instrument weitgehend herumgesprochen zu haben. Aus allen möglichen Branchen wird eine Zunahme der Werkverträge gemeldet. So sollen bei BMW in Leipzig neben den 2700 Stammbeschäftigten auch 1100 Leiharbeiter und rund 2000 sogenannte Werkvertragler tätig sein.[26] In der Ernährungsindustrie werden nach Angaben der Gewerkschaft Nahrung-Genuss-Gaststätten inzwischen 57 Prozent der Beschäftigten mit den Billigst-Kontrakten ausgestattet – vor zwei Jahren waren es noch 47 Prozent. Selbst im Berliner Edelkaufhaus KaDeWe sollen schon Kassen mit Werkvertraglern besetzt worden sein. Statistiken über den Wucher von und mit Werkverträgen gibt es bezeichnenderweise nicht. »Nicht einmal die Personalabteilungen der Unternehmen blicken durch: Werkverträge werden betriebsrechtlich über den Einkauf geordert und als Sachkosten verbucht. Das ›Werk‹ kostet Geld. Der Mensch, der es erbringt, erscheint als Kostenpauschale.«[27]

So bildet sich nach und nach in deutschen Betrieben ein Kastensystem heraus – immer findet sich noch einer, auf den ein anderer herabschauen kann.

Am Stock –
Wieso im besten Gesundheitssystem der Welt der Krankenstand stetig wächst

Wenn aber Beschäftigte nur noch als Variable in einer Kosten-Nutzen-Analyse auftauchen; wenn in ein und demselben Betrieb Angestellte für die gleiche Arbeit zwei oder drei oder vier verschiedene Löhne erhalten; wenn Mitarbeiter gekennzeichnet und damit für alle sichtbar als zweit- oder drittklassig stigmatisiert werden; wenn dadurch alle anderen von morgens bis abends vor Augen geführt bekommen, dass sie jederzeit und jedenorts ersetzbar sind; wenn also die einzige Sicherheit die Unsicherheit ist – was macht das mit den Menschen?

Es macht sie zunächst einmal krank. Es ist schon erstaunlich: In Deutschland, dem medizinischen Musterland, hochgerüstet mit Ärzten und Apparaturen, fühlen sich weit überdurchschnittlich viele Menschen im wahrsten Sinne des Wortes nicht wohl in ihrer Haut. Im Jahr 2011 befragte die OECD die Bürger ihrer 34 Mitgliedsstaaten, wie sie ihre eigene Gesundheit einschätzen. Deutschland landete dabei weit hinten auf Platz 24 – ein erstaunlicher Befund im angeblich besten Gesundheitssystem der Welt.[28]

Und die Menschen fühlen sich offenbar nicht nur krank. Sie sind es auch. Der Krankenstand in Deutschland jedenfalls kletterte 2011 auf den höchsten Wert seit Mitte der 1990er Jahre. 13,2 Kalendertage meldete sich der durchschnittlich malade Arbeitnehmer in diesem Jahr ab. Die Krankenversicherung DAK-Gesundheit wollte es genauer wissen und befragte 3000 Beschäftigte zwischen fünfundzwanzig und fünfundsechzig Jahren nach den Gründen ihres Unwohlseins. Das Ergebnis: Jeder Zehnte fühlt sich an seinem Arbeitsplatz weder angemessen entlohnt noch ausreichend anerkannt.[29] »Berufliche Gratifikationskrise« nennt der Fachmann so etwas, wer daran leidet, dessen Herzinfarktrisiko ist signifikant erhöht.

Dass auch die Seele der Deutschen inzwischen in arge Mitleidenschaft gezogen wurde, lässt sich alleine an der Vielzahl von Titelgeschichten in hiesigen Wochenmagazinen ablesen. *Spiegel*, *Stern*, *Zeit* lieferten sich 2011 und 2012 ein fast schon bizarres Wettrennen über die Frage, wer häufiger und tiefschürfender das Gemüt der Deutschen seziert. »Burnout« lautete das Stichwort, das Käufer in Scharen an die Kioske lockte. Und was immer darunter zu verstehen ist – eine neue Krankheit, eine fast neue Krankheit oder die gute alte Depression im neuen Gewand –, eines ist doch auffällig: Die Diagnose hat sich zwischen 2004 und 2009 mehr als verzehnfacht. »Zweifellos eine besorgniserregende Entwicklung«[30], meint Bernd Raffelhüschen. Auf Anfrage der Linken im Bundestag rechnete das Arbeitsministerium im Frühjahr 2012 einmal nach und kam zu einem nicht minder besorgniserregenden Ergebnis: Demnach brachten es die Arbeitnehmer in Deutschland im Jahr 2010 auf rund 53,5 Millionen Krankheitstage wegen psychischer Belastungen – schlappe 20 Millionen mehr als noch zehn Jahre zuvor. Besonders betroffen: Leiharbeiter und andere prekär Beschäftigte. Offenbar hat es sich inzwischen bis ins Ministerium herumgesprochen, dass solche Beschäftigungsverhältnisse zunehmen, »die die Gesundheit negativ beeinflussen können«. Dass sich daran in absehbarer Zeit etwas ändert, ist aber eher unwahrscheinlich: Für Gegenmaßnahmen sah die Bundesregierung zu diesem Zeitpunkt jedenfalls keinen Bedarf.

»Sozialen Schmerz« nennt die Neurologin und Sozialpsychologin Naomi Eisenberger von der University of California die Reaktion auf Ausgrenzung und Demütigung. Während soziale Nähe, menschliche Bindungen und das Gefühl von Sicherheit dazu in der Lage seien, Schmerz zu lindern, bewirkten Einsamkeit und die Erkenntnis, nicht dazuzugehören, genau das Gegenteil. »Sozialer und physischer Schmerz teilen sich gemeinsame Nervenbahnen«[31], sagt Eisenberger. Auch der deutsche Hirnforscher Joachim Bauer ist sich sicher: »Leistungsprinzip statt einer egalitär definierten Gerechtigkeit, Bindungsarmut und Individualisierung anstatt Gemeinschaft, Konkurrenzneid anstatt Kooperation, Ausgrenzungserfahrungen anstatt bedingungsloser sozialer Akzeptanz, der Mensch als Ware anstatt vorbehaltlose Daseinsberechtigung, Machtausübung anstatt Reziprozität. Alle diese fundamentalen Veränderungen standen und stehen konträr zur neurobiologischen Konstruktion des menschlichen Gehirns.«[32] Und der Schmerz, der auf diese Weise ausgelöst wird, bewirkt zuverlässig vor allem eines: Aggression.

In unserer Natur liegt es, diese loswerden zu wollen. Und im Zweifelsfall ist es uns dabei egal, gegen wen sich unsere Wut richtet. »Wenn die durch Schmerz hervorgerufene Aggression sich nicht gegen die Schmerzursache selbst richten kann, dann richtet sie sich gegen beliebige, zufällige anwesende Artgenossen.«[33]

Wie gut, dass man diese jederzeit und überall finden kann: auf dem Fußballplatz, in der Schule, im Internet oder an der nächstgelegenen roten Ampel.

»Geld allein macht nicht unglücklich« –
Wieso ganz oben auf der Leiter der Verarmungswahn grassiert

Am 15. März 2011 fügt der Fußballlehrer Lothar Matthäus in der Münchner Allianz-Arena einer langen Reihe denkwürdiger Auftritte einen weiteren hinzu. Matthäus, zu diesem Zeitpunkt Trainer der bulgarischen Nationalmannschaft, ist auf Einladung des arabischen Senders Al Jazeera vor Ort. Er soll das Champions-League-Spiel des FC Bayern München gegen Inter Mailand gewohnt weitsichtig kommentieren, aber es gibt offenbar einige technische Probleme. Matthäus findet das unerhört und beschließt, das den beiden hilflosen Moderatoren mitzuteilen. Was folgt, ist eine in perfektem Fränglisch vorgetragene Philippika. »I cancelled all my evening for this shit here«, bellt der ehemalige Ballkünstler des FC Bayern. Und: »I lose all my evening.« Einen eilends herbeitelefonierten Vorgesetzen faltet der Franke ebenfalls zusammen: »You think you can play with me? I'm not a child!« Dann schickt er sich an, den Hörer aufzuknallen, ruft vorher noch »I was here« und verlässt eiligen Schrittes das Studio. Was Matthäus offenbar nicht weiß: Während des gesamten Auftritts läuft im Hintergrund die Kamera. Der kurze Clip wird später einer der meist geklickten auf YouTube werden.[34]

Am 11. Mai 2005 ist der Bankier Peter Gloystein in allerbester

Sektlaune. Als neuer Wirtschaftssenator Bremens soll Gloystein das Weinfest der Hansestadt eröffnen und hat bereits das Podium erklommen, als sich ein Mann mit Pferdeschwanz und Kapuzenpulli dem Festort nähert. Dass dieser versucht, an die Magnumflasche mit Perlwein zu gelangen, die neben Gloystein steht, stößt diesem offenbar sauer auf. Also nimmt er die Flasche, sagt »Hier, damit du auch etwas zu trinken hast«, schüttet dem Mann eine Ladung Sekt aufs Haupt und präsentiert sich hernach beifallheischend dem Publikum. Als der Applaus ausbleibt und der begossene Gast zu weinen beginnt, dämmert Gloystein anscheinend, was er getan hat. Kurz darauf lässt er über seinen Sprecher verbreiten, er habe dem Mann den Schaumwein in den Mund gießen wollen, dieser habe sich aber unglücklicherweise weggedreht. Als Wiedergutmachung soll Gloystein dem Obdachlosen sogar einen teuren Füllfederhalter angeboten haben. Es hilft ihm nichts mehr. Einen Tag später tritt der Senator von seinem Amt zurück. Darben muss er deswegen aber nicht: Gloystein kehrt flugs in die Wirtschaft zurück und wird Beirat der Investmentbank Lincoln International.

Am 26. September 2011 verliert der CDU-Politiker Ronald Pofalla in einer Sitzung mit Bundestagsabgeordneten aus Nordrhein-Westfalen vorübergehend die Contenance. Es ist die hohe Zeit der europäischen Rettungsschirme, überall auf dem Kontinent beraten Regierungen unter hohem Druck die Frage, wie angeschlagene Volkswirtschaften vor dem Abgrund zu bewahren sind. Einer derer, die dafür nicht endlos viele Milliarden locker machen wollen, ist Pofallas Parteifreund Wolfgang Bosbach. In der Sitzung nun treffen dessen Argumente eher nicht auf das Wohlwollen des Kanzleramtsministers. »Ich kann deine Fresse nicht mehr sehen!«, ruft dieser jenem zu. Zudem sollen die Worte »Du machst mit deiner Scheiße alle verrückt« wahlweise auch »Ich kann die Scheiße nicht mehr hören« gefallen sein. Unter dem konsequenten Titel »Fresse-Gate« sorgt Pofallas Fäkal-Tirade in den folgenden Tagen für Furore. Der Aggressor aus dem Kanzleramt muss sich im Zuge einer vorübergehend aufkeimenden Wertedebatte schließlich öffentlich entschuldigen. Durch Recherchen von Journalisten kommt allerdings heraus, dass auch Bosbach kein Kind von Traurigkeit ist. Im Jahr zuvor soll er nach einer Talkshow einem Netzaktivisten unfein attestiert haben: »Sie sind eine Flachpfeife. Sie können mich mal!«

Lothar Matthäus, Peter Gloystein, Ronald Pofalla – es sind dies Rüpel, die eher nicht zur Gruppe der materiell Ausgegrenzten gehören. Die Liste ließe sich beliebig verlängern. Im Internet existieren Hunderte Clips mit mehr oder weniger witzigen Ausrastern von prominenten Fußballprofis, Trainern, Politikern, Wirtschaftsbossen. Daneben gibt es eine Unzahl gut dokumentierter Pöbeleien, Ruppigkeiten und Unverschämtheiten namenloser Angehöriger einer gesellschaftlichen Oberschicht. In den Ruheabteilen des ICE sind es nicht selten Manager und Anwälte, die ganze Gruppen von Mitreisenden in Geiselhaft nehmen, indem sie diese lautstark mit Firmeninterna behelligen. Auf der Straße droht der Anzugträger einem Radler im Zweifelsfall dieselbe Prügel an wie der Trainingsanzugträger. Und auf feinen Gesellschaften trifft man schon mal wohlsituierte Damen am Büfett, die ganze Spargelbündel köpfen, den unteren Teil liegen lassen und schulterzuckend davonschreiten: »Wissen Sie, mein Mann isst doch so gerne die Köpfe.«

Kurzum: Auch die Elite hat heutzutage so ihre Schwierigkeiten, sich zu benehmen. Mit Ausgrenzung kann das nichts zu tun haben. Sollte man meinen.

Kann es aber doch, sagen Richard Wilkinson und Kate Pickett. Bei ihren Forschungsarbeiten in ungleichen Gesellschaften machten sie immer wieder die Entdeckung, dass die sozialen und gesundheitlichen Probleme einer Gesellschaft eben nicht ausschließlich – wie man annehmen könnte – diejenigen trifft, die sich gutes Essen, gute Wohnungen, gute Erziehung und ein gutes Leben insgesamt nicht leisten können. Nicht nur ganz unten also klagten die

Menschen über Krankheiten, wurden fett, nahmen Drogen und fühlten sich unglücklich. Das gleiche Bild bot sich den Wissenschaftlern auch ganz oben in ungleichen Gesellschaften.* Der Begriff, mit dem dieses Phänomen zu erklären ist, lautet: Status.

Man stelle sich eine aufgeklappte Doppelleiter vor. Die untersten Sprossen repräsentieren die Menschen am unteren Rand der Gesellschaft, die oberen Sprossen die Reichen. Herrschen nun halbwegs gleiche Verhältnisse, stehen die Beine der Leiter weit auseinander – der Abstand zwischen unten und oben ist deutlich sichtbar, aber von Stufe zu Stufe leicht überbrückbar. Nimmt nun aber die Ungleichheit zu, rücken die Beine der Leiter immer weiter aufeinander zu, der Abstand zwischen unten und oben wird immer größer. Wer eine Stufe höher klettern will, muss sich deutlich mehr strecken. Wer bereits oben ist, muss aufpassen, weil er tief fallen kann. Die Stabilität der gesamten Leiter nimmt dabei immer mehr ab. Sollten sich die Beine irgendwann berühren, wird sie als Ganzes kippen.

In vielen hochindustrialisierten Staaten nun sind die Beine der Leiter bereits bedenklich nahe aneinandergerückt. Und wie die bereits zitierte OECD-Studie zeigt, nähern sie sich nirgendwo schneller an als in Deutschland. Für diejenigen ganz oben heißt das aber eben: Sie haben immer mehr zu verlieren. Und auch wenn es rational nicht begründet sein mag, wachsen dadurch auch unter den Wohlsituierten in verblüffender Weise Unsicherheit und Angst. Zumal seit eine Finanzkrise die nächste jagt und ein Ende der materiellen Bedrohungslage nicht in Sicht ist.

Einen »beeindruckend starken Verarmungswahn«[35] unter Seinesgleichen hat etwa der frühere Arzt Dieter Lehmkuhl ausgemacht. Lehmkuhl, lange Jahre Leiter des Sozial-Psychiatrischen Dienstes in Berlin-Reinickendorf, gehörte 2009 zu den Initiatoren einer

---

* Wobei Pickett im Gespräch mit dem Autor einräumte, dass über die wenigen Superreichen der jeweiligen Gesellschaften keine Aussagen zu treffen waren. Über diese Personengruppe liegen schlicht keine oder kaum statistische Daten vor.

Kampagne von reichen Bürgern, die den Staat aufforderten: Besteuert uns! Zuvor hatte der Mann mal grob nachgerechnet und sich gewundert. In den Jahren 2000 bis 2007 war sein Grundeinkommen nicht nur in etwa gleich geblieben, sondern sogar leicht gesunken. Ärmer war Lehmkuhl dadurch aber nicht geworden – im Gegenteil. Sein Einkommen aus Kapital und sonstigem Vermögen hatte sich im selben Zeitraum verdoppelt, das zu versteuernde Einkommen um ein Drittel verringert. Steuern zahlte er nur noch halb so viele wie zuvor. Summa summarum war Lehmkuhls Vermögen ohne sein eigenes Zutun um ein rundes Viertel gewachsen.

Noch mehr gab dem Mediziner zu denken, dass die Staatsverschuldung Deutschlands in derselben Zeit in atemberaubendem Tempo angestiegen war und am unteren Ende der Leiter immer mehr Mitbürger materiell abgehängt wurden. Gemeinsam mit etwa zwei Dutzend anderen Reichen erinnerte sich Lehmkuhl in dieser Situation an das in Vergessenheit geratene Postulat aus dem Grundgesetz: »Eigentum verpflichtet.« Im Internet veröffentlichten sie schließlich einen Appell, wonach jeder, der mindestens eine halbe Millionen Euro besitzt, 5 Prozent davon abgeben sollte. Später müsse aus der Abgabe eine verbindliche Vermögenssteuer in Höhe von mindestens 1 Prozent werden.[36]

Lehmkuhl selbst gibt unumwunden zu, dass sich hinter dieser Initiative nicht nur Großherzigkeit und Altruismus verbergen – sondern auch purer Eigennutz. »Höhere Einkommensungleichheit führt immer und überall zu steigenden Kriminalitätsraten, weniger Vertrauen, schlechterer Bildung.« Und ganz gleich, wie sehr man sich als Reicher dagegen abschotte, die Folgen habe man auch mit Millionen auf dem Konto mitzutragen. »Wer spendet, lebt länger. Kluge Egoisten wissen das.« Um die Dringlichkeit ihres Appells zu unterstreichen, lassen die Vermögenden auf ihrer Website seither eine »Reichtumsuhr« laufen. Dort kann jeder beobachten, mit welch irrsinnigem Tempo sich das Privatvermögen in Deutschland vermehrt, während der Schuldenstand des Staates ebenfalls von einem Rekord zum nächsten hastet. Das ist beeindruckend – aber offenbar nicht beeindruckend genug. Nach dreijährigem Werben für ihre Initiative haben sich den Vermögenden nicht einmal dreihundert Unterzeichner angeschlossen.

Der große Rest der Wohlhabenden denkt offenkundig eher darüber nach, wie er seinen mehr oder weniger hart erworbenen Status trotz aller Krisenanzeichen sichern kann. Nicht jedem gelingt das. Die Finanzdebakel der letzten Jahre haben auch Menschen kalt erwischt, die bis dato nicht einmal wussten, wie man Arbeitslosigkeit buchstabiert. In Frankfurt am Main wurden in den weithin leuchtenden Banktürmen ganze Etagen vorübergehend oder dauerhaft entvölkert. Diejenigen, die bleiben durften, mussten zum Teil auf liebgewonnene Gratifikationen und Bonuszahlungen verzichten. Kaum einer wird deshalb am Hungertuch nagen. Aber nicht zu unterschätzen ist der psychologische Effekt, den Entlassungen, Rückstufungen und damit auch, zumindest gefühlte, Ausgrenzungen in diesem Segment der Gesellschaft bewirken. Erinnern wir uns an die Erkenntnisse aus der Hirnforschung. Wenn wir Ausgrenzung erleben – ja selbst dann, wenn wir sie nur fürchten –, reagieren wir zuverlässig vor allem mit Aggression.

Zudem wird, wenn von den Reichen die Rede ist, gerne übersehen, dass es »die« Reichen so pauschal genauso wenig gibt wie »die« Armen. Auch die Oberschicht teilt sich auf in viele voneinander separierte Schichten – mit erheblichen Abständen zwischen den Sprossen der sozialen Leiter. Wenn vom obersten Prozent der Bevölkerung die Rede ist, zählt dazu bereits, wer rund 120 000 Euro brutto im Jahr verdient. Das ist viel. Aber lächerlich wenig im Vergleich etwa zum ehemaligen Vorsitzenden der Porsche AG, Wendelin Wiedeking. Dessen Gehalt betrug im Geschäftsjahr 2007 / 2008 mehr als 77 Millionen Euro. Um damit irgendwann einmal so viel zu besitzen wie der Aldi-Gründer Karl Albrecht, müsste Wiedeking mehr als dreihundert Jahre lang für dieses Gehalt arbeiten. Mit einem geschätzten Vermögen von 25,4 Milliarden Euro gilt Albrecht als einer der zehn reichsten Menschen der Welt. Wie sagte der Jedi-Ritter Qui-Gon Jinn in »Star Wars: Episode One«? – »There's always a bigger fish.«

Das führt zu der paradoxen Situation, dass immer mehr Menschen, denen es objektiv an nichts mangelt, sich abgehängt, ausgeschlossen und nicht ausreichend gewürdigt fühlen. Gemessen an den Wiedekings dieser Welt halten auch sie sich – in völliger Verkennung der Tatsachen – für relativ arm. Im Statuswettkampf zählen sie sich zu den Verlierern. Und der Status, der eigene Rang in der Gesellschaft, ist eben vielfach wichtiger als die absolute Höhe des Einkommens. Das fanden Wissenschaftler mit einem simplen Experiment heraus. Sie fragten Probanden, was ihnen lieber wäre: 100 000 Dollar im Jahr zu verdienen, während andere nur 90 000 bekommen – oder 110 000 Dollar, während andere 200 000 verdienen. Wäre der Mensch der stets rational handelnde Homo oeconomicus, als den ihn Wirtschaftsliberale über Jahrzehnte hinweg beschrieben, müsste er sich fraglos für 110 000 Dollar entscheiden. Es wäre immerhin eine Gehaltssteigerung um 10 Prozent gegenüber den 100 000 Dollar. Tatsächlich aber entschieden sich die meisten Teilnehmer des Experiments für die erste Variante. Es fiel ihnen offenbar leicht, auf Geld zu verzichten, solange die anderen nur weniger hatten als sie selbst.[37]

In seinem Buch »Luxury Fever – Weighing The Cost Of Excess« beschreibt der amerikanische Ökonom Robert H. Frank, welche absurden Anstrengungen Menschen unternehmen, um in diesem Statuswettkampf mithalten zu können. Auf der Strecke bleibe dabei fast immer, was keinen materiellen Mehrwert besitzt. »Der Preis dafür, mehr luxuriöse Autos zu besitzen, ist mehr Zeit im Büro zu verbringen und weniger mit der eigenen Familie und mit Freunden.«[38] Nach oben zu klettern, wird gleichwohl immer anstrengender. Und die Gefahr, nach unten zu fallen, ist – wie die Finanzkrisen anschaulich vor Augen geführt haben – größer geworden.

Der Ton wird konsequenterweise auch ganz oben rauer. Wer Besitzstände hat, der will sie wahren. Um jeden Preis. Und der sieht sich zu Unrecht in die Rolle des Buhmanns gedrängt von Neidern und Nörglern. Der Blick von oben herab wird unbarmherziger. Die da unten: Das sind die Sozialschmarotzer, die Faulenzer in der Hartz-IV-Hängematte – ganz so, als hätten sie mit ihrem Anspruch auf 374 Euro monatlich das Weltfinanzsystem aus den Angeln gehoben.

Eine wachsende soziale Kälte attestiert der Sozialforscher Wilhelm Heitmeyer der gesellschaftlichen Elite. Im Vergleich zum Jahr 2006 glaubten fünf Jahre später »signifikant mehr Befragte mit höherem Einkommen, denen, die an ihrer Not eine Mitschuld tragen, solle nicht geholfen werden«[39]. Ein »eisiger Jargon der Verachtung« habe Einzug gehalten in die Wortwahl der Wohlsituierten. »Die geballte Wucht, mit der die Eliten einen rabiaten Klassenkampf von oben inszenieren, und die Transmission der sozialen Kälte durch eine rohe Bürgerlichkeit, die sich selbst in der Opferrolle wähnt und deshalb schwache Gruppen ostentativ abwertet, zeigen, dass eine gewaltförmige Desintegration auch in dieser Gesellschaft nicht unwahrscheinlich ist.«[40]

Einstweilen jedoch begnügen sich die Wohlhabenden noch mit gewaltloser Verachtung. So etwa wie in den USA der Republikaner Mitt Romney, der allzu gern Präsident werden würde. Ihn zitierte die *New York Times* mit den denkwürdigen Worten: »Ich bin auch nur ein Arbeitsloser. Weil mein Geld für mich arbeitet.« Das ist in etwa derselbe Geist, den in Deutschland wohlhabende Autofahrer zeigen, wenn sie ungerührt Aufkleber mit einem griffigen Slogan auf ihre Heckscheibe pappen: »Eure Armut kotzt mich an!«

Die Aggression der Arrivierten ist dabei womöglich noch viel ausgeprägter als die der tatsächlich Ausgegrenzten. Das zumindest legt ein neueres Experiment nahe, das Forscher um den Psychologen und Kommunikationswissenschaftler Brad Bushman von der Ohio State University durchführten. Die Wissenschaftler fanden heraus, dass sich Menschen, die siegreich aus einem Wettbewerb hervorgehen, deutlich unversöhnlicher und aggressiver gegenüber den Verlierern verhielten als diese umgekehrt.[41] Aus mehreren Testreihen mit Studenten waren stets klare Sieger und Verlierer hervorgegangen. Anschließend bestand für beide Gruppen die Chance, die jeweils andere zu bestrafen. Erstaunlicherweise war der Impuls der Verlierer, Vergeltung üben zu wollen, dabei relativ schwach ausgeprägt. Die Sieger dagegen traktierten die Verlierer länger und lauter mit Lärm über Kopfhörer und schütteten weit häufiger Tabasco-Sauce in einen Fruchtsaft, den die Unterlegenen trinken mussten. Bushman brachte es anschließend auf den Punkt: »Die Leute waren aggressiver, wenn sie besser dran waren als andere (…) Verlierer sollten sich vorsehen.« Gewinner kennen keine Gnade. Offenbar schon gar nicht, wenn sie sich selbst bedroht fühlen.

Die Aggression der Eliten nämlich ist nicht nur Ausdruck von Verachtung. Sie ist auch Ausdruck einer nie dagewesenen Verunsicherung. Und die nimmt zu, je näher die Einschläge kommen und je mehr Freunde und Bekannte und Kollegen nicht mehr mithalten können. Es ist eine bizarre Situation: Nach menschlichem Ermessen haben die Wohlhabenden objektiv kein materielles Elend zu befürchten. Subjektiv aber leben viele von ihnen in wachsender Angst. Vielleicht ist es das, was der Schriftsteller Curt Goetz meinte, als er dereinst schnoddrig zu Protokoll gab: »Geld alleine macht nicht unglücklich.«

Als Antwort fällt vielen Angehörigen der Oberschicht vor allem zweierlei ein: Rückzug und Abschottung. Nach draußen wagen sie sich dann nur noch in rollenden Wagenburgen, die in unwegsamem Gelände Sicherheit suggerieren. Kino wird zum Heimkino, Sport auf dem Heimtrainer erledigt. Im Urlaub in Indien, Südafrika, Thailand sorgen exklusive Ressorts dafür, dass man von den Einheimischen nichts mitbekommen muss. In immer stärkerem Maße gilt das auch für Zuhause, wo abgegrenzte Wohnviertel mit Schranke, Pförtner und Videoüberwachung dafür sorgen, dass man unter sich bleibt. Erste »gated communities« nach US-amerikanischem Vorbild gibt es bereits in Potsdam und Leipzig – bezeichnenderweise die »Armutshauptstadt« Deutschlands.* Daneben wächst die Zahl der Wohnanlagen, die im strengen Sinn nicht abgeschlossen sind, aber durch bauliche Maßnahmen, Wassergräben, Anordnung und Lage der Häuser den unübersehbaren Charakter von Trutzburgen haben.

Vor allem aber investieren die Reichen immer mehr Geld, um ihre Kinder vor den Fährnissen des Lebens da draußen zu bewahren. Die Zahl der exklusiven Privatkindergärten und Privatschulen wächst unaufhörlich. Ohne störende Einflüsse durch Nachkommen des Prekariats oder Sprösslinge aus Migrantenfamilien werden die Mädchen und Jungen dort beinahe rund um die Uhr betreut und auf ein Leben nach Leistungskriterien getrimmt. Denn nach wie vor gilt: Sie sollen es einmal besser haben. Und dafür muten manche Eltern ihren Allerkleinsten bisweilen die allertollsten Sachen zu.

Ein ganz gewöhnlicher Vormittag bei den »Little Giants« in Nürnberg. Frau Rossi versucht gerade ihr Glück bei Konrad. »Do you know what this is?«, fragt sie freundlich und deutet auf das Bild eines bizarren Meeresbewohners. »Blmmb«, macht Konrad. »Have you seen this before, Konrad?« Aber Konrad kann gerade nicht. Er hat Durst. »Trinken!«, ruft er und stürmt zu seinem erdbeerroten Fläschen, was fünf weitere Dreijährige auf die Idee bringt, dass sie sich auch einen Schluck aus der Pulle genehmigen könnten. Schon bricht kurzbeiniges Gewusel im Gruppenraum aus.

Frau Rossi bleibt derweil stoisch »It's a ...«, hebt sie noch einmal an – »Seepferdchen!«, grätscht Leon dazwischen. »That's correct«,

---

* Am Leipziger Clara-Zetkin-Park wurde 2009 mit den Bauarbeiten an der »Central Park Residence« begonnen. Es handelt sich um zwei luxuriöse Stadtvillen mit Penthouse, Dachgärten und Jacuzzi. Auf der Website des Bauherrn heißt es: »Damit Sie sorglos in Ihren wohlverdienten Urlaub reisen können, bietet Ihnen unser Sicherheitssystem einen Rundumschutz Ihrer Residence. Moderne Sicherheitskonzepte machen dies möglich. Service, Luxus und Sicherheit sind für uns oberstes Gebot, um das Wohnen in unserer Central-Park-Residence für Sie so angenehm wie möglich zu machen.«

lobt Frau Rossi. Und wieder neigt sich eine erfolgreiche Englisch-Lektion ihrem Ende entgegen. Time for lunch.

Konrad, Leon und die anderen sind »kleine Riesen«. Sie werden jeden Tag in dieser Kindertagesstätte abgegeben, von denen es noch nicht viele, aber immer mehr in Deutschland gibt. Die Einrichtung liegt ganz nah an der Nürnberger Altstadt, gleich hinter der Franz-Josef-Strauß-Brücke, und wer hierher kommt, der wird auch im zarten Alter von acht Wochen schon ganz selbstverständlich auf Englisch angesprochen.

Treibende Kraft hinter der etwas anderen Privat-Kita ist Jelena Wahler, eine sehr gepflegte und sehr wache Schwäbin, der man ihre Vergangenheit als Unternehmensberaterin auf den ersten Blick ansieht. Das dunkle Haar ist streng nach hinten gebunden, der Lidstrich akkurat gezogen, der Businessanzug sitzt perfekt. Im März 2009 gründete Jelena Wahler mit ihrem Mann Peter die »Little Giants«-Filiale im Fränkischen. Es war – nach Stuttgart, Frankfurt und zwei weiteren in München – bereits die fünfte, aber noch lange nicht die letzte. In Trossingen und Kuppenheim sind danach Ableger eröffnet worden. Ende 2012 sollen noch zwei in München, außerdem je eine in Düsseldorf und Hannover dazukommen. Offenbar gibt es einen Markt für die High-End-Erziehung von Halbwüchsigen.

Die Idee zu ihrem Betreuungs-Business hatten die Wahlers, nachdem sie 2002 von einem Auslandsaufenthalt in den USA zurückgekehrt waren und ein zweites Kind erwarteten. Die Qualität hiesiger Krippen und Kindergärten ließ in ihren Augen denn doch zu wünschen übrig. Viel zu wenig Anspruch, viel zu wenig Herausforderung. »Also haben wir uns hingesetzt und überlegt, was das Optimum für unseren Sohn ist.« Dieser sollte, einmal auf der Welt, ein sicheres und sauberes Umfeld und immer eine Bezugsperson um sich herum haben, schon früh allerhand lernen und quasi nebenbei zweisprachig aufwachsen. Ab September 2006 war es dann in Stuttgart soweit. Da öffnete die erste Kita, die »qualitativ hochwertige und flexible Lösungen zur Kinderbetreuung« auf der Agenda hatte und keine Zeit verlor, um schon den winzigsten Mitbürgern den »Erwerb von Basiskompetenzen« beibog.

In allen Filialen haben die kleinen Riesen seither jede Menge Platz, in Nürnberg zum Beispiel sind es 600 Quadratmeter für gut vierzig Mädchen und Jungen. Es gibt Sport- und Kunsträume, Werkstätten und Kinderküchen, freundlich, bunt und ökonomisch eingerichtet. In der jüngsten Gruppe kommen gerade mal drei Babys auf eine Erzieherin, beim Englisch-Stuhlkreis für die Dreijährigen sitzen elf Kinder drei Erwachsenen gegenüber. Und wenn die Eltern es wünschen oder es ihnen pressiert, dann werden die Little Giants am Nachmittag noch schnell beim Klavier-, Ballett- oder Tennisunterricht abgegeben. Little-Giants-Eltern haben zwar vieles – aber offenbar wenig Zeit.

Immer schön wichtig sei jedoch, dass die Kinder Spaß an der Sache hätten. Heißt es. »Wir sehen Kinder nicht als Menschen, die wir einfach aufheben, sondern als Personen, die selbstständig denken und arbeiten können«, sagt die Nürnberger Leiterin Eva-Maria Arends. Verhältnisse sind das, von denen der Rest des Berufsstandes vermutlich nicht mal träumt.

Das Ganze freilich hat seinen Preis. In Frankfurt zum Beispiel müssen Eltern mal eben 1200 Euro im Monat berappen, wollen sie ihr Baby früh zum kleinen Riesen machen. Den Vorwurf, deshalb einem Eliteprojekt vorzustehen, will Jelena Wahler aber nicht gelten lassen. Sie hätte nichts dagegen, sagt die schlanke Frau, »auch Kinder aus bildungsfernen Schichten« zu betreuen, gerade diese könnten das ja gut gebrauchen. Aber dafür müsste die Politik halt Zuschüsse locker machen. Wenn die das nicht tue, könne sie daran auch nichts ändern. Im Übrigen gelte: Wenn es die Nachfrage nicht gebe, könne sie sich das Angebot sparen.

Das sind wir uns schuldig –
Wieso die Mittelschicht vor lauter Panik die Regale leert

Arme und Reiche hat es schon immer gegeben. Noch nie aber waren sie in der Geschichte der Bundesrepublik durch einen so tiefen Graben voneinander getrennt. Und noch nie stand die Brücke, die beide Schichten miteinander verbindet, auf derart wackligen Pfeilern. Die Rede ist von der Mittelschicht, auf die in den vergangenen Jahren eine Vielzahl von Nachrufen verfasst wurde. Das ist zwar etwas hastig, hat aber seine Gründe.

Tatsächlich wird es in der Mitte allmählich dünn. Vor der Wiedervereinigung bezogen noch fast zwei Drittel der West-Deutschen sogenannte mittlere Einkommen.* Rund 17 Prozent der Bürger bildeten, bezogen auf ihr Einkommen, die Oberschicht, gut 20 Prozent die Unterschicht. Zwanzig Jahre später hatten die unten und die oben um jeweils etwa fünf Prozentpunkte zugelegt – während zur Mittelschicht nur noch gut die Hälfte aller Bürger zählte. »Die Mittelschicht verliert« überschrieb das Deutsche Institut für Wirtschaftsforschung (DIW) im Sommer 2010 eine aufsehenerregende Studie. Während die Armen immer ärmer, die Reichen immer reicher würden, so das DIW, mache sich dazwischen spürbare »Statuspanik«[42] breit. Wissenschaftler spre-

---

* Als Bezieher mittlerer Einkommen gelten Menschen, die mindestens 70 und höchstens 150 Prozent des mittleren oder Median-Einkommens beziehen. Das mittlere Nettoeinkommen in Deutschland lag laut Statistischem Bundesamt im Jahr 2008 bei 1772 Euro.

chen von einem sogenannten Spill-over-Effekt: Da die Zahl derer, die in Arbeitslosigkeit und Armut abrutschen, wachse, verstärke das weiter oben auf der Leiter vor allem ein Gefühl – Angst.[43] Und diese Angst vor einem Verlust der eigenen Stellung gefährde auf Dauer den sozialen Zusammenhalt, so die DIW-Forscher: »Das kann durchaus mit der Tendenz einhergehen, eine andere Bevölkerungsgruppe für diesen Statusverlust verantwortlich zu machen und so zur Ausbreitung von diskriminierenden Einstellungen (wie Ausländerfeindlichkeit und Fremdenhass) beitragen.«

So wächst auch und vor allem in der Schicht, auf die Deutschland seinen Wohlstand gründet, die Wut. Es gibt keine andere Sicherheit mehr als die Unsicherheit. Aufschwung hin, Aufschwung her: Bei den allermeisten Angehörigen der Mittelschicht kommt davon schlicht nichts an. Sie machen stattdessen die Erfahrung, dass immer mehr aus ihren eigenen Reihen nach unten durchgereicht werden und gute Chancen haben, dort zu verweilen. Und dass über ihnen die Einkommen und Vermögen so rasant aufquellen wie kochende Milch. Sie selbst aber verharren – bei wachsendem Druck, wachsenden gependelten Kilometern, wachsendem Stress – seit vielen Jahren auf einem verblüffend gleichen oder sogar leicht sinkenden Niveau.

Verdiente ein durchschnittlicher Arbeitnehmer im Jahr 1980 etwa 18 800 Euro netto im Jahr, waren es knapp dreißig Jahre später – preisbereinigt – 18 000 Euro. »Wachstum und materielle Wohlstandsmehrung sind für beachtliche Bevölkerungsteile nur noch leere Worte«[44], schreibt Meinhard Miegel. Gleichzeitig explodierten die Bezüge ihrer Vorgesetzten regelrecht: Der Vorstand eines Dax-Unternehmens erhielt Ende der achtziger Jahre durchschnittlich 450 000 Euro im Jahr. Ein Vierteljahrhundert später brachte es VW-Chef Martin Winterkorn auf runde 17,4 Millionen Euro. Deutschbanker Josef Ackermann kam auf vergleichsweise bescheidene 9,4 Millionen Euro, Daimler-Chef Dieter Zetsche, die Nummer Drei im Bunde der Großverdiener, nur auf 8,7 Millionen Euro – allerdings immer noch ein Vielhundertfaches dessen, was ein durchschnittlicher Arbeitnehmer in Deutschland am Ende des Jahres auf dem Konto hat.

»Dies ist der Stoff, aus dem gesellschaftliche Sprengsätze entstehen«, schreibt Meinhard Miegel. »(...) wo keine Verhältnismäßigkeit mehr gewahrt wird, leiden nicht nur Individuen, es leidet die ganze Gesellschaft. Eine Gesellschaft, die sittlich-ethisches Verhalten nicht mehr einfordert und jedwede Exzesse hinnimmt, gibt sich auf.«[45]

Aber das Problem von sittlich-ethischem Verhalten ist: Es rentiert sich nicht. Im Gegenteil. Wer anderen heute noch die Tür aufhält, der gewährt sich selbst erst als Zweitem Zutritt. Wer sich höflich hinten anstellt, der hat alle anderen vor sich. Wer darauf wartet, dass er irgendwo in Ruhe telefonieren kann, dem kommt womöglich ein anderer zuvor. Wer einem Fremden hilft, ohne dafür eine Belohnung zu bekommen, hat Zeit verloren und nichts gewonnen. Wir haben uns angewöhnt – angewöhnen lassen –, unseren gesamten Alltag in Euro und Cent zu bemessen. Werte existieren daher konsequenterweise nur noch in Form von Grundstücks- und Aktienpreisen. Wer sie nicht akkumuliert, ist selber schuld, wenn er im Verteilungskampf hinten runterfällt. Alles ist inzwischen Markt. Der Finanzmarkt. Der Kunstmarkt. Sogar der Ehemarkt.

Tatsächlich klopfen wir selbst unsere Beziehungen mittlerweile auf ihren Nutzwert ab, bevor wir uns auf sie einlassen. Immer mehr von uns suchen ihre Lebensgefährten im Internet, in Foren, die zum Beispiel »Elitepartner« heißen, wo wir unsere Profile miteinander abgleichen und nach einer möglichst hohen »Matching«-Punktzahl gieren. So hält die Rating-Kultur Einzug in unsere intimsten Bereiche. Romantik? Wie old school ist das denn? Je größer die Ungleichverteilung in einem Land, desto mehr treten bei der Wahl des Lebenspartners Kriterien wie Zuneigung und

Liebe in den Hintergrund. Wichtiger, viel wichtiger, werden der Status, die Einkommensaussichten und die Karrierechancen des Menschen, an den man sich bindet.

»Die Tatsache, dass wir in unserem Alltag unausgesetzt mit Geld umgehen und finanzielle Entscheidungen treffen, macht die Sache der Moral ziemlich schwierig. Geld zieht seine Qualität alleine aus der Quantität und vernichtet somit leicht andere Werte. Die Eigenlogik der Geldwirtschaft, die Marktnormen, gehorcht anderen Spielregeln als die Sozialnormen. Da das Erwerben und Erstreben von Geld dazu ziemlich primitive Gelüste in unserem Gehirn weckt, verändern viele Menschen beim Geld ihren moralischen Maßstab bis zur Unkenntlichkeit«[46], schreibt Richard David Precht. Moral – das können wir uns einfach nicht mehr leisten.

Leisten dagegen können und müssen wir uns Symbole, die uns im Statuswettbewerb vermeintlich Vorteile verschaffen. So haben wir das gelernt. So hat man es uns beigebracht. So schallt es uns von jeder Plakatwand entgegen. Deswegen kaufen wir, alles Mögliche und immerzu. Ob wir es brauchen oder nicht. Wer kann sich denn mit einem iPhone 3 blicken lassen, wenn es Nummer vier schon gibt? Wer fährt allen Ernstes ein zehn Jahre altes Auto? Wer verbringt seinen Urlaub mit der Familie noch an der Nordsee? Wie sieht das denn aus? Wer nichts ist, will wenigstens haben. Und was keinen Preis hat, ist nichts wert. Deswegen lässt sich mit Freundlichkeit, Aufrichtigkeit, Anstand auch nicht punkten. Mit einem nagelneuen Notebook schon. »Dieser Megakonsum heutzutage ist ja nur die rührend anmutende Suche nach einer Identität oder einem Sinn im Leben«, sagt der Philosoph und Soziologe Felix Ekardt von der Universität Rostock.

Viele Menschen sind denn auch bereit, sich über beide Ohren zu verschulden, um bei all dem mithalten zu können. Fast jeder zehnte Erwachsene in Deutschland ist mittlerweile überschuldet, 6,4 Millionen der über Achtzehnjährigen können ihre Rechnungen nicht mehr begleichen. So steht es im »Schuldneratlas 2011«

des Inkasso-Dienstleisters Creditreform. Alle Privatschulden zusammengenommen, ergeben demnach die erdrückende Summe von 216 Milliarden Euro. Wobei ein »besorgniserregender Anstieg« der Schuldnerzahlen vor allem unter den Achtzehn- bis Neunzehnjährigen festzustellen ist. Deren Weg ins Leben beginnt demnach immer häufiger mit einem finanziellen Klotz am Bein. Einzig allein aus der Sehnsucht heraus, irgendwie mithalten zu können.

Und so lassen sich alle, vom Rentner bis zum Kleinkind, immer weiter in einen Statuswettkampf verstricken, in dem derjenige weiterkommt, der keine Rücksichten nimmt, sich nicht mit Nettigkeiten aufhält und Regeln nach seinem eigenen Gusto interpretiert. Zeit für Anderes und Andere gibt es dabei immer weniger, jeder muss sehen, wo er bleibt. Und kaum einer glaubt daran, dass sich das in absehbarer Zukunft ändert. Im Herbst 2011 fragte die Arbeiterwohlfahrt in einer Erhebung für ihr Sozialbarometer: »Wenn Sie einmal an die kommenden fünf Jahre denken, glauben Sie, dass die deutsche Gesellschaft eher solidarischer wird und der soziale Zusammenhalt zunimmt oder dass jeder eher seinen eigenen Vorteil sucht, es mehr Egoismus geben wird?« Die Antwort ließ wenig Interpretationsspielraum: 84 Prozent der Menschen wetteten auf den Egoismus.

Insofern ist es nicht überraschend, dass bestimmte Regeln des Zusammenlebens überhaupt nicht mehr eingeübt werden. Sie geraten schlicht in Vergessenheit. »Wie ein roter Faden zieht sich durch die Fülle einschlägiger Untersuchungen, dass große Teile der Bevölkerung merkwürdig hilflos, beinahe lebensuntüchtig geworden sind. Dass Schulkinder keinerlei Übung darin haben, Konflikte gewaltfrei auszutragen, sie vor dem Schulbesuch kein Frühstück bekommen oder den Jüngeren nie gezeigt worden ist, wie Schnürsenkel gebunden werden – all das sind keine Ausnahmen. Den Älteren ergeht es kaum anders. Ein Formular ausfüllen, eine Bagatellerkrankung behandeln, einen Streit schlichten, ein Kind betreuen – für viele sind das hohe, mitunter unüberwindbare Hürden«[47], schreibt Miegel.

Zustände sind das, die kein Gemeinwesen auf Dauer aushält. Und die manche Menschen offenbar nur noch im sedierten Zustand ertragen können. Oder müssen.

Die zappelige Gesellschaft –
Warum viele von uns nur noch mit Pillen über die Runden kommen

Am 30. August 2008 meldet sich im mysnip-Forum »Schlechtes Benehmen« die Userin Carina1968 mit einem Problem. Tags zuvor hatte sie eine Nachbarin zu Besuch, man grillte, man unterhielt sich, eigentlich ein ganz schöner Abend – bis die Nachbarin auf Carinas Sohn zu sprechen kam. Dieser benehme sich mitunter wie Rotz am Ärmel, man müsse da mal etwas machen. »Nun die anknüpfende Frage«, schreibt die besorgte Mutter im Internet, »wie steuert man schlechtem Benehmen entgegen?« Beispiele hat sie auch zur Hand, so rede ihr Sohn etwa häufiger dazwischen, klaue Äpfel vom Baum, stelle unverschämte Forderungen und sorge für Unordnung.

Die Forumsteilnehmer, die sich in den darauffolgenden Stunden melden, wissen guten Rat. Ganz klar, schreibt etwa die Userin Lucy, alle genannten Beispiele seien »typisch für ADS«. Auch ihr Sohn gebe bisweilen »fürchterliche Sachen von sich, z. B. Arschlochmama«. Da hülfen nur Pillen. So erhalte ihr Junge täglich 20 Milligramm Retard, acht bis neun Stunden lang sei er damit ruhiggestellt. »Reicht also prima für Schule und auch noch für Hausaufgaben. Am Abend wird es dann wild. Aber OK, mir ist erstmal die Schule sehr wichtig.« Auch andere User sind sich von Ferne sicher: Die Lösung lautet Psychopharmaka – »Medis« sagt man hier im Forum.

Carina hilft das allerdings nicht weiter. Ihr Sohn, schreibt sie zurück, erhalte bereits »40 mg Medikinet ret. derzeit für die Schule (sonst 30 mg).« Aber irgendwie sei sie trotzdem rundum unzufrieden. »Ist er in Wirkung, dann ist er mitunter nicht mehr er selbst. Muffig, antriebslos …« Demnächst werde sie mit dem Sprössling wohl noch mal zum Arzt gehen.

40 Milligramm – womöglich sei das auch »etwas viel«, meldet sich schließlich die Userin Rosenfan. Überhaupt spiegelten Kinder »ja nur das Verhalten, welches ihnen vorgelebt wird. Soll jetzt nicht heißen, dass sie alles bei dir gesehen haben. Aber die Umgangsformen in unserer Gesellschaft haben in den letzten Jahren doch sehr nachgelassen.« Sie selbst, so Rosenfan, versuche ihren Kindern hin und wieder zu erklären, dass man mit gutem Benehmen weiter komme. Aber weil das halt nicht immer hilft, muss auch ihr Sohn regelmäßig Pillen schlucken.

Er ist damit in allerbester Gesellschaft. Die Zahl der Kinder, die angeblich unter ADS oder auch ADHS – dem »Aufmerksamkeitsdefizit-/Hyperaktivitätssyndrom« – leiden, ist in den vergangenen Jahren in kaum zu glaubender Weise in die Höhe geschnellt. Wurde im Jahr 1991 bei nur etwa 1500 Heranwachsenden ADHS diagnostiziert, so gehen Fachleute heute von 300 000 bis 700 000 Betroffenen aus. Darunter überdurchschnittlich viele Jungen und überdurchschnittlich viele Kinder aus Familien mit niedrigem sozialem Status. Allein die Techniker Krankenkasse hatte unter ihren Versicherten im Jahr 2010 rund 29 000 Jugendliche, die Psychopharmaka gegen ADHS schlucken mussten – fast 50 Prozent mehr als noch vier Jahre zuvor.

Eine erstaunliche Entwicklung ist das. Zum einen deshalb, weil die Nebenwirkungen der Medikamente immens und ihre Spätfolgen bis heute weitgehend unerforscht sind. Vor allem aber ist die Diagnose ADHS bis heute hoch umstritten. Fachleute oder solche, die sich dafür halten, sprechen von einer »multifaktoriellen« Krankheit, in die genetische, psychische und soziale Ursachen gleichermaßen einflössen. Kritiker wenden dagegen ein, tatsächlich seien es ganz andere Gründe, die Kinder und Jugendliche unkonzentriert, hypernervös und bisweilen aggressiv machten: So bewegten sich unzählige Heranwachsende in einem Umfeld aus Reizüberflutung, Leistungsdruck, Sinnentleerung und Vernachlässigung – und weder Familie noch Schule seien noch dazu in der Lage, das aufzufangen. Oft sei sogar das Gegenteil der Fall.

»Die Kinder stehen heute unter einem enormen familiären und schulischen Druck zu funktionieren«, sagt etwa Hannsjörg Seyberth, der Vorsitzende der Kommission für Arzneimittelsicherheit im Kindesalter. »Verhaltensauffälligkeiten sofort mit Medikamenten zu bekämpfen, ist daher der falsche Weg.« Wichtiger sei es zunächst einmal, die genauen Ursachen der vermeintlichen Krankheit zu untersuchen.[48] Ganz ähnlich sieht es Bernd Ahrbeck, Experte für Verhaltensgestörtenpädagogik an der Berliner Humboldt-Universität: »Was für ein Selbstbild bekommt ein Kind, das weiß, nur unter Medikamentation funktioniert es?«[49]

Ums Funktionieren aber geht es. Immer mehr Eltern schlagen derartige Warnungen daher in den Wind und lassen ihre Kinder die verheißungsvollen Pillen schlucken. Und nicht nur die. Auch die erwachsenen Deutschen dopen sich in rasant wachsender Zahl mit den Stimmungsaufhellern aus dem Chemielabor, die zum Teil ein hohes Suchtpotential in sich bergen. Die Produktion von Psychopharmaka ist inzwischen eines der einträglichsten Geschäfte der Pharmaindustrie. In ihrem Arzneimittelreport 2013 listete die Barmer GEK auf, dass deutsche Ärzte mittlerweile pro Jahr 56 Millionen Tagesdosierungen von Methylphenidat-haltigen Medikamenten wie Ritalin verschreiben. Im Vergleich zum Jahr 1990 ist das eine Steigerung um das 150-fache. Der Ritalin-Hersteller Novartis setzte 2010 rund 464 Millionen US-Dollar allein mit seinem Wundermittel um.

Und so werden wir allmählich zu einem Volk von Therapiebedürftigen. Wenn wir schon von nichts und keinem anderem mehr abhängig sind, dann wenigstens von Tabletten. Unsere Art, neben- und gegeneinander zu leben, macht uns krank. Aber wieso nach Ursachen suchen, wenn der Onkel Doktor schon das richtige Rezept parat hat?

Es ist schon erstaunlich: Die meisten, die gefragt werden, geben an, dass sie irgendetwas für faul halten im Staate. In zahllosen Umfragen finden sich stets große Mehrheiten von Menschen, die Ungleichheit und mangelnde Gerechtigkeit beklagen, unter der Ökonomisierung aller Lebensbereiche leiden, wachsenden Stress und schrumpfende Anerkennung empfinden und ein hohes Maß an Unzufriedenheit bekunden. »Sozialen Schmerz« kennen die ganz unten, die in der Mitte und sogar die ganz oben. Aggression damit auch. Die wenigsten aber lehnen sich dagegen gemeinsam auf. Die wenigsten schlagen an Orten, die sie als Tatorte identifizieren, ihre Zelte auf und begeben sich auf die Suche nach Verantwortlichen. Die wenigsten empören sich im Chor gegen »den Massenkonsum, die Verachtung der Schwächsten und der Kultur, den allgemeinen Gedächtnisschwund und die maßlose Konkurrenz aller gegen alle«[50], wie Stéphane Hessel es formuliert.

Dafür freilich bräuchte es zuallererst Gemeinsamkeit. Die haben wir uns abgewöhnt. Wem es immer nur um sich ging, der versucht auch jetzt, es irgendwie alleine zu schaffen. Der grollt, wirft Pillen ein – und schaut zu, dass er einen Sündenbock findet, mit dem er fertigzuwerden glaubt.

Wir und die anderen –
Wieso es ohne Sündenböcke offenbar nicht geht

In der Hamburger Frustbergstraße trägt die Angst an diesem Abend Anzug und Krawatte. Viele Männer in feinem Tuch und einige wenige Frauen haben ihren Weg ins Stavenhagenhaus gefunden, einen braunen Klinkerbau im Norden der Hansestadt, in dem man zwischen Standuhren, Topfpflanzen und Schiffsszenen in Öl auch heiraten kann. Es ist ein herrlicher Frühsommerabend im Stadtteil Groß Borstel, üppiges Grün umrankt adrette Großstadtvillen, die Limousinen sind gewienert, Vögel zwitschern. Es gibt wenig, wovor man hier Angst haben könnte, außer vielleicht davor, durch einen Hundehaufen zu glitschen.

Dennoch sind die rund fünfzig Menschen hier besorgt. Manche von ihnen haben vorab Kurzprofile von sich eingereicht, es sind halbseitige Dokumente des Schreckens. Ein Logistikunternehmer zum Beispiel sieht sich von »überforderten und verlogenen Dilettanten« regiert, ein angehender Offizier von »straffällig gewordenen Migranten« umzingelt. Ein Catering-Fachmann attestiert der Republik »einen Linksruck ungeahnten Ausmaßes«, denkt er an Deutschland in der Nacht, erscheint ihm schon mal der »Ex-Kommunist Jürgen Trittin« als Bundeskanzler. Der Gastgeber Jens Eckleben wiederum, ein freundlicher Gutachter mit erlesenen Manieren, fürchtet so innig »die politische Islamisierung«, als stünde der Taliban bereits in der Frustbergstraße.

Dort steht an diesem Freitag vor Pfingsten 2011 zunächst jedoch nur René Stadtkewitz. Er ist etwas zu spät aus Berlin angereist, dafür legt er gleich los wie die Feuerwehr. Es ist der Tag, an dem der Deutsche Bundestag Griechenland einmal mehr Milliardenhilfen in Aussicht gestellt hat. Das muss man sich mal vorstellen, sagt Stadtkewitz, deutsche Schlaglöcher wachsen unaufhaltsam. Und trotzdem werden Euros nach Athen getragen.

Von dort ist es für den 46-Jährigen nur ein Katzensprung in die Türkei, die natürlich nicht nach Europa gehört, genauso wenig wie der Islam als solcher, der dafür sorgen wird, dass das deutsche Volk in zwei, drei Generationen daheim nichts mehr zu sagen hat. Wenn man ihn nicht vorher stoppt. »Wir müssen das Zepter selbst in die Hand nehmen«, ruft Stadtkewitz mit rau gerauchter Stimme. Dann erklärt er sich selbst zum Wahlleiter des Abends, ruft nacheinander einige aus den Reihen der Ängstlichen nach vorne, lässt Stimmzettel verteilen – und ruckzuck hat auch Hamburg einen Landesverband der Partei »Die Freiheit«. »Wenn wir es schaffen, uns von Verrückten und Idioten fernzuhalten, werden wir die Politik so aufmischen wie die Grünen in den achtziger Jahren«, sagt der Bundeschef und stürmt ins Freie. Er braucht jetzt eine Kippe. Er ist zufrieden mit sich.

Es sind bewegende Tage für René Stadtkewitz, einen hageren Mann mit igeligem Haupthaar und grundskeptischen Augen, der als Lieblingshobby keines angibt, weil ihm dafür, leider, die Zeit fehlt. Er ist auf Deutschlandtournee in diesen Wochen, um Hals über Kopf eine Partei zu gründen, die im Wesentlichen mit einem Thema über die Runden kommt: dem Islam und der Frage, wie er aus Deutschland verschwinden kann.

Der ehemalige Christdemokrat träumt von einer »langanhaltenden Entwicklung in Deutschland«. Er hat wohlwollend verfolgt, wie sich Europas Landkarte in den vergangenen Jahren ganz allmählich braun einfärbte. Wie die Schweizer Volkspartei mit ihrem Hasswahlkampf gegen Minarette und Verschleierung Furore machte. Wie sich in den Niederlanden Geert Wilders, das hochgewachsene Idol der europäischen Islamfeinde, mit seiner »Partei für die Freiheit« anschickte mitzuregieren. Wie in Dänemark, Ungarn, Italien und etlichen anderen Staaten die Politik von ganz rechts außen aufgemischt wurde. Wie sogar oben im Norden die »Wahren Finnen« nach vorne gespült wurden. Wenn alles nach Plan läuft, will »Die Freiheit« hierzulande den weißen Fleck inmitten dieser Europakarte tilgen. Dann sollen sich endlich auch wieder wahre Deutsche auf dem Kontinent Gehör verschaffen.

Stadtkewitz und Co. inszenieren sich selbst als die eigentlichen Hüter des Abendlandes, die mit beiden Beinen auf dem Boden des Grundgesetzes stehen und für die Freiheit aller Bürger streiten. Aller? Nicht ganz. Für Muslime in Deutschland – es handelt sich immerhin um rund vier Millionen Menschen* – gilt das eher nicht. Für die neue Partei nämlich handelt es sich beim Islam wahlweise um eine »Politreligion« oder auch eine »faschistoide Ideologie«. Der Kampf gegen »Eurabien« ist demnach ehrenhafte Aufgabe jedes wahren Deutschen. Die Einwanderung von Muslimen muss gestoppt, von den bereits hier Lebenden »Assimilation« verlangt werden, wer kriminell wird, fliegt raus. Das alles im Dienst der Menschenrechte.

»Hier formiert sich eine Bewegung, die massiv den interkulturellen Frieden gefährdet und Feindbilder in rassistischer Manier produziert«, sagt der Extremismusforscher Alexander Häusler von der Fachhochschule Düsseldorf. Das aber eben in der Wortwahl so geschickt, dass es gerade noch nicht offen verfassungsfeindlich sei. Auf diese Weise hofft Stadtkewitz, einen Teil des erklecklichen Wählerpotentials am rechten Rand an sich binden zu können. Für den Rest sucht er sich seit geraumer Zeit strategische Partner. Der wichtigste ist dabei Stefan Herre, ein Kölner Sportlehrer und Marathonläufer, der von sich selbst sagt: »Ein bisschen Quälen macht mir Spaß.«

---

* Nach einer Studie des Bundesamtes für Integration aus dem Jahr 2009 lebten zu diesem Zeitpunkt zwischen 3,8 und 4,3 Millionen Menschen muslimischen Glaubens in Deutschland.

Herre ist Gründer und strategischer Kopf von »Politically Incorrect« (PI) – dem mit Abstand größten islamfeindlichen Internet-Blog des Landes. Bis zu 75 000 Menschen tummeln sich dort täglich und schreiben sich in den Kommentarfeldern ihren Frust von der Seele. So sind für PI-Nutzer eingebürgerte Muslime nur »Passdeutsche«: »Eine Kuh, die im Pferdestall geboren wird, bleibt eine Kuh.« Der zu Unrecht in Guantánamo inhaftierte Bremer Murat Kurnaz firmiert im Blog als »Rübezahl«. Spricht man Herre darauf an, zuckt er mit den Schultern. Solche Kommentare fänden sich auch auf den Onlineseiten der *taz* oder der *Welt* – das PI-Team sei einfach zu klein, um jeden problematischen Eintrag zu eliminieren. Aber immerhin: »Worte wie ›Ziegenficker‹ oder ›Eselficker‹ löschen wir sofort.« Einen Aufruf zum bewaffneten Kampf gegen Muslime, Integrationsbefürworter und andere »Gutmenschen« dagegen ließen die PI-Macher sogar im redaktionellen Teil stehen.

PI freilich ist nicht der einzige Bündnispartner der »Freiheit«. Enge Kontakte bestehen auch zur islamophoben Bürgerbewegung »Pax Europa«, die für den Erhalt der »christlich-jüdischen Kultur« zu Felde zieht. Mit dem smarten Polizisten Jan Timke, der mit seinen Bremer »Bürgern in Wut« (BIW) die FDP in der Hansestadt abgehängt und das landesweite Wahlergebnis verfünffacht hat, ist man eng verzahnt. Und über den smarten Herre bestehen auch beste Verbindungen zur »PRO«-Bewegung, in deren Führung etliche Ex-Mitglieder der NPD und anderer rechtsextremistischer Parteien sitzen. So entsteht am rechten Rand allmählich eine Sammlungsbewegung, die clever genug ist, sich offiziell nicht mit Neonazis und Schlägern in Springerstiefeln einzulassen und unter dem Denkmantel eines Freiheitskampfes Millionen Menschen ihre Daseinsberechtigung abspricht. Zumindest in Deutschland.

Sonderlich erfolgreich allerdings waren Stadtkewitz' Parteigänger bislang nicht. Was ihnen fehle, sei ein deutscher Haider oder Wilders, sagt Extremismusforscher Häusler. Das wissen sie auch in der »Freiheit«, weswegen sie auch immer wieder und unverdrossen Prominente bezirzen, mit denen sie sich auf einer Wellenlänge sehen. Menschen zum Beispiel wie Thilo Sarrazin, der mit seinen wirren Thesen über die Dummheit der Unterschicht und der muslimischen Einwanderer vor zwei Jahren zum meist gelesenen Sachbuchautor des Jahrzehnts avancierte. Auch der ehemalige BDI-Präsident und glühende Euro-Skeptiker Hans-Olaf Henkel, der Sarrazins Thesen »ohne jedes Wenn und Aber« unterstützt, steht bei der »Freiheit« hoch im Kurs. Genauso wie die CDU-Hardliner Friedrich Merz oder Roland Koch, die zumindest Stefan Herre für ideale Anführer hielte. Bislang freilich verliefen alle Versuche der »Freiheit«, einen charismatischen Populisten anzuwerben, im Sand. Das, sagt Häusler, sei die gute Nachricht.

Die schlechte lautet: »Das Wählerreservoir ist vorhanden.«

Das ist es in der Tat. Im Dezember 2011 legte der Pädagogik-Professor Wilhelm Heitmeyer das Ergebnis einer zehnjährigen Forschungsarbeit vor, die den sozialen Zusammenhalt in Deutschland mehr als in Frage stellt. Dieser Zusammenhalt existiert nämlich schon jetzt nicht mehr. Es gibt dafür unzählige Belege.

Heitmeyer, Direktor des Instituts für interdisziplinäre Konflikt- und Gewaltforschung an der Universität Bielefeld, erforscht seit dreißig Jahren Fremdenfeindlichkeit, Gewalt und soziale Desintegration. Im Jahr 2002 widmete er sich mit einem Team von Sozialforschern dem Projekt »Deutsche Zustände«, um herauszufinden, wie sich der Umgang einer Gesellschaft mit ihren schwächsten Mitgliedern über die Jahre verändert. Dabei stießen die Wissenschaftler vor allem auf eines: auf Menschen in Angst.

Das Abgleiten immer größerer Teile der Gesellschaft, die Erfahrung politischer Machtlosigkeit, der wachsende Konkurrenz- und Leistungsdruck, Vereinzelung und Ungleichheit: All das habe die Menschen zutiefst verunsichert. »Entsicherung, Richtungslosigkeit und Instabilität sind zur neuen Normalität geworden, die Nervosität scheint über alle sozialen Gruppen hinweg zu steigen«[51], so Heitmeyer. Eine überwältigende Mehrheit der Befragten vertritt heute die Ansicht, dass die Gesellschaft immer weiter auseinanderfällt, ähnlich viele bezweifeln, dass der Wohlstand gerecht verteilt ist oder dass die Menschen fair miteinander umgehen. 90 Prozent fürchten sozialen Abstieg und Armut. 90 Prozent. Das heißt, dass die Gesellschaft zumindest vereint ist in ihrem Unbehagen über die Zustände.

Und verblüffend einig ist sie sich auch, wenn es darum geht, die daraus folgende Wut und Aggression zu kanalisieren. »Wenn die Desintegrationsgefahren bei der Mehrheit und in der Mitte zunehmen«, so Heitmeyer, »reduziert sich die Anerkennung schwacher Gruppen.« Die bekommen es dann knüppeldick. Ein Naturgesetz sei das nicht. Die Ablehnung »könnte sich auch gegen ›die da oben‹ richten. Aber leichter und individuell risikoloser ist es, solche Reaktionen gegen Schwache zu wenden, in Form gruppenbezogener Menschenfeindlichkeit.«[52]

Anders gesagt: Es ist allzu reizvoll und verspricht eine seltene Befriedigung, nach unten zu treten oder zumindest dorthin, wo man »Unten« vermutet. Es verleiht dem Ohnmächtigen – zumindest für den Moment – so etwas wie Macht. Es ermöglicht jenen, die sozialen Schmerz empfinden, anderen denselben Schmerz zuzufügen. »Wenn es innerhalb einer Gemeinschaft an Bindungen, Zusammenhalt oder einem sinnstiftenden moralischen Konsens fehlt, kann die Konstruktion einer ›outgroup‹ Abhilfe schaffen: Wo ein starkes, möglichst bedrohlich wirkendes gemeinsames Feindbild an die Wand projiziert wird, dort kann der gemeinsame Hass auf das ausgegrenzte ›Böse‹ ein Gefühl gegenseitiger Verbundenheit herstellen, welches man ansonsten schmerzlich vermisst hätte.«[53]

Nicht alle sogenannten schwachen Gruppen bekommen dabei den Groll der Deutschen gleichermaßen zu spüren. So ist es durchaus erfreulich, dass in der zehnjährigen Erforschung deutscher Zustände die Einstellungen gegenüber Frauen und Juden ein wenig toleranter wurde.* Es gibt allerdings auch eine Kehrseite der Medaille: Der Hass auf andere Gruppen pendelte sich im selben Zeitraum auf hohem Niveau ein oder wuchs sogar. Die Befragten unterschieden dabei wie selbstverständlich zwischen nützlichen und nutzlosen Menschen. Immerhin jeder Dritte äußerte die Überzeugung, eine Gesellschaft könne sich Menschen, die wenig nützlich seien, nicht leisten. Genauso viele sind der Ansicht, in der Wirtschaftskrise könne man nicht mehr jedem Einzelnen in der Gesellschaft die gleichen Rechte zugestehen.

Heitmeyers Forschungsergebnisse decken sich mit Erhebungen, die auch andere Wissenschaftler in jüngerer Zeit durchführten. So fragte sich etwa das Sinus-Institut »Wie ticken Jugendliche?« und präsentierte im Frühjahr 2012 die Antwort: Demnach fühlen sich etliche Heranwachsende nicht nur ausgegrenzt, sie neigen in wachsendem Maße auch dazu, andere auszugrenzen – vorzugsweise Arme und Altersgenossen mit ausländischen Wurzeln. Von einem deutlichen Hang zur »Entsolidarisierung« sprachen die Forscher.

Unter Älteren sieht es kaum anders aus. Der Soziologe Klaus Dörre stellte im vergangenen Jahr in Metall- und Elektrobetrieben in Süddeutschland einige provozierende Thesen in den Raum. Eine davon lautet: »Eine Gesellschaft, die jeden mitnimmt, ist auf Dauer nicht überlebensfähig.« Mehr als die Hälfte aller Beschäftigten, sagt Dörre, hätten diese These bejaht – selbst in Betrieben mit einem gewerkschaftlichen Organisationsgrad von 90 Prozent. Die internationale Solidarität gilt halt auch nicht mehr für alle.

Und wer sind nun die Nutzlosen, auf die große Teile der Gesellschaft mit Abscheu herabblicken? Es sind, zunächst einmal, die Arbeitslosen, die Hartz-IV-Empfänger und die Armen. 52,7 Pro-

---

* So stimmten etwa 18,5 Prozent der Befragten der These zu: »Frauen sollen sich wieder mehr auf die Rolle der Ehefrau und Mutter besinnen.« 2009 vertraten noch 20,7 Prozent diese Ansicht. »Juden haben in Deutschland zuviel Einfluss« fanden 13 Prozent der Befragten – gegenüber 16,5 Prozent im Jahr 2009.

zent der Befragten zeigten sich in Heitmeyers Erhebung überzeugt davon, Langzeitarbeitslose seien »nicht wirklich daran interessiert, einen Job zu finden«. 61,2 Prozent finden es »empörend, wenn sich die Langzeitarbeitslosen auf Kosten der Gesellschaft ein bequemes Leben machen«. 38 Prozent empfinden Obdachlose als »unangenehm«, und immerhin noch 35,4 Prozent würden es begrüßen, wenn diese »aus den Fußgängerzonen entfernt werden«.

Neben den Erwerbs- und Wohnungslosen aber gibt es noch zwei weitere Gruppen, auf deren Ablehnung sich zahllose Bürger problemlos einigen können: »die« Ausländer und »die« Muslime – wobei das in den Augen vieler im Zweifelsfall aufs Selbe hinausläuft. Fast jeder zweite Befragte stimmte 2011 der Aussage zu: »Es leben zu viele Ausländer in Deutschland.« Beinahe jeder Dritte regte an, Ausländer wieder in ihre Heimat zurückzuschicken, wenn in Deutschland die Arbeitsplätze knapp werden. Muslimen schließlich wollten 22,6 Prozent der Befragten – und damit mehr als jeder Fünfte – die Zuwanderung nach Deutschland verbieten.

Ein erkleckliches fremdenfeindliches Reservoir ist das, dessen Quellen inzwischen weit in der Mitte der Gesellschaft liegen. Unsere Art, gegeneinander zu leben, hat den Hass auf Schwache mehrheitsfähig gemacht. Von einer »explosiven Situation als Dauerzustand« sprach Wilhelm Heitmeyer bei der Vorstellung der Forschungsergebnisse. Außerdem sprach er davon, dass sich der Groll der Massen noch überwiegend im Privaten abspiele – dass das so aber nicht bleiben müsse. Es gebe »ernste Warnsignale, da die Anfälligkeit für rechtspopulistische Mobilisierungen auffällig ist«. Dafür wurde der Wissenschaftler prompt der Panikmache geziehen. Der Professor möge mal nicht übertreiben, hieß es in Politik, Wirtschaft und Medien. Immerhin habe doch der Antisemitismus in Deutschland nachgelassen. Dann könne es so schlimm ja nicht sein.

Für Heitmeyer war das nichts Neues. Während seiner Forschungsarbeiten, erzählte er, sei er immer wieder auf Politiker gestoßen, die seine Befunde zum Teil entrüstet zurückgewiesen hätten. Ein merkwürdiges Desinteresse an der wachsenden sozialen Abstiegsangst herrsche unter den Zuständigen, klagte der Professor. Vermutlich werde sich daran auch nichts ändern, solange die Ausgegrenzten und ihre Aggressionen den politischen Betrieb nicht störten.

Der politische Betrieb hatte zuletzt ja auch anderes zu tun. Er musste Banken retten und Bahnhöfe. Er musste Doktorarbeiten von gescheiten und gescheiterten Parteigängern bewerten. Er musste »Freunde« und Freundschaftsdienste beurteilen und danach hurtig einen neuen Präsidenten finden. Einen, der allen wohl und fast niemandem wehe ist. Man fand Joachim Gauck. Das ist der Pfarrer aus Rostock, der Thilo Sarrazin – dem Muslimverächter – »Mut« attestierte, weil er »ein bestehendes Problem offen« angesprochen habe.

»Intoleranz und Rassismus äußern sich keineswegs erst in Gewalt. Gefährlich sind nicht nur Extremisten. Gefährlich sind auch diejenigen, die Vorurteile schüren, die ein Klima der Verachtung erzeugen. Wie wichtig sind daher Sensibilität und ein waches Bewusstsein dafür, wann Ausgrenzung, wann Abwertung beginnt. Gleichgültigkeit und Unachtsamkeit stehen oft am Anfang eines Prozesses der schleichenden Verrohung des Geistes. Aus Worten können Taten werden.« Das hat Bundeskanzlerin Angela Merkel gesagt. Am 23. Februar 2012 im Konzerthaus am Berliner Gendarmenmarkt. Es war beim Festakt für zehn Menschen, die von rechtsextremistischen Terroristen ermordet worden waren.

Vom Brechen der Regeln

Zerstörte Fenster –
Wie wir nachmachen,
was andere uns vorleben

Im Jahr 1969 beschaffte sich der Stanford-Psychologe Philip Zimbardo für ein Experiment zwei Autos. Er schraubte die Nummernschilder ab, stellte ein Vehikel in einer heruntergekommenen Gegend der New Yorker Bronx ab, das zweite in einer adretten Wohnsiedlung im kalifornischen Palo Alto, öffnete in beiden Fällen die Motorhauben und wartete ab. In der Bronx dauerte es keine zehn Minuten, bis sich am helllichten Tag ein Paar mit seinem Sohn dem Auto näherte, Kühler und Batterie abmontierte und wieder verschwand. Danach ging es Schlag auf Schlag. Innerhalb von vierundzwanzig Stunden weideten zufällig vorbeikommende Bürger – die meisten von ihnen dem äußeren Anschein nach nicht schlecht situiert – das Auto vollkommen aus. Als nichts mehr von Wert übrig war, wurden Fenster eingeschlagen, Teile abgetreten, Sitze aufgeschlitzt. Schließlich kamen Kinder und nutzten den verbeulten Metallhaufen als Spielplatz.

Das Auto in Palo Alto blieb dagegen eine geschlagene Woche lang unberührt, obwohl auch dort offenkundig war, dass es keinen Besitzer mehr hatte. Erst nachdem Zimbardo selbst mit einem Vorschlaghammer ein Fenster zertrümmert hatte, waren es wieder anständige Bürger, die es ihm nachtaten. Nach wenigen Stunden war das Auto vollkommen zerstört und lag als wertloses Wrack auf seinem Dach.

Dreizehn Jahre später, im März 1982, breiteten die beiden Sozialforscher James Wilson und George Kelling in der Zeitschrift *The Atlantic Monthly* ihre viel beachtete »Broken-Windows«-Theorie aus. Sie basierte ganz wesentlich auf der Forschungsarbeit des Psychologen Zimbardo. Ein einzelnes zerstörtes Fenster in einem unbewohnten Haus, so argumentierten Wilson und Kelling, könne in einer intakten Nachbarschaft eine fatale Kettenreaktion auslösen. Werde es nicht alsbald repariert, könnten Bürger sich angestachelt fühlen, weitere Fenster kaputt zu machen. Die Wahrscheinlichkeit, dass Vandalen in das Haus dringen, um es nachhaltig zu zerstören, steige. In der Nachbarschaft entstehe so allmählich der Eindruck, dass sich niemand kümmere oder es egal sei, wie man sich verhält. Gerade in der anonymen Wohnsituation von Städten rufe das immer mehr Nachahmer auf den Plan. So vermüllten Hausflure und Bürgersteige, verunsicherte Menschen zögen sich zurück und bald sogar weg, soziale Kontrolle lasse nach, Kleinkriminalität nehme zu. Nach und nach gerate ein einst harmloses Wohnquartier so auf eine schiefe Bahn. Kurzum, so Wilson und Kelling: Eine verwahrloste Gegend sende das Signal an alle Bürger aus, dass man dort machen könne, was man wolle und dass einen niemand daran hindere. Ihre Schlussfolgerung: Ein zerstörtes Fenster muss schleunigst repariert werden, will man hohe soziale Folgekosten vermeiden.

Selten hat eine Theorie derart glühende Anhänger in der Praxis gefunden. So führten Wilsons und Kellings Thesen Anfang der neunziger Jahre geradewegs in die »Zero Tolerance«-Strategie des New Yorker Bürgermeisters Rudy Giuliani. Fortan wurde in der US-Metropole jeder Kleinkriminelle, der bei drei nicht auf dem Baum war, umgehend weggesperrt. Im Keim ersticken wollten Giuliani und seine Polizei jede Form von gesetzlosem Verhalten, der Sündenpfuhl New York sollte endlich wieder sicher werden.

Tatsächlich sank die Kriminalitätsrate in der Stadt. Nur: Sie sank gleichzeitig auch in anderen US-Städten, in denen »Zero Tolerance« nicht erprobt worden war. Taugte die Broken-Windows-Theorie also womöglich gar nicht zur Kriminalitätsbekämpfung? Bis heute wird darüber in der Wissenschaft hitzig debattiert. Weitgehend unstrittig aber ist zumindest der Teil der Theorie, der besagt, dass Menschen sich mehrheitlich nur so lange an soziale Normen und Regeln halten, wie es andere auch tun.

Das demonstrierten etwa einige interessante Experimente, die Forscher der Universität Groningen in jüngster Zeit durchführten. In einem Fall versperrten sie den Zugang zu einem Parkplatz mit einem Gitter, ließen aber einen schmalen Durchschlupf frei. Deutlich sichtbar brachten sie zudem die Schilder »Durchgang verboten« und »Fahrräder anschließen verboten« an. Der regelkonforme Weg zum Parkplatz führte über einen zweihundert Meter entfernten Nebeneingang. Waren nun tatsächlich keine Fahrräder am Gitter angebracht, quetschte sich nur etwa ein Viertel der beobachteten Menschen durch die schmale Lücke im Zaun. Sobald aber Fahrräder angekettet waren, schnellte der Anteil derer, die regelwidrig die Abkürzung wählten, auf 82 Prozent hoch.

In einem weiteren Versuch befestigten die niederländischen Forscher einen Umschlag so an einem Briefkasten, dass ein darin enthaltener 5-Euro-Schein für Passanten gut sichtbar war. War der Kasten nun mit Graffiti besprüht oder lag Müll in seiner Umgebung herum, ließ jeder Vierte den Umschlag mitgehen. Waren keine Zeichen von Verwahrlosung zu erkennen, wurde nur jeder Achte zum Dieb.

Für ein drittes Experiment schließlich begaben sich die Wissenschaftler auf einen Bahnsteig, der nach einem wochenlangen Streik von Reinigungspersonal völlig vermüllt war. Dort nun baten sie vierzig zufällig ausgewählte hellhäutige Frauen und Männer, einen Fragebogen mit Ansichten über Muslime und Homosexuelle auszufüllen. Die Probanden wurden gebeten, sich dafür auf einen von fünf Stühlen zu setzen – auf einem sechsten saß entweder ein schwarzer oder ein weißer Mitarbeiter der Forscher. Das gleiche Experiment wurde anschließend mit vierzig weiteren Freiwilligen auf dem inzwischen aufgeräumten Bahnsteig wiederholt.

Als die Wissenschaftler nun die Fragebögen auswerteten, zeigte sich, dass die Testpersonen auf dem verwahrlosten Bahnsteig deutlich mehr Vorurteile gegen Muslime und Schwule zu Papier gebracht hatten. Zudem hatten sie deutlich größeren Abstand zu dem schwarzen Sitznachbarn gelassen als zu dem weißen. War der Bahnsteig aber aufgeräumt, sank die Zahl der Vorurteile, der Abstand zum schwarzen Mann verringerte sich.

Die Forscher aus Groningen konnten mit diesen und anderen Experimenten mühelos veranschaulichen, wie sehr wir uns in unserem Verhalten davon leiten lassen, was andere uns vorleben und wie stark unsere Umgebung unsere Haltungen prägt. Dass wir uns sogar schon anpassen, wenn wir nur glauben, dass unsere Mitmenschen sich schäbig und unfair verhalten, wies im Jahr 2011 der Wissenschaftler Michael Kurschilgen vom Max-Planck-Institut zur Erforschung von Gemeinschaftsgütern in Bonn nach. Kurschilgen griff dafür auf das sogenannte Gemeinwohlspiel zurück, mit dem in der experimentellen Ökonomie die Gegenpole Egoismus und Altruismus erforscht werden.

Die Regeln sind simpel. Ein Beispiel: In einer Gruppe von fünf Menschen erhält jeder vom Spielleiter die gleiche Summe Geld – sagen wir: 10 Euro. Alle werden nun aufgefordert, einen beliebigen Betrag anonym in eine Gemeinschaftskasse einzuzahlen. Das so gesammelte Geld wird am Ende vom Spielleiter verdoppelt und wiederum zu gleichen Teilen an alle ausgezahlt. Zahlen nun alle ihre 10 Euro ein, hat sich am Ende für alle der Betrag auf 20 Euro verdoppelt. Gemeinschaftlich betrachtet ist das die gerechteste Variante. Für jeden einzelnen aber muss es nicht die klügste sein. Behält einer nämlich seine 10 Euro für sich und alle anderen zahlen ein, werden am Ende 80 Euro an alle ausgezahlt. Die vier Gutgläubigen halten also 16 Euro in den Händen, der Egoist aber 26.

Kurschilgen lud nun in London und Bonn jeweils sechzig Versuchspersonen zum Gemeinwohlspiel – mit verblüffend unterschiedlichen Ergebnissen. Während die Bonner Teilnehmer zu 82 Prozent ins Gemeinwohl investierten, taten es die Londoner nur zu 43 Prozent. In einer zweiten Runde mit neuen Probanden informierten die Forscher die Bonner über den Londoner Egoismus. Das Ergebnis: Nun investierten auch die Menschen in der ehemaligen Bundeshauptstadt nur noch 51 Prozent ins Gemeinwohl. »Wer davon ausgeht, dass auch die anderen sich egoistisch verhalten, neigt selbst auch kaum zu altruistischen Taten«, so Kurschilgen. Interessanterweise ließen sich die Probanden dabei vor allem von Negativbeispielen beeinflussen – »gute Beispiele machten aus schlechten Mitspielern keine Musterknaben«.

Die Beweislage also ist erdrückend: Die meisten von uns sind Herdentiere und folgen der Einfachheit halber der Mehrheit. Jeder kann das jederzeit beobachten – an Moden, an Einschaltquoten, an Medienlieblingen. Die meisten Menschen, sagt Michael Kurschilgen, seien »conditional cooperators«: Sie neigen im Prinzip zu Zusammenarbeit und Fairness, aber nur unter der Bedingung, dass es andere auch tun. »Wir antizipieren, wie unser Gegenüber sich verhalten wird, und verhalten uns dann ähnlich. Das heißt, wenn ich davon ausgehe, dass mein Nachbar nett ist, werde ich auch nett zu ihm sein. Diesen Vertrauensvorschuss muss man irgendwie hinkriegen.«

Deshalb, so der Forscher, spielten gesellschaftliche Vorbilder auch eine eminent wichtige Rolle für unsere Handlungen. Wer in der Öffentlichkeit steht, dem wächst somit eine nicht zu unterschätzende Verantwortung zu. »Die meisten Leute wissen nicht genau, was normales anständiges Verhalten ist«, sagt Kurschilgen. »Sie orientieren sich immer an Vorbildern. Wenn Politiker und Unternehmer Ethik falsch vorleben, hat das natürlich Konsequenzen. Genau deshalb finde ich den Fall Wulff auch so schlimm.«

Der Wulff und die sieben Geißeln –
Wieso den Deutschen schon wieder ein Präsident abhanden kam

Der Fall Christian Wulff. Er begann holprig am 30. Juni 2010 und endete desaströs am 17. Februar 2012. Dazwischen lagen 597 Tage, in denen ein staunendes Publikum allerhand erfahren konnte über einen Ministerpräsidenten, der in seinen Ämtern »Freunde« sammelt wie andere Menschen auf Facebook, über einen Bundespräsidenten und seinen sehr individuellen Begriff von Aufrichtigkeit, und über Parteien, die im Machtgerangel gelegentlich auch den letzten Rest ihrer vorgeblichen Prinzipien über Bord werfen. Ein schönes Lehrstück. Hoffen wir, dass sich nicht allzu viele ein Beispiel daran nehmen.

Mit Christian Wulff wurde an besagtem 30. Juni 2010 der zehnte Bundespräsident gewählt. Der neunte, Horst Köhler, war den Deutschen im Frühjahr überraschend abhanden gekommen. Nach einem Interview, in dem er die Frage, ob Deutschland Wirtschaftskriege führe, reichlich unverhohlen bejaht hatte, wurde er extern – und wohl auch intern – derart vehement kritisiert, dass er zur allgemeinen Überraschung kurzerhand zurücktrat. Für die schwarz-gelbe Bundesregierung unter Angela Merkel war das ein eher ungünstiger Zeitpunkt. Hatte ihr Kabinett im Herbst zuvor doch einen sensationell verkorksten Start in die Legislaturperiode hingelegt. Davon hatte man sich im Frühjahr 2010 noch immer nicht erholt.

Um die Präsidentenkrise nicht zu einer Regierungskrise werden zu lassen, wurde hastig nach einem Köhler-Ersatz gefahndet. Man fand ihn im niedersächsischen Ministerpräsidenten Christian Wulff, einem Mann von bemerkenswerter Eigenschaftslosigkeit, eher Schweiger als Polterer, seit mehr als dreißig Jahren in etlichen CDU-Ämtern gestählt und im Volk weitgehend beliebt. Da konnte nichts schiefgehen. Dachte man.

Um Merkel maximal zu schaden, machte sich die Opposition aus SPD und Grünen – die Linke durfte wie immer nicht mitspielen – allerdings ihrerseits auf die Suche nach einem Gegenkandidaten. Der materialisierte sich schließlich in der Person von Joachim Gauck, Pfarrer aus Rostock und der Öffentlichkeit weithin bekannt als erster und eifrigster Leiter der Stasi-Unterlagenbehörde, mit der er derart verschmolz, dass sie bald schon seinen Namen trug. Dass Sozialdemokraten und Grüne ausgerechnet auf ihn kommen würden, damit war nicht unbedingt zu rechnen. Gilt Gauck doch als bürgerlich Konservativer, der aufgrund seiner Erfahrungen in der DDR jede Koketterie mit dem Sozialismus brüsk zurückweist, Klimawandel unter »Ferner liefen« behandelt, sozial Schwache bisweilen hart angeht und sich Zweifel am bestehenden System verbittet.* Er steht CDU/CSU und FDP mithin weit näher als Rot-Grün, was offenbar auch Kanzlerin Merkel so sieht. Noch im Januar 2010 jedenfalls lobte sie Gauck überschwänglich als »Bürgerrechtler, politischen Aufklärer und Freiheitsdenker«, mit dem sie »Einiges« verbinde.

Keine sechs Monate später war diese warme Zuneigung jedoch erkaltet. Massiv wurden in der Union diejenigen bedrängt, die nach einer beispiellosen Medienkampagne – »Yes, we Gauck!« titelte etwa die *Bild am Sonntag* – mit der Wahl des Gottesmannes aus dem Osten liebäugelten. So kam es in der Bundesversammlung zu einem denkwürdigen Showdown. Hüben die Regierungs-

---

* Im Frühjahr 2010 fragte der Autor dieses Buches Gauck, ob er angesichts von Finanzkrise und wachsender Kapitalismuskritik je Zweifel am westlichen Wirtschafts- und Regierungssystem gehabt habe. Seine Antwort: »Nein! Nie!«

parteien, die sich notgedrungen hinter dem gemäßigt Konservativen Wulff versammelten. Drüben die aus K-Gruppen und Umweltbewegten entstandenen Grünen sowie eine SPD, die sich bis heute »in der stolzen Tradition des demokratischen Sozialismus« sieht. Gemeinsam schubsten sie den stramm bürgerlichen Gauck ins Rampenlicht, um die bürgerliche Merkel zu brüskieren. Politik kann manchmal sehr verwirrend sein.

Mit ihrem Manöver gelang der Opposition immerhin eines: Dem Regierungskandidaten Wulff wurde maximaler Schaden zugefügt. Es brauchte neun Stunden und drei Wahlgänge, um den Niedersachsen am Ende doch noch ins Amt zu hieven. Entsprechend erleichtert fielen sich am Abend die Machtstrategen in die Arme. Als Wulff schließlich am 2. Juli 2010 in seinem Amtseid schwor, seine Kraft dem Wohle des deutschen Volkes zu widmen und Schaden von ihm zu wenden, schien es, als würde im Bundespräsidialamt endlich mal wieder Ruhe einkehren. Die Republik begann zu warten – auf das große Leitthema des Christian Wulff.

Schon einen Monat später allerdings sah sich der Neue in Berlins Schloss Bellevue gezwungen, zunächst einen kleinen Fauxpas zu erklären. Kaum im Amt nämlich war Wulff nebst Gattin Bettina nach Mallorca enteilt, um im edlen Feriendomizil eines Mannes namens Maschmeyer zu urlauben. Der ist in der Republik kein Unbekannter. Carsten Maschmeyer, Gründer des Finanzdienstleisters AWD, Lebensgefährte des Fernsehstars Veronica Ferres, Ehrendoktor der Universität Hildesheim, ist allerbestens vernetzt mit den Reichen und Mächtigen. Arbeitsministerin Ursula von der Leyen soll er keck »Röschen« nennen, dem Sozi Gerhard Schröder griff er Ende der neunziger Jahre finanziell unter die Arme, damit dieser und nicht Oskar Lafontaine nächster Kanzler werde. Auch Christian Wulff konnte schon früh auf den monetären Großmut Maschmeyers bauen: So steckte dieser im niedersächsischen Wahlkampf 2007 mehr als 40 000 Euro in Werbung für ein Wulff-Buch. Wulff will davon nichts gewusst haben. Der Titel des Buches lautete »Besser die Wahrheit«.

Dass Wulff seinen ersten Urlaub als Bundespräsident nun ausgerechnet im mallorcinischen Luxus-Domizil Maschmeyers verbrachte, kam in der Öffentlichkeit eher nicht so gut an. Auch wenn der Politiker sogleich belegte, dass er die Reise aus eigener Tasche bezahlt habe. Ein Bundespräsident »definiert sich über Begriffe wie Respekt, Vorbild, Autorität«, urteilte Kurt Kister in der *Süddeutschen Zeitung*. Damit war zunächst alles gesagt. Was zu diesem Zeitpunkt keiner wusste: Da war es schon, das große Leitmotiv in der Präsidentschaft des Christian Wulff. Ein anderes, wichtigeres – die Integration von Ausgegrenzten – ging in den Wirren dessen, was folgen sollte, hoffnungslos unter.

Am 13. Dezember 2011 titelte die *Bild*-Zeitung, dem Präsidenten bis dahin eher zugetan: »Hat Wulff das Parlament getäuscht?« Gemeint war das Parlament von Niedersachsen. Dort hatten sich die Parteien knapp zwei Jahre zuvor so ihre Gedanken um ein Einfamilienhaus mit Krüppelwalmdach in Großburgwedel gemacht: dem neuen Wohnsitz des damaligen Ministerpräsidenten Christian Wulff. Dieses Haus, so argwöhnte die Opposition, sei womöglich nicht ganz korrekt mit Hilfe großzügiger Gönner errichtet worden. Ein Name machte die Runde: Egon »Bubi« Geerkens, ein Unternehmer, der mit Antiquitäten, Juwelen und Immobilien ein stattliches Vermögen angehäuft hat, von Wulff als »väterlicher Freund« bezeichnet und gelegentlich mit auf Dienstreisen genommen wurde.

Das niedersächsische Ministergesetz verbietet es Regierungsmitgliedern, »Belohnungen und Geschenke in Bezug auf ihr Amt« anzunehmen. Ein dazugehöriger Erlass untersagt zudem »die Gewährung besonderer Vergünstigungen bei Privatgeschäften«, zum Beispiel zinslose oder zinsgünstige Darlehen. Zum Beispiel für einen Hausbau. Deshalb fragten die Grünen im Parlament ganz genau nach. Am 18. Februar 2010 antwortete Wulff: Nein, es habe in den letzten zehn Jahren keine geschäftlichen Beziehungen zwischen ihm und Egon Geerkens gegeben. Im Advent 2011 geriet diese Version erheblich ins Wanken.

Da nämlich stellte sich heraus, dass Häuslebauer Wulff tatsächlich von Edith Geerkens – Egons Frau – einen Kredit in Höhe von 500 000 Euro erhalten hatte. Und dass Wulff diesen Kredit nach seiner forschen Auskunft im Parlament hurtig in einen normalen Bankkredit bei der BW-Bank umgewandelt hatte. Nachfragenden Journalisten konnte man so mitteilen: Die BW-Bank »war und ist der Kreditgeber«. Das war fast gar nicht geflunkert. Egon Geerkens selbst war es, der seinen Freund Wulff im Dezember 2011 noch weiter in die Bredouille brachte: Frohgemut steckte er dem *Spiegel*, die halbe Million für den Christdemokraten sei vom Schweizer Konto seiner Frau Edith auf sein eigenes in Deutschland überwiesen worden – er habe dann den Scheck für Wulff ausgestellt. Hatte Wulff also tatsächlich das Parlament getäuscht?

Noch bevor die Frage erschöpfend behandelt werden konnte, servierten Medien fast täglich neue Ungereimtheiten aus dem Hause Wulff. Man könnte auch sagen: Dummheiten. So stellte sich heraus, dass der Bundespräsident unmittelbar vor dem kompromittierenden Bericht der *Bild*-Zeitung versucht hatte, deren Chefredakteur Kai Diekmann anzurufen. Leider ging nur die Mailbox dran. Die zeichnete ungerührt auf, was Wulff zu sagen hatte. Ganz genau weiß man es bis heute nicht, durchgesickert aber ist, dass die Rede war vom Überschreiten des Rubikon, von Krieg und vom »endgültigen Bruch« mit dem Springer-Verlag. Da wütete also der erste Mann im Staate auf der Mailbox eines Journalisten, der seinen Aufstieg nicht eben seiner Diskretion zu verdanken hat. Das führte zu einer der lustigeren Pointen des Falles Wulff: Ausgerechnet *Bild* konnte sich fortan als aufrechte Hüterin der Pressefreiheit inszenieren.

Es kam noch dicker für Wulff. Jeder, der wollte, durfte nun nachlesen, bei welchen seiner prominenten Freunde er wann zu Gast war, welche Gönner ihn wohin einluden oder mit Handys versorgten, wie er die Kosten für welche Upgrades erstattete, wer ihm wann auf welche Weise wohlgesonnen war. Nach und nach entstand so das Bild eines notorischen Bundesschnäppchenjägers, der die Nähe zu Einfluss- und sonstigen Reichen sucht und bisweilen ein schöpferisches Verhältnis zur Wahrheit offenbart. Nicht schmeichelhaft für einen Präsidenten. Zumal für einen, der sich, als er noch nicht Präsident war, gerne und ausgiebig als Moralinstanz in Szene gesetzt hatte. Seinem Vor-Vorgänger als Ministerpräsident, Gerhard Glogowski (SPD), hatte Wulff nach einem gesponserten Opernbesuch in Kairo nachgerufen, Vorteilsnahme sei mit dem Amt »nicht vereinbar«. Und als der damalige Bundespräsident Johannes Rau im Jahr 2000 wegen einer Flugaffäre unter Druck geriet, vertraute Wulff der Öffentlichkeit an, er leide geradezu physisch unter den Verfehlungen des Sozialdemokraten. All das wurde nun wieder hervorgekramt und gegen den Herrn von Schloss Bellevue gewendet. Dort wollte weihnachtliche Stimmung so recht nicht aufkommen.

Anfang Januar 2012 hielt Wulff es für angebracht, das Bild, das die Menschen sich von ihm machten, geradezurücken. Dafür setzte er sich einundzwanzig Minuten lang in ein Studio von ARD und ZDF. Es war verheerend. Da saß nämlich kein Souverän vor der Nation, der aufrecht Respekt für sich einfordert. Da saß einer so unsicher wie ein Lausbub, der Mutters Notgroschen aus der Keksdose entwendet hat. Wulff hatte die Strategie des Anbiederns gewählt. Letztlich, so seine Botschaft, bin ich doch auch nur einer von euch. »Man« sei nur Mensch, »man« mache Fehler. Man? »Ich (…) weiß, dass ich nichts Unrechtes getan habe, aber nicht alles richtig war, was ich getan habe.« Konkreter wurde es selten. Aber immerhin: Von nun an, versprach Wulff, werde er alles beispielhaft offenlegen.

Das blieb dann allerdings doch wieder den Medien vorbehalten. Es dauerte nicht lange, da rückte ein weiterer potenter Freund des Präsidenten unfreiwillig ins Rampenlicht: David Groenewold, ein Filmunternehmer mit besten Kontakten ins Glamourgeschäft. Auch er hatte sich in den zurückliegenden Jahren gegenüber Wulff immer mal wieder von seiner großzügigsten Seite gezeigt und unter anderem ein Interview-Buch mit dem Politiker gesponsert. Dessen Titel: »Deutschland kommt voran«.

Vor allem aber sorgte Groenewold offenbar für Entspannungsphasen in Wulffs steiler Karriere. So zum Beispiel vom 31. Oktober bis zum 3. November 2007. Da waren die Wulffs im noblen Hotel »Stadt Hamburg« auf Sylt zu Gast. Groenewold war zufälligerweise zur selben Zeit auch da. Und: Er zahlte für alle. Als die Sache ruchbar wurde, ließ Wulff verbreiten, er habe Groenewold die Kosten für seine Suite noch auf Sylt bar zurückerstattet. Damit hätte formal alles seine Richtigkeit gehabt. Als die Staatsanwaltschaft Hannover allerdings später nachhakte, konnte sie keine nennenswerte Barabhebung von Wulffs Konto in der fraglichen Zeit feststellen. Auch dafür hatten Wulff und seine Frau Bettina eine Erklärung: Das Bargeld stamme von Bettinas Mutter, es sei ein Geschenk zu deren vierunddreißigstem Geburtstag gewesen.

Seltsam nur: Am 16. Januar 2012, in der Hochzeit des Falles Wulff, erhielt die Hotelleitung der »Stadt Hamburg« einen ungewöhnlichen Anruf. Am Apparat war David Groenewold. Was er wollte, hielt die Hotelleitung in einer schriftlichen Mitteilung an alle Beschäftigten fest: »Hr. David Groenewold hat gestern angerufen, wir sollen keinerlei Infos über ihn rausgeben! Er war 2007 mit Hr. Wulff im HSH und hat den gesamten Aufenthalt übernommen. Falls also *Bild* oder *Spiegel* anruft, wir wissen von nichts.«[1] Am 19. Januar bemühte sich Groenewold sogar persönlich auf die Insel, um sich Rechnungen und Belege vom seinerzeitigen Kurztrip aushändigen zu lassen. Dumm für ihn und Wulff: Die Sache kam trotzdem ans Licht.

Dumm vor allem deshalb, weil gleichzeitig bekannt wurde, dass die niedersächsische Landesregierung sich einst ausgesprochen freigiebig gegenüber Groenewold gezeigt hatte. Als dieser 2007 in Niedersachsen eine Filmfirma gründen wollte, erhielt er dafür eine Landesbürgschaft in Höhe von 4 Millionen Euro, die freilich nie abgerufen wurde, weil das Unternehmen nie einen Film drehte. Der Ministerpräsident damals: Christian Wulff.

Es war die obskure Groenewold-Connection, die den CDU-Mann im Schloss Bellevue letztlich das Amt kostete. Am 16. Februar 2012 jedenfalls beantragte die Staatsanwaltschaft Hannover die Aufhebung der Immunität Wulffs, um Ermittlungen wegen Vorteilsnahme und Vorteilsgewährung einleiten zu können. Selbst für den beharrlichen Dementierer Wulff war damit offenbar der Rubikon überschritten. Tags darauf trat er zurück. Viereinhalb Minuten dauerte sein letzter Auftritt als Bundespräsident. Er habe sich in seinen Ämtern »stets rechtlich korrekt verhalten«, beteuerte er. Und: »Ich war immer aufrichtig.« Außerdem sagte er noch diesen Satz: »Es war mir ein Herzensanliegen, den Zusammenhalt unserer Gesellschaft zu stärken.«

Das Geschäft der Politikflüsterer –
Wieso Christian Wulff
auch ein wenig Pech hatte

Als die »Hauskredit-Ablösedarlehen-Kriegsdrohung-Mailbox-Handyvertrag-Bobbycar-Gratisurlaube-Upgrade-Erste-Klasse-Flüge-Nord-Süd-Dialog-Auto-Leasing-Hotelrechnungen-Affäre«[2] dann endlich ausgestanden war, machte sich im politischen Betrieb eine beinahe mit Händen zu greifende Erleichterung breit. Alle, auch diejenigen, die bis zuletzt treu zu Wulff gestanden hatten, atmeten auf. Es war, als sei mit dem Niedersachsen auch die Unmoral aus Schloss Bellevue exorziert worden. Als seien Recht und Ordnung durch Wulffs Rückzug von Berlin nach Großburgwedel wiederhergestellt. Ein schrecklicher Einzelfall – XY gelöst. Jetzt, mit Gauck, werde alles anders. Man hatte sich zwei Monate lang mit einem Thema beschäftigt, in Berlin, diesem Durchlauferhitzer für politische Skandale, eine fast schon obszön lange Zeitspanne. Nun ist auch mal gut, dachten alle. Beziehungsweise: fast alle. Ein paar Spielverderber gab es noch, die partout darauf bestanden, der Fall Wulff sei nur Teil eines strukturellen Problems.

Da ist was dran. Denn so einzigartig die Affäre um den gepeppelten Präsidenten auch gewesen sein mag – sie war es vor allem deshalb, weil sie in diesem Fall den obersten Repräsentanten des Staates betraf. Dessen Verfehlungen aber waren beileibe nicht beispiellos. Sie folgten vielmehr einem durchaus gängigen Muster. So endete etwa die Karriere des Sozialdemokraten Gerhard Glogowski, Wulffs Vorvorgänger als niedersächsischer Ministerpräsident, 1999 abrupt, nachdem er sogar die Kosten seiner eigenen Hochzeitfeier mit Hilfe wohlwollender Sponsoren gedeckt hatte. Eine vergleichbare Schmach blieb Wulffs Vorvorgänger im Präsidentenamt, dem Sozialdemokraten Johannes Rau, erspart, obwohl auch er für fragwürdige Freundschaftsdienste, etwa der WestLB, empfänglich war. Die Düsseldorfer Flugaffäre aus Raus Zeit als nordrhein-westfälischer Regierungschef ist bis heute nicht vollständig aufgearbeitet.

Womöglich ging Wulff auch deshalb über Monate hinweg davon aus, dass er nicht wirklich etwas zu befürchten habe. Vielleicht hielt er die Nähe zu wohlbetuchten Politikflüsterern schlicht für normal. Ganz so wie der Radfahrer Jan Ullrich, der nie einsehen mochte, was genau ihm eigentlich vorgeworfen wurde. Wenn alle dopen, wieso sollte dann ausgerechnet er es bleibenlassen? Was Wulff übersah: Seit Raus Amtszeit ist die Vernetzung der Welt weitaus engmaschiger geworden, es rutscht kaum noch etwas durch. Eine Tatsache, die im Jahr 2011 auch dem gewesenen Doktor und Verteidigungsminister Karl-Theodor zu Guttenberg zum Verhängnis wurde. Und: Das Amt des Bundespräsidenten ist seit Horst Köhlers merkwürdiger Demission nicht mehr sakrosankt. Alle Medien lugten diesmal neugierig hinter die Fassade. Selten zuvor wurde deshalb der Fall eines Spitzenpolitikers derart grell und in derartiger Detailschärfe ausgeleuchtet. Selten zuvor auch verhielt sich ein Spitzenpolitiker dabei so ungeschickt und uneinsichtig wie Christian Wulff – auch wenn sein moralisch hoch fragwürdiges Verhalten letztlich wohl ohne strafrechtliche Konsequenzen bleiben wird. Dessen bleibendes Verdienst besteht so gesehen darin, vorbildlich, wenn auch unfreiwillig, an der Erkundung einer Grauzone mitgewirkt zu haben, die sich seit Jahren ausweitet und in der schwer zu entscheiden ist, was legal, was legitim und was schlechterdings illegal ist. Diese Grauzone heißt Lobbyismus. Sie wird gerne als »fünfte Gewalt« im Staate bezeichnet. Und das nicht von ungefähr.

Die Zahl der Lobbyisten wächst seit dem Regierungsumzug von Bonn nach Berlin unaufhörlich. Mehr als 5000 sollen sich inzwischen in der Hauptstadt tummeln, das macht rechnerisch etwa acht Lobbyisten pro Bundestagsabgeordnetem. Wobei sich kaum einer von ihnen Lobbyist nennt, es handelt sich vielmehr um PR- oder Kommunikationsstrategen, Berater, Consultants oder schlicht »Unternehmer«. Das klingt harmloser. Sie alle verbindet ein Ziel: die Interessen ihrer Auftraggeber zu vertreten und politische Entscheidungsprozesse zu beeinflussen. Daran ist zunächst nichts auszusetzen. Alle Interessengruppen beschäftigen Lobbyisten, nicht nur in Berlin: Umweltverbände und Atomkonzerne, Nichtraucherschützer und die Tabakindustrie, Amnesty und der BDI, Kriegsgegner und Waffenbauer, Fahrradfahrer und der ADAC. Alle haben mehr oder weniger direkten Zugang zu Entscheidungsträgern. Alle wollen und sollen gehört werden. Aber nicht alle wenden dabei dieselben Methoden an. Und vor allem verfügen die einen über wenige Mittel, die anderen über viele. Das nutzen sie, um sich Eintritt zur Macht zu erkaufen. Da trifft es sich gut, dass für Sponsoring – anders als für Parteispenden – ausgesprochen laxe Regeln gelten. Das Bundesinnenministerium muss zwar alle zwei Jahre eine Liste mit Sponsoring-Leistungen an die Bundesverwaltung vorlegen. Aber Obergrenzen gibt es dabei nicht. Stattliche 93,4 Millionen Euro kamen so in den Jahren 2009 und 2010 zusammen – rund 15 Millionen Euro mehr als in den beiden Jahren davor. Die einen brauchen Geld, die anderen haben es. Ein Schalk, wer Böses dabei denkt. Manche tun es aber halt doch und können dabei auf eine Fülle merkwürdiger Begebenheiten verweisen.

Anfang 2010 zum Beispiel wurde bekannt, dass die seinerzeit in Nordrhein-Westfalen regierende CDU ihren Ministerpräsidenten Jürgen Rüttgers sozusagen stundenweise vermietete.[3] Solventen Gönnern bot man auf dem Landesparteitag ein »Partnerpaket« an: Für 14 000 Euro erhielten sie einen Standplatz im Foyer sowie einen Rundgang (inklusive Fototermin) mit Rüttgers. Wer mit dem Miet-Ministerpräsidenten ein Privatgespräch führen wollte, musste zusätzlich 6000 Euro berappen. Als die Sache publik wurde, feuerte Rüttgers seinen Generalsekretär. Sonstige Folgen: keine.

Etwa zur selben Zeit machte auch der monetäre Erfindungsgeist der sächsischen CDU unter Regierungschef Stanislaw Tillich von sich reden. Für ihre »Denkfabrik Sachsen« bot sie Interessierten eine Art Vier-Stufen-Sponsoring, vom Werbebanner auf der Homepage über die lobende Erwähnung des Geldgebers in der Rede des Generalsekretärs bis zu einem »kurzen Gespräch« mit Tillich.[4] Kostenpunkt: 500 bis 8000 Euro. Solche Deals riefen gar die Kanzlerin auf den Plan. Man dürfe »nicht das Amt des Ministerpräsidenten verwischen mit dem Sponsoring und den Eindruck erwecken, als würde mit diesem Amt geworben«, mahnte Angela Merkel. Die Grünen unkten, solche Praktiken könnten sich »auswachsen bis zur Korruption«. Sonstige Folgen: keine.

Im Sommer 2010 wiederum, Christian Wulffs erstem und vorletztem in Schloss Bellevue, standen Sponsoren förmlich Schlange, um für das traditionelle Fest des Staatsoberhaupts ihren Obolus entrichten zu dürfen. Daimler steuerte 70 000 Euro bei, die Deutsche Telekom 60 000 Euro, Air Berlin – Wulff seit dem Jahr davor über ein freundliches Upgrade verbunden – 40 000 Euro. Spitzenreiter unter den Geldgebern aber war die AOK, die 90 000 Euro springen ließ. Dieselbe AOK, die zuvor nie müde wurde, die maue Finanzlage der Krankenkassen zu beklagen. Der Ölkonzern BP wäre übrigens auch gerne mit von der Partie gewesen, nur hatte der damals gerade mit einer hässlichen Katastrophe im Golf von Mexiko zu kämpfen. Nach heftiger Kritik ließ das Unternehmen das großzügige Mitfeiern sein. An den vielen anderen Sponsoren störte sich niemand. Lediglich ein paar Kritiker wandten ein, es sähe irgendwie seltsam aus, wenn nicht einmal der Bundespräsident seine eigene Sause bezahle. Sonstige Folgen: keine.

Und natürlich hatte es auch keine besonderen Konsequenzen, als bekannt wurde, dass sich der damalige Wirtschaftsminister Michael Glos (CSU) 2009 eine »Kraftwerkskonferenz« von Atomkonzernen sponsern ließ. Eine ganz normale Angelegenheit – genauso wie 2007, als eine internationale Umweltministerkonferenz, die der damalige Ressortchef Sigmar Gabriel in Potsdam ausrichten ließ, zu einem guten Teil vom Limousinenbauer BMW bezahlt wurde.[5]

Kein Wunder ist es daher auch, wenn Politiker das Gespür dafür verlieren, was erlaubt ist und was nicht, wenn sie die Frage, was sich gehört, für sich anders beantworten als für andere, und wenn sie Menschen, von denen sie stets bereitwillig eingeladen und umsorgt werden, früher oder später für »Freunde« halten. Politiker aller Parteien, wohlgemerkt. Der heutige Grünen-Chef Cem Özdemir musste etwa 2002 vorübergehend im Brüsseler EU-Parlament untertauchen, nachdem er über einen Privatkredit des redseligen PR-Beraters Moritz Hunzinger gestolpert war. Der Sozialdemokrat Rudolf Scharping, seinerzeit Verteidigungsminister, hatte sich von Hunzinger sogar die Klamotten zahlen lassen. Weil er außerdem noch mit seiner Lebensgefährtin für ein Klatschblatt in den Pool sprang, während seine Armee Richtung Balkan ausrückte, musste auch er 2002 gehen.

Schon wahr: Das alles sind Petitessen im Vergleich zu den politischen Großschurkereien etwa eines Silvio Berlusconi. Mit dessen dreister Demokratieverachtung kann es hierzulande niemand aufnehmen. Auch hat bislang niemand deutschen Politikern vorgeworfen, sie hätten Koffer voller Millionen um die halbe Welt geschafft, um afrikanische Potentaten zu bestechen, wie man es in Frankreich schon mehr als einem Präsidenten zur Last legte. »Die glamouröse Großzügigkeit, mit der führende Politiker anderer europäischer Staaten (…) sich selbst und ihren Freunden und Verwandten bedenkenlos die Taschen füllen, ist hierzulande kaum je anzutreffen«, schreibt der Journalist Christian Bommarius. »Das Verhalten, das die zur rechtlich fragwürdigen Aufbesserung ihrer persönlichen Vermögensverhältnisse entschlossenen Politiker in Deutschland an den Tag legen, erinnert eher an das verdruckste Lügen eines Versicherungsbetrügers, an den verlegenen Blick des protestantischen Kirchgängers, der sich an der sonntäglichen Kollekte vergreift, und an die hämische Schadenfreude, mit der ein Gast die Kellnerin um ihr Trinkgeld behumst.«[6]

Aber vielleicht besteht ja gerade darin die fatale Vorbildfunktion des politischen Skandals bundesrepublikanischer Prägung: Er lässt sich – anders als monströse Korruption oder mafiöse Einflussnahme – herrlich einfach nachahmen. Hier ein bisschen Mauscheln, da ein wenig Unaufrichtigkeit, dort mal schnell die Hand aufhalten – das kann jeder. Und wenn man davon ausgehen darf, dass eh nichts passiert, umso besser.

Den wenigsten Spitzenpolitikern nämlich wird hierzulande ihre Nähe zu potenten Gönnern beizeiten zum Verhängnis. Die wenigsten sind auch so dumm, einem direkten Zusammenhang zwischen Geben und Nehmen Vorschub zu leisten. In den seltensten Fällen lässt sich zweifelsfrei nachweisen, dass, wer A gesagt hat, B dafür bekommen hat. Insofern ist es vermutlich auch nur Zufall, dass so viele politische Karrieren sich nahtlos in den Vorstandsetagen privatwirtschaftlicher Unternehmen fortsetzen.

So verlor etwa Gunda Röstel, die ehemalige Bundesvorstandssprecherin der atomkritischen Grünen, im Juni 2000 ihr Amt. Schon vier Monate später aber startete sie eine neue Karriere bei der Gelsenwasser AG, einem Tochterunternehmen des Atomkonzerns E.on. Der Branche blieb sie bis heute erhalten: 2011 wurde sie in den Aufsichtsrat von EnBW gewählt.

Wenig Zeit verlor auch Röstels einstiger Koalitionspartner Gerhard Schröder. Nachdem der Sozialdemokrat Ende 2005 seinen Job als Bundeskanzler verloren hatte, vergingen gerade mal ein paar Wochen, bis er einen lukrativen Berufswechsel annoncierte: Schröder zog es zur Nord Stream AG, einer Tochter des staatlich-russischen Gazprom-Konzerns, deren Aufsichtsratsvorsitzender er heute ist. Dass er als Kanzler zuvor die umstrittenen Nord-Stream-Pläne für eine Ostseepipeline stets wohlwollend begleitet hatte, dürfte ihm die berufliche Umorientierung nicht unbedingt erschwert haben.

In Hessen war es Roland Koch, der sich – offenbar gelangweilt von allen erfolglosen Versuchen, ihn zu stürzen – auf bemerkenswerte Weise selbst abschaffte. Nachdem er eine ausländerfeindliche Wahlkampagne, einen handfesten Schwarzgeldskandal um angebliche »jüdische Vermächtnisse« und eine Beinahe-Ablösung durch Rote, Rote und Grüne überlebt hatte, quittierte der wackere Roland Ende 2010 den Dienst an seinen Untertanen. Nur allerdings, um wenige Monate später im Vorstand des Baukonzerns Bilfinger Berger wiederzuerstehen. Das Unternehmen war in den Jahren davor gut im Geschäft am Frankfurter Flughafen, an dem wiederum das Land Hessen Anteile hält. Dass es Zusammenhänge geben könnte, wies der CDU-Mann Koch gelassen zurück. Auch als Wirtschaftslenker blieb er seiner Partei im Übrigen erhalten. Er sitzt in der Kommission, die den Leitantrag für den CDU-Bundesparteitag Ende 2012 vorbereitet. Thema der politischen Jahreshauptversammlung: nachhaltige Wirtschaftspolitik.

Rasant begann schließlich auch das neue Leben des Extremsportlers Dieter Althaus. Der wegen fahrlässiger Tötung einer Skifahrerin verurteilte Christdemokrat war bis Oktober 2009 Ministerpräsident des Landes Thüringen. Danach vergingen exakt vier Monate, bis er Vize-Präsident des österreichisch-kanadischen Autozulieferers Magna wurde. Als Randnotiz sei erwähnt, dass Althaus im Jahr davor zu den heftigsten Befürwortern einer Opel-Übernahme durch Magna gehört hatte.

Die Liste ließe sich beliebig verlängern.* Rechtlich korrekt war das sicher alles. Fragwürdig aber auch.

Es sind Fälle wie diese, aber auch Fälle wie der von Christian Wulff und seinen »Freunden«, die Organisationen wie Lobby Control oder Transparency International seit Jahren nach verschärften gesetzlichen Regelungen rufen lassen. Die Vorschläge liegen auf dem Tisch. Demnach sollte das Sponsoring mindestens genauso

---

* Eine Liste mit mehr als sechzig »Seitenwechslern« der vergangenen Jahre findet sich auf der Internetseite von Lobby Control.

reguliert werden wie der Umgang mit Parteispenden, obwohl auch in diesem Gesetz erhebliche Lücken und Schlupflöcher klaffen. Das Bundespräsidialamt, die Bundesregierung und die Landesregierungen, so ein weiterer Vorschlag, sollten keinerlei Sponsoring mehr annehmen dürfen. Zudem müsse endlich ein umfassendes Lobbyistenregister für Deutschland eingeführt werden. Es gibt zwar bereits eines, aber ein Eintrag erfolgt lediglich auf freiwilliger Basis. Wer nicht will, der muss nicht. Und schließlich sollten Politiker in Zukunft frühestens drei Jahre nach ihrem Ausscheiden aus dem Amt eine wirtschaftliche Tätigkeit aufnehmen dürfen, die mit ihrem früheren Job im Zusammenhang steht. Im Juni 2011 übergaben die vier Organisationen Lobby Control, Campact, Mehr Demokratie und Transparency International allen Parteien eine Liste mit diesen Forderungen. Sie waren untermauert mit 22.000 Unterschriften von Bürgern. Vergeblich.

SPD, Grüne und Linke reagierten zwar positiv. Alle drei hatten zu diesem Zeitpunkt allerdings bundespolitisch nichts zu sagen. CDU und FDP dagegen lehnten ab. Man könne, so deren knappe Auskunft, beim besten Willen »keine Regelungslücke« erkennen. Das änderte sich auch nicht nach der Demission des Kurzzeitpräsidenten Christian Wulff.

Keine Regelungslücke? Erstaunlich. Vor allem, wenn man sich anschaut, welche nahezu wasserdichten Vorschriften andernorts gelten. In Paragraph 71, Absatz 1, des Bundesbeamtengesetzes zum Beispiel heißt es unmissverständlich: »Beamtinnen und Beamte dürfen, auch nach Beendigung des Beamtenverhältnisses, keine Belohnungen, Geschenke oder sonstigen Vorteile für sich oder einen Dritten in Bezug auf ihr Amt fordern, sich versprechen lassen oder annehmen.« Vielerorts wird das auch tatsächlich so gehandhabt. So besteht etwa Karin Hechler, die Leiterin der Frankfurter Schillerschule, darauf, dass jedes Geschenk mit einem Wert von mehr als 10 Euro durch sie genehmigt werden muss. So soll auch nur der Anschein vermieden werden, dass ein Lehrer bestechlich sein könnte. Und da geht es nur um Schulnoten. »Am Ende des Schuljahres«, sagt Hechler, »überreicht oft die gesamte Elternschaft einer Klasse einem Klassenlehrer, der die Klasse abgibt, ein Abschiedsgeschenk wie eine Weinflasche. Das ist auch in Ordnung, aber ein Reisegutschein oder Geschenke einzelner Eltern würden schon den Rahmen sprengen.«[7]

Die Stadt München verbietet ihren Mitarbeitern – gleich ob Beamter oder Angestellter – grundsätzlich die Annahme von Bargeld. Sachgeschenke dürfen bis zu einem Wert von 15 Euro angenommen werden, das aber auch nur, wenn der Beschenkte sicher sein kann, dass man von ihm keine Gegenleistung erwartet. »Es muss sich also tatsächlich um ein reines Dankeschön handeln«, sagt Carolin Hootz von der Anti-Korruptions-Stelle der Stadtverwaltung. »Aufgrund der Richtlinien müssen von unseren Mitarbeitern zum Beispiel konsequent abgelehnt werden: Essenseinladungen, zinslose oder zinsgünstige Darlehen, Einladungen in Privathäuser, Ferienhäuser, Jagdhütten oder auf Yachten sowie Partyorganisationen beziehungsweise -ausrichtungen für private Zwecke. Auch Flugtickets, Lotteriescheine, Reisen, Dienstleistungen jeglicher Art, Rabatte für Einzelpersonen, Gutscheine und MVG-Fahrkarten müssen zurückgewiesen werden.«[8] Christian Wulff, so viel ist klar, hätte es im Münchner Rathaus nicht weit gebracht. Aber immerhin, ganz lustfeindlich ist man auch im Bayerischen nicht. »Für das Oktoberfest«, so Carolin Hootz, »ist es ausnahmsweise gestattet, eine Hendl- und eine Biermarke pro Firma oder Kunde anzunehmen.«

Besteht also wirklich kein Regelungsbedarf in der Politik, wo bisweilen Summen fließen, mit denen man nicht nur ein Hendl, sondern gleich den ganzen Schlachthof kaufen könnte? Bislang offenbar nicht. Wulff hin oder her. In der einen oder anderen Vorstandsetage scheint man dagegen ein wenig nachdenklicher geworden zu sein. So kündigten die Deutsche Bahn und weitere Unternehmen kurz nach dem Präsidialdebakel an, künftig zumindest auf das Sponsoring von Politik- und Politikerfeten verzichten zu wollen.[9] Man fragt sich: warum? Waren alle großherzigen Zuwendungen bis dato doch als uneigennützige Wohltat für klamme Volksvertretungen deklariert worden. Wieso also abschaffen, was einfach nur nett gemeint war? Eine Fortführung dieser Praxis, hieß es etwa im Bahn-Vorstand, lasse die allgemeine Stimmungslage nicht mehr zu.

Die war, nach Wulffs Raffkefestspielen, in der Tat so schlecht wie lange nicht. Sogar in Polizeidienststellen klebte bisweilen ein aufrecht stehendes Schaf mit dem Konterfei des Präsidenten an der Wand – von den Freunden und Helfern »Wulff im Schafspelz« genannt.[10] Enormer Groll habe sich unter den Kollegen aufgestaut, berichtete der Bundesvorsitzende des Bundes deutscher Kriminalbeamter. Viele Polizisten, so André Schulz, hätten »zu Recht den Eindruck, hier werde mit zweierlei Maß gemessen«. Rainer Wendt, sein Amtskollege von der Deutschen Polizeigewerkschaft, sah es ähnlich. Für den einen oder anderen seien im Zuge der Präsidentenaffäre ganze Welten zusammengebrochen. »Da werden nachhaltig Werte beschädigt.«[11]

Die Frage, ob Politiker Vorbilder sein müssen oder ob sie als solche überhaupt noch akzeptiert werden, erübrigt sich dabei. Sie sind es, in einem ganz ursprünglichen Sinne: Wie Musiker, Schauspieler, Showstars sind sie, alleine durch ihre schiere Präsenz in allen Medien, Vor-Bilder. »Der Mensch ist ein nachahmendes Geschöpf, und wer der Vorderste ist, führt die Herde«, dichtete Friedrich Schiller in »Wallensteins Tod«. Und was Schiller vielleicht nur ahnte, hat die Wissenschaft längst bestätigt. »Die meisten Menschen spiegeln (...) einfach das Verhalten der anderen: Leisten diese ihren Beitrag, tun wir es auch; frönen sie dagegen ihrem Egoismus, achten auch wir zunächst auf den eigenen Vorteil.«[12] Und zwar überall dort, wo es sich anbietet: auf der Straße, in der Bäcker-Schlange oder in der Steuererklärung.

Wetten auf den Tod –
Wieso Anstand sich auch in der Wirtschaft nicht auszahlt

Ende Februar 2012 unterbreitete die Deutsche Bank ihren Kunden ein großzügiges Angebot. Da der Fonds »Kompass Life 3« öffentlich in die Kritik geraten sei, so die Mitteilung, werde man Anlegern in Kürze ein schriftliches Rückkaufangebot unterbreiten. Die Kunden erhielten dann anstandslos ihr investiertes Kapital zurück, freilich »unter Abzug zwischenzeitlich erhaltener Zinsen«.[13]

Es war der offensichtliche Versuch der Bank, eine Debatte zu beenden, die ihr ohnehin ramponiertes Image nicht eben aufzubessern drohte. »Kompass Life 3« firmierte da nämlich bereits in diversen Medien als »Todeswette« – und das war nicht einmal übertrieben. Der Fonds nämlich, für den sich immerhin rund 10 000 Anleger erwärmt haben sollen, ist tatsächlich so etwas wie eine Wette auf die Restlebensdauer von alten Menschen. Je früher die sterben, desto höher die Rendite. So lässt sich auch mit Leichen reich werden.

Und das offenbar schon lange. Geschäfte mit Lebensversicherungen jedenfalls bieten Finanzhändler seit Ende des letzten Jahrtausends an. Die Idee ist simpel: Banken oder Hedgefonds kaufen die Lebensversicherungen von Menschen auf, die diese, womöglich aus einer finanziellen Notlage heraus, loswerden möchten. Spekuliert wird damit auf hohe Ausschüttungen, sobald der Versicherte das Zeitliche segnet. Eine Weile, berichten Insider, soll das Geschäft bestens mit den Policen von Aidskranken floriert haben. Als diese jedoch dank verbesserter Medizin immer länger am Leben blieben, nahmen die Händler alte Menschen ins Visier.[14]

Von da bis zum »Kompass Life 3« der Deutschen Bank war es nur noch ein kleiner Schritt. Statt teure Lebensversicherungen im großen Stil aufzukaufen, kamen die Deutschbanker auf eine andere Idee: Sie boten ihren Anlegern an, auf die Restlebensdauer von rund fünfhundert US-Amerikanern im Alter von 72 bis 85 Jahren, die sich angeblich freiwillig gemeldet hatten, zu wetten. Sollten diese maximal zwölf Monate länger leben als von medizinischen Gutachtern geschätzt, erhielten die Anleger eine satte Rendite von 8,45 Prozent. Hielten die alten Amis aber bis zu vierundzwanzig Monate länger durch als vorausgesagt, verringerte sich die Rendite auf nur noch 3 Prozent. Möglich seien, warnte der Verkaufsprospekt, »ein unerwarteter Durchbruch in der medizinischen Forschung oder neue Behandlungsmöglichkeiten für bislang tödliche Krankheiten«. Das würde, leider, »zu einem späteren Ableben der Referenzpersonen führen« und den Ertrag entsprechend mindern. Ein Risikoprodukt also, für das sich gleichwohl derart viele Anleger fanden, dass eine Investitionssumme von rund 200 Millionen Euro zusammengekommen sein soll. 2007 ging »Kompass Life 3« an den Start.

Als der *Spiegel* im September 2010 über diese »fatale Wette auf Leben und Tod« berichtete, hielt sich die Aufregung im überschaubaren Rahmen. Ein paar Medien griffen die Geschichte auf. Ein paar empörten sich. Das war's. Erst ein Anleger des Fonds brachte die Deutsche Bank eineinhalb Jahre später, vermutlich unfreiwillig, in die Bredouille: Weil er den vorausgesagten Tod der »Referenzpersonen« für falsch berechnet hielt, beschwerte sich der Anleger beim Ombudsmann des privaten Bankenverbandes. Dieser reagierte mit einer ungewohnt harschen Mitteilung: Ein derartiger Fonds »ist mit unserer Wertordnung, insbesondere der in ihrem Mittelpunkt stehenden Unantastbarkeit der menschlichen Würde, kaum in Einklang zu bringen«.[15] Wohlgemerkt: »kaum«. Als nun erneut Medien die Sache aufgriffen und die Sache weitere Kreise zog als beim ersten Mal, ruderte die Deutsche Bank zurück und bot ihren Anlegern einen Ausstieg aus dem Geschäft.

Der Fonds selbst freilich blieb unangetastet. Die Wette gilt noch bis 2015. Mal sehen, welcher Amerikaner dann noch lebt.

»(...) warum sollte eine Bank der eigenen Profitgier Grenzen ziehen, wenn das Motto ›Bereichert euch‹ ohne moralische Hemmungen öffentlich gepredigt werden kann? Warum moralisch sein, solange die Unmoral nicht mit dem Handelsgesetzbuch und dem Strafgesetzbuch kollidiert? Warum also Gutes tun, wenn Böses tun so einträglich ist?«[16] Der Mann, der diese Sätze schrieb, heißt Ludwig Poullain. Er ist ein Banker. Er war in den sechziger und siebziger Jahren des vorigen Jahrhunderts Vorstandsvorsitzender der WestLB und Präsident des Deutschen Sparkassen- und Giroverbandes. Er stammt aus einer anderen Zeit. Die *Frankfurter Allgemeine Zeitung* gab ihm im neuen Jahrhundert die Gelegenheit, eine ungehaltene Rede zu veröffentlichen. Fast jeder einzelne Satz darin ist in hohem Maße bemerkenswert. Es ist eine Abrechnung mit der Gier.

»Aber ist aus dem ›Gott schütze das ehrbare Handwerk‹ nicht inzwischen ein ›Gott schütze uns davor‹ geworden?«, schreibt also Ludwig Poullain. »Die Mediziner haben sogar ihre eigene Eidesformel, die hippokratische. Doch unabhängig von den ethischen Pflichten, die sie damit auf sich laden, haben sich nicht wenige von ihnen einen eigenen Gott gekürt, Hermes, den Gott der Anlageberater und Abschreibungsakrobaten.« Und weiter: »Unsere Altvorderen haben keine Standesregeln zu Papier gebracht. Wir schwören auch keine Eide. Aber dürfen wir dennoch, ohne Schamgefühl zu empfinden, ethische Grundsätze für den eigenen Gebrauch ausschließen – so, als würden diese nur für andere, etwa unsere Kreditnehmer, gelten?«

Moral? Gutes tun? Ethische Pflichten? Schamgefühl? Wie gesagt: Ludwig Poullain war bereits ein sehr alter Mann, als er das schrieb. Das war im Jahr 2004. Mag sein, dass der eine oder andere Branchenkollege den Text sah. Mag sein, dass er ihn sogar las. Aber ob er ihn auch verstand?

Dabei ist Poullain nicht einmal der Einzige, der in diesem neuen Jahrtausend beizeiten eine Warntafel aufstellte. Im Juni 2002 war es das *Manager Magazin*, das unter dem Titel »Sittenverfall« schrieb: »Manager ohne Moral: Selbstbedienung, Korruption, Betrug, Vertragsbruch – für die Eliten scheinen keine Regeln mehr zu gelten. Das ethische Fundament der Wirtschaft bröckelt.« Die alten Spielregeln des Wirtschaftslebens, so das Blatt, existierten kaum noch. »Anstand, Rechtschaffenheit, Ehrlichkeit, Fairness – diese Werte sind einem rigorosen Egoismus gewichen, der bisher sicher geglaubte Schranken durchbricht. Und es sind gerade die Eliten der Wirtschaft, die zunehmend als Vorbilder versagen.«

Befeuert von der merkwürdigen Entwicklung der Einkommens- und Vermögensverhältnisse im Land, war da plötzlich eine seltsame Renaissance scheinbar verstaubter Begriffe zu erleben. Respekt, Benehmen, Anstand, Ehre, Aufrichtigkeit – im Mund geführt von Linken wie Rechten. Es gab Talkshows zum Thema. Und Interviews. Und Vorträge. Und jede Menge Artikel. Im Juni 2007 widmete die Zeitschrift *brandeins* eine ganze Ausgabe dem Thema »Anstand & Kapitalismus«. Im Vorwort schrieb Chefredakteurin Gabriele Fischer: »Anstand ist das Einzige, was das schlingernde System noch auf Kurs halten kann.«

Und dann? Ging die Party weiter. Mit den bekannten Folgen. In der Zwischenzeit nämlich hatten Finanzjongleure noch weitere atemberaubende Tricks erfunden, mit denen sich aus viel Geld mehr Geld machen lässt. Und noch mehr. Und noch mehr. Es war ja ganz einfach. Man vergab Kredite und parkte die Risiken, hübsch verpackt, anderswo. Deswegen musste man auch gar nicht mehr so genau prüfen, wer da wie viel Geld wofür wollte. Wer hatte noch nicht? Wer wollte noch mal? Es war ein Geben und Nehmen und alle profitierten davon. Es funktionierte ja auch spielend. So lange, bis es nicht mehr funktionierte. Bis im Partykeller die Lichter angingen und alle sahen, dass kein Bier mehr da war. Ende. Aus. Finanzkrise.

Dann aber passierte etwas Seltsames: Das System folgte plötzlich seinen eigenen, über Jahrzehnte gepflegten Regeln nicht mehr. Jeder ist seines Glückes Schmied. Eigenverantwortung ist das oberste Prinzip. Hilf dir selbst, sonst hilft dir keiner. So hatte man uns das beigebracht. So hatten wir das verinnerlicht. Aber das galt nun auf einmal nicht mehr. Zumindest nicht für jeden. Als deutsche Banken in den Finanzkrisen 2008 und folgende haarscharf an den Rand des Abgrunds gerieten, spannte die Politik plötzlich Rettungsschirme auf und polsterte sie mit Milliarden, die vorher, so hieß es, nicht existent waren und sich nun plötzlich im Nu materialisierten. Nicht jedem wollte das spontan einleuchten. Der Kommentator Heribert Prantl brachte es auf den Punkt: »Es ist doch so: Wenn die Familie Huber schlecht wirtschaftet, kommt der Gerichtsvollzieher. Wenn die Firma Maier schlecht wirtschaftet, kommt der Konkursrichter. Wenn aber eine Großbank schlecht wirtschaftet – dann kommen die Spitzenpolitiker mit dem Milliarden-Geldsack.«[17] Ein Stammtischargument? Nein, eine präzise Beschreibung der Verhältnisse. Auch darüber muss reden, wer die Frage stellt, welchen Vorbildern die Menschen nacheifern. Was bedeutet es, wenn Regeln für die Allgemeinheit erst aufgestellt, dann über Jahrzehnte mit Vehemenz durchgesetzt und schließlich unter Verweis auf eine angebliche Alternativlosigkeit anstandslos über den Haufen geworfen werden?

»Kern aller westlich-individualistischen Gerechtigkeitsvorstellungen ist das tief im abendländischen Denken verankerte Prinzip der Eigenverantwortung: Jeder ist für die Folgen seiner Handlungen verantwortlich. Die Zusammengehörigkeit von Risiko und

Haftung ist das Fundament des Kapitalismus (…). Für die Akzeptanz einer solchen Ordnung ist es unabdingbar, dass ihre Regeln für alle gelten (…)«, schreibt Mark Schieritz. Die Rettung von Banken sei so gesehen ein geradezu monströser Regelbruch. »Sie spricht dem Prinzip der Eigenverantwortung Hohn, das den Menschen gepredigt wird und das sie jeden Tag am eigenen Leib erfahren. Warum gilt für den Banker nicht, was für den Hartz-IV-Empfänger gilt, der bei Regelverstößen mit Kürzungen seiner Bezüge rechnen muss?«[18]

Ja, warum eigentlich? Die Schlussfolgerung ist naheliegend: Weil die Bank systemrelevant ist, der einzelne Mensch nicht. Wer auf solche Weise aber für wert- oder nutzlos erklärt wird, wieso sollte der seinerseits Rücksicht auf andere nehmen? Wieso nicht für sich selbst jederzeit das Beste herausholen, koste es, was es wolle? Wieso Regeln beachten, wenn deren Missachtung ein schnelleres Fortkommen garantiert und folgenlos bleibt? Wieso freundlich sein, wenn es sich nicht in Euro und Cent auszahlt? Wieso Türen für einen Fremden öffnen? Was will der überhaupt hier?

Michael Tomasello hat es in seinen Experimenten mit Kleinkindern wieder und wieder demonstriert: Es liegt in der Natur des Menschen, hilfsbereit und kooperativ zu sein – aber nicht bedingungslos. Sind andere es nicht, dann lassen wir es früher oder später auch bleiben. Niemand will immer der Dumme sein. »Es würde uns leichtfallen, etwa beim Klimaschutz zu einer Lösung zu kommen, wenn die Erde von Invasoren aus dem Weltall bedroht werden würde. In diesem Fall verstünden wir uns leicht als Jagdtrupp mit gemeinsamen Interessen. Aber bei den aktuellen Problemen können wir nicht auf andere deuten, die an allem schuld sind. Wir haben uns die Suppe selbst eingebrockt.«[19] Noch genauer: Die einen haben sie eingebrockt – die anderen müssen sie auslöffeln.

Wie gesagt: Es gibt Bedingungen, die darüber entscheiden, ob wir unsere egoistische oder unsere kooperative Seite stärker ausleben. Die erste lautet Fairness. »Menschen sind hilfsbereiter, wenn Nutzen wie Lasten, Rechte wie Pflichten fair verteilt werden«, sagt Tomasello. Die zweite lautet Gegenseitigkeit und Vertrauen. Beides ist für Einzelgänger auf Dauer unerreichbar.

Teil III

»Was wir brauchen, sind ein paar verrückte Leute;
seht euch an, wohin uns die Normalen gebracht haben.«
(George Bernard Shaw)

Die Sache mit dem Glück –
Wieso ein Land hinter den sieben Bergen plötzlich in aller Munde ist

Im Süden von Thimphu, am Ende der Hauptstraße Norzim Lam, gibt es einen Verkehrskreisel. In seiner Mitte steht ein winziger Holzpavillon, er ist rundherum bemalt mit roten und blauen Ornamenten und bietet im Inneren Platz für genau einen Menschen. Dieser Mensch ist ein Polizist, er trägt Gamaschen und makellose weiße Handschuhe, er blickt sehr ernst, er ist konzentriert, er muss den Verkehr regeln. Es ist alles in allem eine überschaubare Aufgabe. Der Verkehr fließt an diesem späten Nachmittag nicht, er tröpfelt. So wie zu jeder anderen Tageszeit auch. Ab und an legt sich ein staubiger Nano in die Kurve, zuckelt ein verbeulter Eicher-LKW durch den Kreisel, bringt ein bedächtiger Toyota Pick-up eine Wagenladung voll Menschen in die Stadt. Niemand hat es eilig, keiner hupt, keiner stört sich an den Hunden, die sich auf dem warmen Asphalt fläzen. Der Einzige, der alle Hände voll zu tun hat, ist der Polizist in seinem Holzpavillon. Er wedelt mit den Armen, streckt und beugt sie, deutet mit den schneeweißen Fingern mal hierhin, mal dorthin und folgt dabei offenbar einem geheimen Ritual. Es sieht ein wenig aus, als übe er Gebärdensprache oder mache Trockenübungen für ein Kindertheater mit Kasperle und dem Krokodil. Er macht das jeden Tag, von morgens bis abends, es muss ermüdend sein, aber das sieht man dem Polizisten nicht an. Er ist nicht wegzudenken von dieser beschaulichen Verkehrsinsel in Thimphu.

Einmal, vor ein paar Jahren war es, da kam die Stadtverwaltung auf die Idee, den Pavillon und den Mann darin abzuschaffen und durch eine Verkehrsampel zu ersetzen. Aber noch bevor diese anfangen konnte zu blinken, äußerten die Anwohner ihren Unmut. Ein Rotlicht anstelle eines Menschen? Damit waren sie nicht glücklich. Das war ihnen zu unpersönlich. Die Ampel wurde dann wieder abmontiert.

Thimphu, 80 000 Einwohner, 2320 Meter über dem Meer gelegen, Hauptstadt von Bhutan. Es ist eine in jeder Hinsicht eigenartige Stadt in einem in jeder Hinsicht eigenartigen Land. Einem Land, das wenige kennen und noch weniger jemals betreten haben, das aber seit ein paar Jahren in aller Munde ist. Weil es anders sein will. Weil es anders ist. Weil es das Wohlergehen seiner Bürger zum Staatsziel erkoren hat.

Die Idee dazu hatte Jigme Singye Wangchuk, der vierte König von Bhutan, genannt K4. Ein eigenartiger Monarch auch er. Ende der 1970er Jahre, als sein Himalaya-Königreich noch weitgehend abgeschottet von der Welt war, skizzierte er erstmalig seine Idee einer »gross national happiness«, eines Bruttonationalglücks. Ein bewusster Gegenentwurf zum bis heute wichtigsten Wertmaßstab der Welt – dem Bruttoinlandsprodukt (BIP). Inspiriert wohl auch von der aufrüttelnden Club-of-Rome-Studie »Grenzen des Wachstums« zweifelte K4 an einer Ideologie, die ausschließlich auf einer ständigen Mehrung des materiellen Wohlstands basiert. Zu viel schien dem König dabei auf der Strecke zu bleiben: die Natur, die Traditionen, der Mensch …

Wangchuk hatte andere Vorstellungen von einem funktionierenden Staat. Sein Konzept vom Bruttonationalglück ruht auf vier Säulen: die Förderung einer sozial gerechteren Gesellschaft, die Bewahrung kultureller Werte, den Schutz der Umwelt und gute Regierungsführung. Um mit bestem Beispiel voranzugehen, entmachtete er sich fortan Stück für Stück selbst. Hielten seine Vorgänger noch als absolute Monarchen das Schicksal Bhutans in ihren Händen, witterte K4 die Gefahr des Machtmissbrauchs und öffnete das Land behutsam für die Ideen der Demokratie. 1998 beschränkte er – obwohl das Parlament das nicht so toll fand – seine Herrschaftsbefugnisse. Wiederum ein paar Jahre später forderte er seine Landsleute auf, politische Parteien zu gründen und freie Wahlen zu organisieren. Das klappte im ersten Anlauf leidlich gut: Als die Bhutaner 2008 ihre erste Nationalversammlung wählten, gingen 45 der 47 Sitze an die Friedens- und Wohlstandspartei, nur zwei an die Volksdemokratische Partei. Letztere ist zwar durchaus königstreu – aber lange nicht so königstreu wie Erstere. Im selben Jahr machte K4, mit gerade mal dreiundfünfzig Jahren, seinem Sohn Jigme Khesar Namgyel Wangchuk Platz. Der baut, wie sein Vater, seither auf das Glück seiner 700 000 Untertanen. In Bhutan nennen sie den jungen K5 »people's king« – Volkskönig.

Das Wohlergehen der Bhutaner genießt inzwischen sogar Verfassungsrang. In Artikel 9, Absatz 2, heißt es: »Der Staat bemüht sich, Bedingungen zu fördern, die das Streben nach Bruttonationalglück ermöglichen.« Dazu zählt ein gutes Bildungssystem, das bis zum Studium kostenfrei ist. Und weil Dzongkha, die Landessprache, in der Welt eher nicht so weit verbreitet ist, wird in der Schule jedes Fach – außer Dzongkha – auf Englisch unterrichtet. Dazu zählt auch eine Gesundheitsvorsorge, die ebenfalls für alle gratis ist. Und weil Rauchen beispielsweise nicht gesundheits- und damit auch nicht glücksfördernd ist, hat man den Handel mit Tabak unter Strafe gestellt. Privat darf der Bhutaner zwar so viel paffen wie er will, er muss das Kraut halt nur erst bekommen. Gerade mal 1 Prozent der Bevölkerung raucht.

Nun können aber staatlich verordnetes und privat empfundenes Glück zwei Paar Schuhe sein. Deshalb fragt die Regierung regelmäßig bei ihren Bürgern nach, wie es ihnen so geht. Zu diesem Zweck reisen Staatsdiener durch das zerklüftete Land, dessen höchste Gipfel sich bis auf 7500 Meter Höhe schrauben, die aber noch niemand betreten hat, weil Berge hier nicht bestiegen, sondern verehrt werden. Noch in den abgeschiedensten Weilern sollen die Bewohner dann rund 250 Fragen beantworten. Zum Beispiel: »Wie sehr genießen Sie ihr Leben?«, »Was sind für Sie die sieben wichtigsten Dinge, um ein glückliches Leben zu führen?« oder »Wie viele Beamte sind Ihrer Ansicht nach korrupt?«

Die Ergebnisse werden hernach dem eigens geschaffenen Ministerium für Glück gemeldet. Das überprüft auch jedes Gesetz, jedes Investitionsprojekt, jede Baumaßnahme darauf, ob das allgemeine Glück dadurch gefördert oder beeinträchtigt wird. Eine herausragende Rolle spielt dabei der Umweltschutz, der Verfassungsrang genießt, alle wirtschaftlichen Interessen sind ihm untergeordnet. Mehr als zwei Drittel des Landes, das etwa so groß ist wie die Schweiz, sind bewaldet und müssen es bleiben. »Save the green gold« heißt eine Kampagne der Regierung, als Faustregel gilt: Wer einen Baum fällt, soll zwei neue pflanzen. Plastiktüten sind überall verboten. Ihren Strom beziehen die Bhutaner fast ausschließlich aus Wasserkraft, sie zapfen dafür die gewaltigen Himalaya-Quellflüsse des Brahmaputra an.

Die Regierung achtet zudem genauestens auf die Bewahrung der kulturellen Tradition. McDonald's und Starbucks gibt es nicht in Bhutan. Werbung im herkömmlichen Sinn auch nicht. Wenn ein Schneider in Thimphu draußen ein blaues Holzschild anbringt und »Fancy Tailoring« draufpinselt, ist das schon verwegene PR. Jedes neu gebaute Haus in Bhutan sollte ein bisschen so aussehen wie die alten. Selbst in modernen Siedlungen wimmelt es daher von putzigen Erkern, bemalten Fenstern oder reich verzierten Balustraden. Und auf den Hauswänden prangt, neben buddhistischen Motiven, oft ein mannshoher erigierter Penis. Der hilft gegen Geister. Der Legende nach soll nämlich ein Lama einst Dämonen mit Hilfe seines Samens vertrieben haben – seither ist eine Reise durch Bhutan im strengen Sinne nicht mehr jugendfrei.

Es ist, wie gesagt, ein eigenartiges Land. Um diese Eigenarten zu behalten, öffnet sich Bhutan nur peu à peu der Moderne. 1974 durften erstmals überhaupt Touristen einreisen. 1982 wurde im Tal von Paro, auf der weit und breit einzigen halbwegs ebenen Fläche, der erste Flughafen des Landes eröffnet. Wer dort landet, sollte einigermaßen schwindelfrei sein. Als letzte Nation der Erde führte Bhutan 1999 das Fernsehen ein, behielt sich aber vor, Programme, die dem Glück abträglich sind, jederzeit mit einem Bann zu belegen. So traf es schon einen Wrestling-Sender und den Musikkanal MTV. Mobiltelefone wurden 2004 erlaubt, man hört nun auch in entlegenen Bergklöstern bisweilen die Erkennungsmelodie von »Mission Impossible«.

So geht Bhutan behutsam einen Weg in die Moderne, der keinen Vorbildern folgt. Und der dem Land und seinen Bewohnern augenscheinlich gut tut. Keiner macht hier große Sprünge, die meisten Menschen verdienen ihren Lebensunterhalt mühsam mit Landwirtschaft in schwierigem Gelände. Gerade in entlegenen Bergdörfern fristen die Menschen ein überaus karges und monotones Dasein. Aber: Anders als im benachbarten Indien vegetiert hier niemand in der Gosse, niemand bettelt, die Landschaft ist nicht hoffnungslos zugemüllt. Umgekehrt zelebriert kein Bhutaner protzigen Reichtum, selbst der König lebt in einem vergleichsweise bescheidenen Haus in Thimphu. Will er sein Volk im Zentralbhutan besuchen, muss auch er sich durch zerklüftete Berghänge um viele hundert Kurven fahren lassen.

Vor allem aber wirken die Menschen in diesem Land auf eine eigenartige Weise fröhlich, lebenslustig und genügsam. Nie sieht man Menschen auf offener Straße streiten, seine Wut zu äußern, gilt als Gesichtsverlust, niemand drängelt, keiner hetzt. Stress, so scheint es, muss in Bhutan erst noch erfunden werden. Und wer an Wochenenden übers Land fährt, sieht überall Menschen Khuru spielen, so etwas wie Dart für Fortgeschrittene, oder Gruppen, die dem Nationalsport Bogenschießen nachgehen. Trifft einer, singen alle ein Lied.

Das alles ist sehr schön. Vielleicht zu schön, um wahr zu sein.

In der Tat hat die Gelassenheit und Friedfertigkeit der Bhutaner ihre Grenzen. Das zeigte sich etwa vor zwanzig Jahren, als die nepalesische Bevölkerungsminderheit im Süden sich nach dem Dafürhalten der Regierung zu weit auszubreiten drohte. Damals verordneten die Herrscher allen Zuwanderern eine rigide Assimilierungspolitik, wer sich nicht daran hielt, flog raus. Bis heute gibt es Flüchtlingslager hinduistischer Nepali in Nordindien. Es ist ein Thema, über das niemand in Bhutan gerne spricht.

Dem Image des Landes jedoch konnte dieser einmalige Skandal nicht nachhaltig schaden. Immer mehr Menschen aus aller Welt fliegen in den Himalaya, hinter die sieben Berge, weil sie gehört haben, dass dort fast alles anders ist als anderswo, und weil sie das mit eigenen Augen sehen wollen. 2010 kamen, trotz üppiger Kosten von gut 200 Dollar pro Person und Tag, erstmals mehr als 40 000 Touristen ins Land. 2012 soll sogar an der Marke von 100 000 gekratzt werden. Und sie alle interessiert, neben der unberührt wuchernden Natur, den Tempelburgen und den Millionen im Wind knatternden Gebetsfahnen, wie die Bhutaner das machen – diese Sache mit dem Glück.

Denn eines ist wirklich erstaunlich. Auf dem »Human Development Index« der Vereinten Nationen, der auf Angaben zu Pro-Kopf-Einkommen, Lebenserwartung und Bildungsgrad beruht, rangiert Bhutan auf Platz 141 von 187 Ländern. Es gehört damit offiziell zu den ärmsten und am wenigsten entwickelten Staaten der Welt. Aber erstens sieht man das nicht. Und zweitens empfinden sich die Bhutaner selbst nicht als benachteiligt und frustriert. Im Gegenteil: Als das Zentrum für Bhutan-Studien im Jahr 2008 die Bewohner nach ihrem Wohlbefinden befragte, gaben zwei Drittel an, sie seien glücklich. Ein Wert, der fast nirgendwo sonst erreicht wird, schon gar nicht in den reichen Industrienationen dieser Erde.

Eine ganz andere Rangliste als die Vereinten Nationen offenbart denn auch der »Happy Planet Index«[1] des New Economic Foundation's Centre for Well-Being in London. Die Wissenschaftler dort haben für ihre Messungen die Lebenserwartung und die Zufriedenheit der Menschen in Relation zum »ökologischen Fußabdruck«, also dem Ressourcenverbrauch eines Landes, gesetzt. Auf diesem Happy Planet Index landete Bhutan auf Platz 17, weit vor Deutschland, dem 51., und noch viel weiter vor den USA auf Rang 114.

Und auch wenn Messungen wie diese umstritten sind: Sie haben dazu beigetragen, dass sich inzwischen weltweit Regierungen auf die Suche nach dem Glück ihrer Untertanen gemacht haben.

Die vereint suchenden Nationen –
Wieso alles wächst, nur die Zufriedenheit nicht

Ende September 2008 hatte das kleine Bhutan einen großen Auftritt vor den Vereinten Nationen. Zu viele Menschen auf der Welt pflegten mittlerweile einen Lebensstil, »der weder rational noch nachhaltig ist«, monierte Premierminister Jigme Y. Thinley in der jährlichen Generalversammlung der UN. »Es ist nicht schwierig zu sehen, dass alle aktuellen Krisen die Folge eines Lebensstils sind, der von den machtvollen Regeln des Konsumismus in einer Welt mit begrenzten Ressourcen bestimmt wird. Unser ganzes Leben dreht sich um die Angst, nicht genug zu haben, mehr zu wollen und besser abzuschneiden als unser lieber Nachbar oder Freunde. Wir kaufen und konsumieren mehr, als wir oder die nachfolgenden Generationen verkraften können, und lösen damit selbst unvermeidbare Krisen aus.«[2] Vielleicht, so Thinley, wäre die Welt gut beraten, nähme sie sich ein Beispiel an Bhutan.

Auftritte wie diese werden im gewaltigen UN-Hauptquartier am New Yorker Hudson River für gewöhnlich eher belächelt. Diesmal aber hatte sich Bhutans Premier einen guten Zeitpunkt ausgesucht. Neun Tage vor seinem Auftritt hatte die Investmentbank Lehman Brothers an der Wall Street, also quasi um die Ecke, Insolvenz beantragt und damit Schockwellen ausgesendet, die um den gesamten Globus gingen. Ihre Auswirkungen waren erst im Ansatz zu erahnen, als Thinley ans Rednerpult schritt. Aber die

Verunsicherung war groß. Also hörte man dem kleinen Mann aus dem Himalaya zu. Das konnte jetzt auch nicht mehr schaden.

Seither spielt Bhutan eine erstaunliche Rolle im Konzert der Großen. In den Monaten, die folgten, betrieb das buddhistische Land ungewohnt massive Lobbyarbeit, um andere Nationen davon zu überzeugen, einen Irrweg zu korrigieren. Die einseitig und radikal auf Wachstum ausgerichtete Politik der führenden Wirtschaftsmächte habe nicht nur die globale Finanzkrise ausgelöst, sondern die Menschen und deren Bedürfnisse völlig aus den Augen verloren. Es sei an der Zeit, diese Politik neu zu justieren. Nach und nach ließen sich davon sechsundsechzig weitere Nationen überzeugen. Im Juli 2011 schließlich erklärte sich die UN-Generalversammlung tatsächlich zuständig für das Glück der Erdbevölkerung: Auf Antrag Bhutans wurde die Resolution »Glück: Für einen ganzheitlichen Zugang zu Entwicklung« angenommen.[3] Kleiner Haken dabei: Sie ist für keinen Mitgliedsstaat der Vereinten Nationen in irgendeiner Weise bindend.

Aber immerhin, das »Streben nach Glück«, so wie es auch in der Verfassung der USA ganz vorne steht (pursuit of happiness), ist seither offizielles UN-Ziel. Alle Regierungen sind nunmehr aufgerufen herauszufinden, wie es ihren Untertanen geht, was ihr Leben lebenswert macht und was der Staat dazu beitragen kann. Ein ehrgeiziges Ziel, das räumt auch Bhutans UN-Botschafter Lhatu Wangchuk ein. Aber: »Wenn du keinen Traum hast, kannst du auch nicht an seiner Verwirklichung arbeiten.«[4]

Bhutan selbst – so viel ist auch klar – taugt dabei für die Staatengemeinschaft nur bedingt als Vorbild. Der Staatshaushalt des Landes wird nämlich zu mehr als der Hälfte von der Schutzmacht Indien finanziert. Gäbe es diese Dollar-Quelle nicht, wären womöglich auch die Bhutaner ein klein wenig unglücklicher.

Bhutan ist daher vielmehr eine Chiffre. Es steht für eine Gesellschaft, die nicht im Überfluss lebt, deren Mitglieder aber gleichwohl überdurchschnittlich zufrieden sind. Warum? Um das zu enträtseln, schicken immer mehr Staatslenker Suchtrupps durch ihr eigenes Land. Die Regierenden hat, spätestens mit Beginn der Finanzkrise 2008, eine kollektive Unsicherheit erfasst. Sie speist sich aus der Unzufriedenheit der Regierten, der ganz offensichtlich nicht mit materieller Wohlstandsmehrung und wachsendem Konsumangebot beizukommen ist. Dabei könnte man doch denken, den Leuten gehe es besser, je reicher der Staat ist, in dem sie leben.

Dass dem nicht so ist, belegte eindrucksvoll der Ökonom Richard Easterlin, dessen Forschungsergebnisse als »Easterlin-Paradox« bekannt sind. Schon in den 1970er Jahren stellte der Wissenschaftler von der University of Southern California in Los Angeles fest, dass die Zufriedenheit der Bürger eines Landes nicht mit dessen Bruttoinlandsprodukt wächst. Im Gegenteil: Hat der Mensch Grundbedürfnisse wie Nahrung, Lebensunterhalt und ein Dach überm Kopf befriedigt, kann das BIP wachsen, wie es will – die Zufriedenheit stagniert oder lässt sogar nach.

Nachdem Easterlin für seine einseitig auf die USA ausgerichtete Forschungsarbeit von Wissenschaftskollegen lange gescholten worden war, legte er im Jahr 2010 nach. Diesmal verglich er die Daten aus siebenunddreißig Ländern, darunter neun Entwicklungsländer aus Asien, Afrika und Lateinamerika sowie elf Transformationsstaaten aus Osteuropa. Das Ergebnis war dasselbe. Nirgendwo wuchs die Lebenszufriedenheit auch nur annähernd so rasch wie das Bruttoinlandsprodukt. In China, wo sich das durchschnittliche Pro-Kopf-Einkommen binnen eines Jahrzehnts verdoppelt hatte, waren die Menschen im Schnitt sogar etwas unglücklicher geworden.[5]

Ganz offensichtlich also geht den Menschen in Wachstumsnationen etwas verloren. Ganz offensichtlich reicht es ihnen nicht, wenn sich der materielle Wohlstand des Landes, in dem sie leben, mehrt. Zumal – wie wir gesehen haben – dieser Wohlstand noch nie derart ungleich verteilt war wie heute. Das schürt den Missmut aller gegen alle.

Zudem blendet der fast schon fetischhafte Glaube an das Bruttoinlandsprodukt eine banale Tatsache aus: Die nackten Wachstumszahlen sagen nichts über den gesellschaftlichen und sozialen Preis aus, der dafür zu entrichten ist. Das Bruttoinlandsprodukt ist zunächst einmal nichts weiter als die Summe von Waren und Dienstleistungen, die binnen eines Jahres innerhalb der Landesgrenzen einer Volkswirtschaft hergestellt wurden. Ein krankenhausreif geprügelter Schiedsrichter oder eine ausgebrannte Lehrerin wirken sich somit positiv auf die Wachstumsraten aus, weil ein Arzt sie in einer Klinik behandeln und ihnen Medikamente verschreiben muss. Eine Massenkarambolage auf der Autobahn ist volkswirtschaftlich betrachtet wunderbar, weil anschließend Dutzende neue Autos gekauft werden müssen. Großartig ist es, wenn sich in einer Großstadt ein Loch auftut und ein ganzes Stadtarchiv darin verschwindet, weil es Baufirmen auf Monate Aufträge sichert. Und am tollsten überhaupt sind für ein Erstarken von Volkswirtschaften Kriege, Erdbeben und andere Katastrophen – wenn man Kleinigkeiten wie die Zahl der Toten, Verletzten und Traumatisierten mal außen vor lässt. Was man, schaut man nur aufs BIP, leider tun muss.

»Wachstum ist das größte Gut, es ist nicht nur die Maxime der Ökonomen, sondern oft auch unseres gesamten gesellschaftlichen und politischen Lebens«[6], schreibt der tschechische Ökonom Tomáš Sedláček. Es brauchte jahrelange Lobbyarbeit und eine furchterregende Finanzkrise, bis auch die Regenten der reichen Nationen einsahen, dass eine solche Wachstumsphilosophie ebenso kurzsichtig wie inhuman ist. Inzwischen hat immerhin die Suche nach Alternativen begonnen.

Einer der ersten, die die Angelegenheit zur Chefsache erklärten, war Frankreichs Ex-Präsident Nicolas Sarkozy. Im Jahr 2008 beauftragte er den Nobelpreisträger Joseph Stiglitz, zusammen mit den Ökonomen Amartya Sen und Jean-Paul Fitoussi sowie etlichen weiteren Wissenschaftlern nach einer neuen Bemessungsgrundlage für das Wohlbefinden einer Gesellschaft Ausschau zu halten. Im September 2009 legte die Kommission ihren Abschlussbericht vor und sprach zwölf grundsätzliche Empfehlungen aus.[7] Neben den gängigen Parametern Einkommen, Konsum und Vermögen sei es unablässig, so die Forscher, künftig auch andere, weichere Faktoren in die Bestimmung des nationalen Wohlstands einzubeziehen. Dazu gehörten etwa Gesundheit, Bildung, Umwelt, Sicherheit – sowie soziale Verbindungen und Beziehungen. Da die aber nicht in Cent und Euro aufzuwiegen sind, wird seither darüber gestritten, wie um alles in der Welt man das berechnen soll.

In Großbritannien war es David Cameron, der im November 2010 die Initiative zur »Messung des Nationalen Wohlergehens« ergriff und ebenfalls Fachleute darauf ansetzte. In den Mittelpunkt seiner Politik, so der Konservative, werde er künftig das »individual well-being« rücken, das persönliche Glück seiner Untertanen. Ähnlich wie in Bhutan sollen dafür künftig jedes Jahr 200 000 Briten gefragt werden, wie es ihnen geht und was sie daran hindert, zufrieden zu sein. Gleichzeitig erarbeiten Wirtschafts- und Sozialwissenschaftler – unter Berücksichtigung der boomenden Glücksforschung – neue Indikatoren für die Vermessung des britischen Wohlstands. Das alles, ahnte Cameron früh, könnte »Dinge zutage befördern, die die Ansichten von uns Politikern in puncto Gleichheit und Besteuerung herausfordern, aber dies ist alles zum Guten. Wir sollten nie Angst davor haben, eine Debatte zu führen.«[8]

Das klang ehrlich und souverän. Dann jedoch wurde es Sommer 2011, und plötzlich demonstrierten Tausende Briten ihrer Regierung, wie es ihnen geht, indem sie Teile von London, Birmingham, Liverpool, Manchester, Bristol und anderen Städten in Schutt und Asche legten. Am Anfang hatten Polizisten im Londoner Stadtteil Tottenham einen 29-Jährigen erschossen. Aus zunächst friedlichen Demonstrationen erwuchsen dann die schlimmsten Ausschreitungen in Großbritannien seit Jahrzehnten. Der Sozialwissenschaftler Mike Hardy verwies anschließend darauf, bei den Randalierern handele es sich »schlicht und einfach um all jene, die sich von der Gesellschaft ausgeschlossen fühlen«. Der Kriminologe John Pitts sprach von frustrierten Jugendlichen ohne Job und ohne Zukunft, die »nichts zu verlieren« hätten. Andere Kommentatoren verwiesen auf die radikale Sparpolitik der Regierung Cameron, insbesondere im Sozialbereich. Bis 2015 will das britische Kabinett 91 Milliarden Euro aus dem Haushalt streichen.

Und Cameron? Kündigte an, die britische Polizei mit Gummigeschossen auszurüsten, die Übeltäter hart zu bestrafen und Randalierer aus öffentlich subventionierten Sozialwohnungen zu werfen. Das ist natürlich auch eine Möglichkeit, eine »zerbrochene Gesellschaft« (David Cameron) wieder zu reparieren.

Ein Date mit den Deutschen –
Wie die Kanzlerin sich einmal unter ihren Untertanen umhörte

Im Erfurter Kaisersaal werden Worte wie »Sicherheit«, »Identität« und »Generationen« an diesem Abend mit Füßen getreten. Die Füße gehören zu einer kleinen Frau mit schwarzer Hose und beiger Jacke, die bereits seit mehr als einer Stunde rastlos über den beschrifteten Teppich läuft. Es sind die Füße von Angela Merkel. Die Bundeskanzlerin ist jetzt so dicht dran an ihrem Volk wie schon lange nicht mehr. Einhundert Menschen umringen sie, sie repräsentieren, so heißt es, einen Querschnitt durch Deutschland. Man sieht: zwei Frauen mit Kopftuch, einen Schwarzen, einen Rollstuhlfahrer, mehr Männer als Frauen, mehr Alte als Junge, alle adrett, keiner fällt aus dem Rahmen. Ein paar Finger sind oben, aber Merkel, die Physikerin, will lieber die junge Frau mit Kopftuch in der zweiten Reihe drannehmen. Die ziert sich. Doch Merkel lässt nicht locker: »So eine Gelegenheit bekommen Sie nie wieder.«

Es ist der erste von drei Auftritten der menschelnden Merkel im Land. Nach Erfurt werden noch Bielefeld und Heidelberg drankommen, einmal Ost, zweimal West, dreimal mittelgroße Städte. Jeweils neunzig Minuten nimmt sich die Kanzlerin dafür Zeit. Es ist eine Art Speed-Dating mit den Deutschen. Danach will Merkel wissen, »was ist heute gut und was ist heute nicht so gut«. Und wer weiß: Vielleicht wird aus dem einen oder anderen Vorschlag ja sogar ein schickes Gesetz. »Menschlich und erfolgreich. Dialog über

Deutschlands Zukunft« – so heißt die Veranstaltung. Sie kostet die Regierung und damit auch die Regierten runde 1,5 Millionen Euro. Die CDU spricht von Bürgernähe. Die SPD von Wahlkampf.

Die livehaftige Kanzlerin ist dabei freilich nur ein Baustein einer insgesamt doch recht üppigen Kampagne. Im Jahr 2011 bereits begannen einhundertzwanzig nicht näher bezeichnete »Experten«, sich den Kopf darüber zu zerbrechen, wohin die Reise der Deutschen gehen soll. Im Februar 2012 durften sich dann Jedermann und Jedefrau via Internet zuschalten. Es geht im Kern um drei Fragen: Wie wollen wir zusammenleben? Wovon wollen wir leben? Wie wollen wir lernen? Einfache Antworten gibt es darauf nicht. Aber viele. Bereits einen Monat nach Beginn der Online-Befragung hatten die Deutschen allein zu Frage 1 bereits knapp 5000 Vorschläge unterbreitet. Inwieweit sie repräsentativ waren, darüber wurde jedoch sogleich heftig debattiert. Denn fasst man die Antworten zusammen, wären die allermeisten Deutschen gerne waffentragende und dauerbekiffte Vegetarier. Und am liebsten wären sie unter sich.

So hatten sich Anfang März 2012 rund 84 000 Menschen dem Wunsch nach einer offenen Diskussion über den Islam angeschlossen. Viele Tausend weitere erwärmten sich für einen Zuwanderungsstopp von Ausländern, vor allem, sollte es sich bei diesen um Muslime handeln. Immerhin 22 000 Menschen gaben ihre Stimme dem Vorschlag, Migranten in den ersten zehn Jahren grundsätzlich kein Arbeitslosengeld oder Sozialhilfe zu zahlen und diese »bei Straftaten jeglicher Größenordnung« auch nach zwanzig Jahren noch rigoros auszuweisen. Fünfstellig war auch die Fangemeinde eines »Rats zur Förderung der Deutschlandliebe und des positiven Patriotismus«.

Zigtausende votierten zudem für die Freigabe von Cannabis und/oder jeder Art von Waffen. Ähnlich viele sprachen sich dafür aus, das Töten aller Tiere, und damit auch von Masthähnchen und Rindviechern, hart zu bestrafen. Zum Vergleich: Die Ächtung von politischer Lobbyarbeit als Korruption brachte es im selben Zeitraum auf rund 1500 Stimmen, ein Verbot der NPD auf 76, die Verringerung der Kluft zwischen Arm und Reich auf 29, mehr Ehrlichkeit auf 2 und der Wunsch, wieder enger zusammenzurücken, auf null.

Da stimmt was nicht, ahnten sie ob dieser Ergebnisse nicht nur im Kanzleramt. Gleichzeitig fand man die Sache dort auch ein wenig peinlich. War zuvor doch angekündigt worden, dass die Urheber der zehn meistgeklickten Vorschläge zum Tête-à-tête mit der Kanzlerin in deren Kanzleramt geladen würden. Die Aussicht aber, Merkel öffentlichkeitswirksam mit Waffennarren, Islamhassern und Kiffbrüdern plaudern zu lassen, erschien denn doch nicht so prickelnd. Erste Zweifel am »Dialog über Deutschlands Zukunft« meldeten sich an.

Das freilich hinderte die Kanzlerin nicht daran, früher oder später selbst nach dem – nicht: den – Rechten zu sehen. Und so suchte sie zunächst in Erfurt ihr Volk heim. Wobei man dazu wissen muss, dass das Volk dafür ein wenig ausgesiebt wurde: Fünfzig Bürger durften Thüringer Regionalzeitungen aussuchen, die anderen fünfzig wurden von Vereinen und Verbänden entsendet. Der Querschnitt war in der Folge dann doch eher ein Längsschnitt – durch die mehr oder weniger merkelfreundliche Mitte. Ein Heimspiel sozusagen. Und eines, das halt auch nur neunzig Minuten dauerte. Bei einhundert Gästen sind da die Möglichkeiten zum Dialog doch sehr begrenzt.

Dabei hätte es sich bei dem einen oder anderen Diskussionsbeitrag durchaus gelohnt, mehr zu erfahren. So verwies eine Frau aus Erfurt darauf, dass es allein in Thüringen 84 000 alleinerziehende Mütter gebe, von denen ein Großteil bereits durchs soziale Netz gefallen sei. Für Mutter und Kind setze sich damit eine Armutsspirale in Gang. Ein junger Vater erzählte, dass er auf dem Bau arbeite und jeden Tag in den Westen pendle, weil der Stundenlohn dort um 3 Euro höher sei. Um vier Uhr morgens verlasse er das Haus, um sieben Uhr abends komme er heim – seine Tochter sehe er also praktisch nur am Wochenende. Eine Frau aus Weimar, ehrenamtlich tätig bei der Industrie- und Handelskammer, sprach von den Schwierigkeiten örtlicher Betriebe, auch nur halbwegs geeignete Auszubildende zu finden. »Da fehlt vielerorts die soziale Kompetenz.« Ihr Vorschlag: Wie damals in der DDR sollten wieder Schulsportgemeinschaften, Arbeitsgemeinschaften, Chöre gefördert werden – da könne Zusammenleben spielerisch einstudiert werden. Und so ging das weiter. Einer forderte ein »Ende der Konsumkultur«, eine den Bau von Mehrgenerationenhäusern, einer mehr Überwachungskameras, eine den Einsatz gegen Altersarmut. Ein zwölfjähriges Mädchen schließlich schlug der Kanzlerin einen Energiespartag pro Jahr vor. Alle elektronischen Geräte müssten an diesem Tag stillstehen, »und anstatt Fernsehen zu gucken, könnte man mal wieder ein Spiel zusammen spielen«. Merkels Antwort: »Tolle Idee!«

Viel mehr als das war von ihr in den gesamten eineinhalb Stunden nicht zu hören. Und das mit gutem Grund, so Merkel: »Ich bin heute hier, um auf Sie zu hören.« Ihre eigenen Beiträge kamen da notgedrungen etwas kurz. »Mmhmm«, »Okay«, »Ich nehm das mit«, »ganz wichtiger Punkt«. Etwas in der Art. Und entspann sich doch mal ein kurzer Dialog, dann klang das so wie zur Halbzeit, als ein gebürtiger Angolaner von einer »Wertschätzungsproblematik« und von täglicher Diskriminierung sprach. Merkel daraufhin zum Nachbarn des Mannes: »Haben Sie das auch schon mal erlebt?« – »Ja« – »Das ist traurig«. Und als eine Oma etwas verdattert davon berichtete, ihr Enkel weigere sich, Müll aufzuheben, »weil wir dafür die Ausländer haben«, entgegnete die Kanzlerin: »Es beginnt ja mit so ganz kleinen Sachen, nicht?«

Am Ende, nach neunzig gleichförmig plätschernden Minuten, fasste die Regierungschefin das Gehörte folgendermaßen zusammen: »Ich nehme mit, dass es einen großen Wunsch gibt, in Zukunft gut zusammenzuleben.« Sie erntete dafür artigen Applaus. Wann mit Wunscherfüllung zu rechnen ist, fragte leider niemand. Aber vielleicht ist es ja auch schon ganz gut, wenigstens mal drüber geredet zu haben.

Das Bemerkenswerteste an diesem »Dialog über Deutschlands Zukunft« ist, dass es ihn überhaupt gegeben hat. Es ist ein weiteres Indiz dafür, dass auch in der reichsten Nation Europas die Regierenden das Grummeln der Regierten mitbekommen haben. Dass auch in Deutschland eine Suchbewegung der Verantwortlichen begonnen hat, um herauszufinden, wieso sich trotz stetigen Wirtschaftswachstums immer häufiger eine aufgestaute Wut der Bürger öffentlich entlädt. Der Protest um Stuttgart 21 und die Bankenbelagerung durch die Occupy-Bewegung in Frankfurt am Main sind dabei nur die offensichtlichsten Zeichen. Es gibt andere, leisere, aber nicht minder ausdrucksstarke Indizien.

So nimmt die Lebenszufriedenheit der Deutschen über die Jahrzehnte betrachtet stetig ab. Als im Jahr 2011 im Auftrag der Deutschen Post der »Glücksatlas Deutschland« präsentiert wurde, freuten sich zwar alle darüber, dass die Deutschen in den beiden zurückliegenden Jahren etwas zufriedener geworden seien. Betrachtet man jedoch die Entwicklung seit 1984 – als erstmals Daten für das sogenannte Sozio-oekonomische Panel (SOEP) erhoben wurden –, fällt auf: Es geht, mit geringen Schwankungen, stetig bergab. »Insbesondere während der 1980er Jahre lag die subjektive Lebenszufriedenheit in Westdeutschland signifikant über den heutigen Werten«[9], so Bernd Raffelhüschen, der Direktor des Forschungszentrums »Generationenverträge« an der Universität Freiburg. Als größte Glückshemmnisse identifizierte Raffelhüschen das Arbeitsleben der Befragten, Krankheiten – und mangelnde soziale Kontakte.

So gilt auch für Deutschland, was für fast alle reichen Industriestaaten gilt. Die Zufriedenheit der Menschen hat sich »praktisch vollkommen von der Wirtschaftsleistung entkoppelt«. Nicht mal der, vermeintliche, Rückgang der Arbeitslosenzahlen hat das durchschnittliche Glücksempfinden der Bürger nennenswert zum Positiven beeinflusst.

Es ist wie verhext. Der Arbeitsmarkt boomt. Die Wirtschaft wächst. Deutschland ist wie kein anderes Land unbeschadet, um nicht zu sagen: gestärkt durch die Krisen der vergangenen Jahre gekommen. Aber: Fast alle Bürger fühlen sich dauerhaft gestresst, jeder zweite Berufstätige klagt über Erschöpfung und Überforderung,[10] Missmut macht sich breit. »Wir sind die mit Abstand reichste Zivilisation aller Zeiten, doch wir sind mindestens genauso weit von dem Wort ›genug‹ oder von Zufriedenheit entfernt wie in der fernen, ›primitiven‹ Vergangenheit«[11], schreibt Tomáš Sedláček. Insofern ist es kein Wunder, dass auch die hiesigen Parteien längst Ursachenforschung betreiben, die über ein 90-Minuten-Date mit den Deutschen hinausgehen.

Die vertagte Revolution –
Wieso der Bundestag unser Leben nicht ändern wird

Einmal im Monat treffen sich im Berliner Paul-Löbe-Haus vierunddreißig Menschen in einem runden Saal mit Blick auf die Spree. Es handelt sich um sechs Christ-, vier Sozial- und drei Freidemokraten, zwei Linke, zwei Grüne und siebzehn von ihnen ernannte Experten. Den Gesprächen der vierunddreißig Menschen ist nicht immer leicht zu folgen. Es geht gelegentlich um die mediale Kommunizierbarkeit von Wohlstandsindikatoren, um den Einfluss von Demographieentwicklungen auf Wachstumskoeffizienten, um primäre, sekundäre und tertiäre Bildungsinstitutionen. Bisweilen fällt auch ein Satz wie dieser: »Letztlich besteht eine Mehr-Ebenen-Herausforderung, die sich darin äußert, dass hohe Einzeleffizienzsteigerungen systemisch nicht den gleichen Niederschlag finden.« Man muss das nicht verstehen. Und vielleicht ist es auch nicht so wichtig. Aber allein die Tatsache, dass die Politiker und Experten hier ernsthaft miteinander diskutieren, ist für sich genommen schon äußerst bemerkenswert. Die Damen und Herren nämlich suchen – über alle ideologischen Gräben hinweg – gemeinsam nach dem Glück.

Keiner hier würde das so sagen. Weswegen auch alle die Bezeichnung »Glückskommission«, die Medien kurzerhand erfunden haben, zurückweisen. Formal korrekt heißt diese Enquete-Kommission des Deutschen Bundestages denn auch: »Wachstum,

Wohlstand, Lebensqualität – Wege zu nachhaltigem Wirtschaften und gesellschaftlichem Fortschritt in der Sozialen Marktwirtschaft«. Das klingt ziemlich langweilig und harmlos. Die Fragen aber, die hier einmal im Monat gestellt werden, rütteln an ehernen Glaubenssätzen unserer bisherigen Wirtschafts- und Gesellschaftsordnung: Brauchen wir wirklich immer mehr Wachstum? Oder nicht vielleicht Schrumpftum? Können wir unsere Ressourcen weiter verbrauchen, als gäbe es kein Morgen? Ist das Auseinanderdriften der Gesellschaft hinnehmbar? Sind alle gleich? Oder manche gleicher? Wie kann ein friedliches Zusammenleben gewährleistet werden? Brauchen wir einen völlig neuen Lebensstil? Und hat sich die Politik da überhaupt einzumischen?

Die Idee, eine Bundestagskommission über dergleichen diskutieren zu lassen, hatten SPD und Grüne Anfang 2009. Ausschlaggebend waren die Klima- und die Finanzkrise, zudem suchten beide Parteien nach einem sozial-ökologischen Projekt, das sie 2013 wieder zurück an die Macht führen soll. CDU/CSU und FDP zeigten sich deshalb auch nicht übermäßig amüsiert. Die Linke durfte, wie immer, nicht mitspielen. Die Gefahr, dass der Antrag abgeschmettert würde, war also groß. Andererseits konnten die Regierungsparteien nicht gänzlich die Augen davor verschließen, dass auch ihre Anhänger sich längst über die Art unseres Lebens und Wirtschaftens ihre Gedanken machen. Also verhandelte man – und keine zwei Jahre später, am 23. November 2010, erhielt die Enquete-Kommission den offiziellen Segen des Parlaments.

Dessen Wunschliste, nachzulesen in der Bundestagsdrucksache 17/3853, ist für politische Verhältnisse erstaunlich eindeutig. Die Kommission hat danach den Auftrag, »unser Wohlstandsverständnis« zu überprüfen und zu fragen, »ob eine stabile Entwicklung auch ohne oder mit nur geringem Wachstum möglich ist«. Unstreitig sei, dass das Bruttoinlandsprodukt »soziale und ökologische Aspekte nicht hinreichend abbildet«. Man müsse darüber nachdenken, wie »wirtschaftliche Effizienz, gerechte Lebenschancen und die Bewahrung der natürlichen Lebensgrundlagen« in Einklang gebracht werden können.[12]

Am Ende soll die Kommission Vorschläge unterbreiten, welches Messinstrument das heilige BIP wenn schon nicht ersetzen, so doch wenigstens »ergänzen« könnte. Anders als bisher soll dabei die subjektive Lebenszufriedenheit der Menschen nicht hinten runterfallen. Debattiert werden soll daher unter anderem über »die gesellschaftliche Verteilung von Wohlstand« und »soziale Inklusion«, über Bildungschancen, die Verfügbarkeit natürlicher Ressourcen, politische Teilhabe und soziale Sicherung.

Ja, mehr noch: Auch das Verhalten des Einzelnen will die Expertenrunde mit »Handlungsempfehlungen« beeinflussen. Die »soziale Schwelle für nachhaltige Lebensstile« sei für viele einfach noch zu hoch, heißt es im Einsetzungsbeschluss. Anders gesagt: Mag sein, dass die Menschen verstanden haben, dass sie so nicht weitermachen können – was aber die meisten nicht daran hindert, so weiterzumachen. So gesehen fühlt sich die Kommission auch dafür zuständig, politische Rahmenbedingungen zu schaffen, die zu »Verhaltensänderungen« in unserem täglichen Leben führen.

Das gab es schon lange nicht mehr. Das ist im Prinzip unerhört. War doch das Recht des Einzelnen, jederzeit zu tun und zu lassen, was er will – sofern er die Mittel dazu hat –, in den vergangenen Jahrzehnten oberstes Gebot noch jeder Regierung, ganz gleich ob schwarz-gelb, rot-grün oder schwarz-rot. Nun aber las sich der fünfseitige Beschluss, dem sogar die FDP zugestimmt hatte, ganz so, als habe die Freiheit des Einzelnen doch ihre Grenzen. Als wolle der Staat den individuellen Lebensweg seiner Bürger wieder mit ein wenig mehr Leitplanken markieren. Plante ausgerechnet der Bundestag da eine kleine Revolution?

Wohl eher nicht. Schon in den ersten Sitzungen der Enquete-Kommission wurde deutlich, dass sich die vierunddreißig Menschen im Paul-Löbe-Haus auf ein zähes Ringen würden einstellen müssen. Im Prinzip wurde seither jedes Schaubild, jede Graphik, jede hinzugezogene Fachperson von jeweils unterschiedlichen Lagern zunächst unter Ideologieverdacht gestellt. Auf jede Frage gab es mehrere Antworten, die sich gegenseitig ausschlossen. Gibt es gutes Wachstum? Und schlechtes? Was ist das überhaupt: Wachstum? Und wäre »Entwicklung« nicht der bessere Begriff? So vergingen die Sitzungen. Als die Kommision Anfang 2013 ihre Ergebnisse vorlegte, waren diese entsprechend vage und mau. Mehrere Projektgruppen hatten im Prinzip nichts vorzuweisen – ihre Mitglieder hatten sich im Lauf der Zeit völlig zerstritten.

Überraschend freilich war das nicht. Hatten doch die fünf beteiligten Parteien, je nach Proporz, die siebzehn Experten in der Runde nominiert. So dass nun, wie gehabt, Unternehmer auf Gewerkschafter, Ökonomen auf Ökologen, Rechte auf Linke trafen. Siebzehn Männer im Übrigen, Frauen wird die Weltveränderung offenbar eher nicht zugetraut. Und: Während Wirtschaftswissenschaftler das Gros der Expertenrunde stellten, fehlten Sozial- und Verhaltensforscher, Psychologen und Praktiker fast gänzlich. Konsequenterweise drehte sich dann doch wieder das meiste ums liebe Geld.

Das revolutionäre Element der Kommission war »nicht sehr ausgeprägt«, sagt denn auch ihre Vorsitzende, die Sozialdemokratin Daniela Kolbe. Aber allein die Tatsache, dass diese Runde überhaupt zusammenfinden konnte, sei für sich genommen schon ein Fortschritt. »Ich habe den Eindruck, dass durch die Krisen der vergangenen Jahre auch in der Politik Dinge ins Rutschen gekommen sind«, so Kolbe. Aber halt auch nicht so sehr, dass die Suche nach dem Glück die politischen Konkurrenten auf wundersame Weise geeint hätte.

So grübelt also die Politik mühsam weiter, wie unsere Zukunft aussehen soll. Dass sie sich dabei von liebgewonnenen Grundsätzen trennen wird, ist eher unwahrscheinlich. Angela Merkel jedenfalls legte sich 2009 bereits fest: Das Ziel ihrer Regierung ist und bleibe die materielle Wohlstandsmehrung. Und auch die FDP ist sich ganz sicher: Was Deutschland brauche, sei mehr Wachstum. Das ist der Schlüsselbegriff, mit dem die Freidemokraten bis zur Bundestagswahl aus dem politischen Jammertal emporklettern wollen. SPD und Grüne dagegen wissen es noch nicht so genau. Sie sind, je nachdem, mal für mehr, mal für weniger Wachstum.

Während also die politische Suchbewegung weiter sucht, hat sich anderswo im Land längst eine Findbewegung gefunden.

Überm Pflaster liegt der Strand –
Wieso der Wandel der Städte mit Unkrautjäten beginnt

Im Westen von Hannover, zwischen zwei alten Kanälen, klafft ein Loch im Asphalt. Es ist kein besonders großes Loch und auch kein besonders tiefes. Es ist mit grobem Werkzeug in einen gewaltigen Parkplatz geschlagen worden, der heute von keinem Auto mehr genutzt wird. Aus dem Loch wuchert Unkraut, am Rand verrotten ein paar morsche Paletten, auf dem grauen Asphalt daneben verblasst eine Sonne. Es ist ein trauriger Anblick. Aber nicht für Thomas Köhler. Für ihn ist das Loch der Beweis dafür, dass an jedem Ort Veränderungen möglich sind.

Thomas Köhler erzählt gerne die Geschichte, wie das Loch in den Asphalt kam. Sie beginnt im Jahr 2009, als der schmale Mann mit der vorwitzigen Nase ausgebrannt in seine Heimatstadt Hannover zurückkehrte. Zuvor hatte er als Soziologe in verschiedenen Universitäten gearbeitet, Rostock, Hildesheim, Hamburg, und weil er sich nebenbei immer auch politisch engagierte, war irgendwann der Akku leer. Mit fünfundvierzig Jahren nahm sich Köhler eine Auszeit, er las viel – und stolperte plötzlich über den Namen Rob Hopkins. Das ist einer der Mitgründer der Transition-Town-Bewegung.

Der Ire Hopkins hatte gegen Anfang des neuen Jahrtausends eine Erkenntnis und eine Idee. Die Erkenntnis lautete: Die fossilen Ressourcen der Erde gehen zur Neige, dem Wirtschafts- und Gesellschaftssystem der reichen Nationen steht damit ein beispielloser Umbruch bevor – aber weit und breit gibt es niemanden, der die Menschen darauf vorbereitet. Und nun die Idee: Statt darauf zu warten, dass einer kommt und es richtet, könnten die Bürger einer Gemeinde doch einfach selbst die Sache in die Hand nehmen und praktikable Lösungen für eine Post-Wachstums-Gesellschaft entwerfen. Das hätte nebenbei den Effekt, dass die Menschen rauskämen aus ihrer Vereinzelung, gemeinsam etwas tun und so auf Dauer auch zufriedener würden.

Das klingt reichlich naiv. Und genau so ging Hopkins die Sache auch an. Statt die Zukunft am Reißbrett zu entwerfen, suchte er sich Mitstreiter, fand sie in der englischen Kleinstadt Totnes, überzeugte auch deren Bürgermeister und gründete 2005 TTT: die Transition Town Totnes. Innerhalb kürzester Zeit schlossen sich viele hundert Bürger der Initiative an. Sie pflanzten Nussbäume und errichteten auf Brachflächen Gärten, deren Ernteerträge sie sich teilten. Sie führten eine Regionalwährung ein, das Totnes Pfund, um lokale Klein- und Kleinstbetriebe zu unterstützen. Sie berieten, wie sie weniger abhängig von nicht erneuerbaren Ressourcen werden können. Sie hockten sich zusammen, brachten sich gegenseitig handwerkliche Fähigkeiten bei und waren überrascht darüber, wie viel Spaß das macht.

Das Ganze war zwar ungemein dilettantisch, wirkte aber so spielerisch und gemeinschaftsfördernd, dass die Idee nicht nur in Großbritannien schnell Kreise zog. Heute gibt es weltweit mehr als 1000 Transition-Town-Initiativen, in brasilianischen Städten und slowenischen Weilern, vor der Küste Kanadas und in der Einöde Australiens.[13] Vor allem aber in Großbritannien und den USA. Nach Deutschland, Österreich und in die Schweiz schwappte die Idee von lokalen Gemeinschaftsprojekten ebenfalls[14] – und landete schließlich auf dem Küchentisch von Thomas Köhler.

Der war zunächst skeptisch. Der Begriff Gemeinschaft, sagt er, sei ja nun durch Faschismus und Kommunismus gründlich belastet. So eine Art Nachbarschaftshilfe hielt er für muffig, regionalistisch, kraftlos. Und wieso der Wandel der Welt nun ausgerechnet mit Unkrautjäten beginnen soll, wollte ihm spontan nicht einleuchten. Andererseits klangen die Berichte aus den Transition Towns überzeugend. Die Menschen, die dort nach einer Weile gefragt wurden, wie es ihnen geht, antworteten: besser als vorher.

Also machte sich auch Thomas Köhler auf die Suche nach Mitstreitern. Am Ende waren es zehn Leute und die Katze Nanni, die um seinen Küchentisch im Stadtteil Limmer saßen und überlegten, wie sie sich die Transition Town Hannover vorstellen. Keiner von ihnen hatte so etwas schon mal gemacht, Geld für große Sprünge hatten sie sowieso nicht. Aber das ist ja das Schöne an Transition Town, sagt Köhler, es gibt keinen Plan und keinen Anführer – »man fängt einfach mal an«.

Sie fingen dann einfach mal auf dem ehemaligen Parkplatz an, der keine fünf Fußminuten von Köhlers Wohnung entfernt liegt. Die riesige Asphaltfläche gehörte einst zu den Continental-Werken Hannover-Limmer. Die gibt es schon lange nicht mehr, stattdessen soll das gesamte 23 Hektar große Gelände zwischen dem Leine-Abstiegskanal und dem Stichkanal Linden in den kommenden Jahren zum schicken Wohnquartier »Wasserstadt Limmer« werden. Eigentümer ist der Hannoveraner Großunternehmer Günter Papenburg. Als bei dem im Sommer 2010 eine Handvoll Verrückter auftauchte mit dem Vorschlag, den alten Parkplatz von Hand aufzuhacken, hatte er zunächst einmal nichts dagegen. Bis die Bagger anrücken würden, sollten die jungen Leute ruhig mal machen. So kam es, dass im Westen von Hannover schließlich dreißig Menschen mit Spitzhacke und unter reger Anteilnahme der regionalen Presse das Pflaster aufrissen, um den Sand darunter freizulegen. Eine weitgehend sinnfreie Aktion im Übrigen. Denn das Gemüse, das sie hernach anpflanzten, ruhte in Säcken mit Humus auf mobilen Paletten. Aber egal: Es ging ums Prinzip, es ging um die Symbolik. Es war die Geburtsstunde der Transition Town Hannover[15]. Es war ein Desaster.

Bei allem Engagement nämlich hatten Köhler und seine Kumpane übersehen, dass man Gärten eher nicht im Sommer pflanzt. Wenig wuchs auf dem alten Parkplatz. Und das Wenige wurde kurz darauf von Vandalen zerstört. Die Hannoveraner, sagt Köhler heiter, hätten damit ein Grundprinzip der Transition Town vorbildlich umgesetzt: Aus Schaden wird man klug. Im Frühjahr darauf machten sie es dann besser. Es entstand ein 1-A-Garten am Wasser, auf dem weit mehr wuchs als nur Kräuter und Gemüse. Die »Küchengärten Limmer« – kurz »Kügäli« – wurden innerhalb kürzester Zeit zu einem beliebten Treffpunkt der Hannoveraner, man säte, man erntete, man feierte gemeinsam. Jeder half und nahm sich seinen Anteil. »Das war ein Paradies«, sagt Köhler. Das blieb es aber nicht lange.

Als die Transitioner im Überschwang ankündigten, sie könnten sich vorstellen, künftig gleich auf mehreren Hektar des Geländes urbane Landwirtschaft zu betreiben, wurde es Papenburg zu bunt. Er schmiss die deutlich größer gewordene Gruppe von seinem Parkplatz. Inzwischen aber hatte die Initiative sogar Unterstützer im Hannoveraner Rathaus. Auch das nämlich ist ein Merkmal der Transition-Town-Bewegung: Wo immer sie antritt, versucht sie, die Politik und lokale Unternehmer für ihre Projekte zu begeistern. Im rot-grün regierten Hannover war ihr das schnell gelungen, das zahlte sich nun aus. Das Gelände um die alte Betriebskrankenkasse des Conti-Werks gehörte einer städtischen Gesellschaft, dort bot man den »Kügäli«-Leuten Asyl. Sie mussten dafür nur mit ihren Humus-Paletten auf die andere Seite der Straße ziehen. Dummerweise kündigte die Stadtverwaltung Anfang 2012 an, auch dieses Areal an Papenburg zu verkaufen. Die Zukunft der mobilen Gärten war damit einmal mehr ungewiss.

Transition Town Hannover aber war zu diesem Zeitpunkt längst mehr als ein gutwilliger Trupp von Hobby-Gärtnern. Bis zu 250 Menschen hatten sich innerhalb weniger Monate von der »Methode des Begeisterns«, wie Köhler sagt, anstecken lassen. Immer häufiger organisierten sie in der Stadt Info-Abende, den ersten davon im Rathaus, um ihre Ideen vorzustellen, neue zu sammeln und »rauszukommen aus der Spinnerecke«. Von der Stadt sind sie inzwischen als soziales Unternehmen anerkannt und sogar zum Arbeitgeber geworden. Drei Bürgerarbeitsplätze konnten sie schaffen, zwölf weitere kommen Ende 2012 dazu. Und vereinzelt sieht man auf Veranstaltungen der Transition Town nun auch Menschen, die erkennbar nicht aus der alternativen Ecke stammen. Das freut Köhler: »Wir wollen in die Mitte der Gesellschaft und dann die ganze Stadt umkrempeln.«

Im Prinzip sei es doch ganz einfach, sagt der Initiator: Die meisten Leute seien frustriert und dächten, es ändere sich sowieso nichts. Wenn die aber vor der eigenen Haustür mitbekämen, dass sich neue Gemeinschaften bilden, habe das einen aufrüttelnden Effekt. Natürlich könne man zu Hause sitzen, und sich angesichts von Klima-, Finanz- und anderen Krisen ohnmächtig fühlen. Man könne aber auch mit völlig Fremden Tomaten und Liebstöckel pflanzen und betrachten, was es zunächst mal im eigenen Umfeld bewirkt. Inzwischen jedenfalls ist der 48-Jährige, der immer häufiger auch von Bürgermeistern aus der Region zum Gespräch gebeten wird, überzeugt davon: »Die Leute in der eigenen Nachbarschaft sind das wichtigste Pfund, mit dem man wuchern kann.«

Es sind, auch aus finanziellen Gründen, zunächst einmal keine weltbewegenden Projekte, die sich die Transitioner aus Niedersachsen vorgenommen haben. Einer will ein Reparaturcafé eröffnen, in dem Menschen mit kaputten Dingen auf Menschen mit handwerklichem Geschick treffen sollen. Einer will Begegnungen zwischen alten Menschen und Jugendlichen organisieren. Eine hat bereits eine offene Nähwerkstatt gegründet, in der aus alten Stoffen neue Kleider werden sollen. Und einer plant unverdrossen eine »Landkommune mitten in der Stadt«.

Dieser eine ist Ralf Boje, ein zurückhaltender Diplom-Pädagoge von sechsundvierzig Jahren, der von Anfang an zum harten Kern der Transitioner gehörte. Die Idee mit der urbanen Landkommune kam ihm schon vor Jahren, als er registrierte, dass sich immer mehr seiner Freunde und Bekannten – frustriert und erschöpft von Leistungsdruck, ständigem Gegeneinander und Konsumterror – zurückzogen, um sich in abgelegenen Regionen einzuigeln oder Schafe zu scheren. Den Impuls verstand Boje, die Schlussfolgerung nicht: »Ich will mich nicht im Wald verstecken, ich will etwas verändern.« Wieso also nicht die Prinzipien eines gemeinschaftlichen und gleichberechtigten Zusammenlebens reinholen in die Stadt, damit andere sich ein Beispiel daran nehmen können?

Die Idee annoncierte Boje zunächst via Internet.[16] Binnen kurzem war sein E-Mail-Postfach voll. Alle wollten wissen, wo diese städtische Kommune ist und wie man mitmachen kann. Also machte Boje sich auf die Suche – und fand in Leveste, vor den Toren Hannovers, zunächst einmal eine Gärtnerei, deren Betreiber begeistert waren. Gemeinsam gründete man eine Art Genossenschaft von Menschen, die sich künftig sämtliche Investitionskosten und sämtliche Ernteerträge teilen. Im Frühjahr 2012 ging das Projekt mit siebzig Anteilseignern an den Start, nächstes Jahr soll verdoppelt werden. Und bis dahin will Boje auch ein Haus in Hannover gefunden haben, wo die Anteilseigner neben dem gemeinsamen Gärtnern auch das gemeinsame Wohnen erproben können.

Die Nachfrage nach derartigen Projekten sei gewaltig, sagt Boje, der auch im Netzwerk Solidarische Landwirtschaft[17] aktiv ist. Und das nicht nur in Hannover. »Es brodelt gerade überall.« Er ist sich sicher: Den Menschen, die mitmachen, geht es nicht nur darum, ökologisch vorbildlich Steckrüben aus dem Acker zu ziehen. »Ich glaube, das Bedürfnis der Leute nach mehr Brüderlichkeit wird größer.«

So pflanzt sich die Idee des Iren Hopkins gerade im Wortsinne fort. Wenn es gutgeht, soll damit nichts weniger als eine »Energie- und Kulturwende« gelingen. Aber ob es auch gutgeht? »Ganz ehrlich: Wir wissen es nicht«, heißt es auf der Website des internationalen Transition-Netzwerks. Das Ganze sei ein soziales Experiment mit offenem Ausgang. »Wovon wir aber überzeugt sind, ist: Wenn wir auf unsere Regierungen warten, ist das zu wenig und zu spät. Wenn wir als Einzelkämpfer handeln, wird es nicht reichen. Aber wenn wir als Gemeinschaft handeln, könnte es gerade noch rechtzeitig klappen.«* Besser als rumhocken und sich beschweren sei daher allemal: einfach mal anfangen. Mehr als schiefgehen kann es ja nicht.

---

* Übersetzung durch den Autor.

Die Anfänger –
Wie aus vielen kleinen Regungen allmählich eine Bewegung wird

Einfach mal anfangen. Das haben inzwischen Menschen in allen Teilen Deutschlands beherzigt. Und, viel wichtiger: Menschen aus allen sozialen Schichten, junge wie alte, arme wie reiche, in der Stadt und auf dem Land. Es sind noch wenige, aber ihre Zahl wächst rasch. Genauso wie ihr Ideenreichtum. Sie alle eint das Unbehagen an der Art, wie wir wirtschaften und regiert werden, wie wir uns ernähren und wie wir konsumieren, wie wir alt werden, wie wir uns fortbewegen und wie wir miteinander umgehen. Und die meisten von ihnen lassen es nicht dabei bewenden, dagegen zu sein oder dagegen zu demonstrieren. Sie suchen sich stattdessen etwas aus, wofür sie sein können und wofür einzustehen sich lohnt. Ideologische Gräben spielen dabei keine entscheidende Rolle mehr. Mit Begriffen wie links oder rechts lassen sich die Anfänger nicht mehr ohne weiteres einhegen. Es geht ihnen nicht zuallererst um Politik, es geht ihnen darum, gut oder wenigstens besser zu leben. Und damit fangen sie zunächst einmal beim Naheliegenden an: vor ihrer eigenen Haustür.

Einer dieser Anfänger ist Heinz Frey, Gymnasiallehrer aus Barmen in Westfalen, nicht weit von der holländischen Grenze. Vor etwa zehn Jahren zog Frey aus, um sein Dorf zu retten. Damals hatte gerade die Sparkassenfiliale in der 1400-Seelen-Gemeinde dichtgemacht und damit einer der letzten Dienstleister vor Ort.

Die Barmener konnten fortan nicht nur kein Geld mehr abheben, sie konnten auch keine Briefmarken mehr kaufen oder Päckchen aufgeben, sie konnten nicht mehr in der Nähe zum Arzt gehen und in keiner Apotheke Hustensaft besorgen. Für ihr tägliches Brot und andere Lebensmittel mussten sie ebenfalls lange Wege fahren. Von den vier Lebensmittelläden, die es mal gegeben hatte, war keiner mehr übrig. Die Barmener befanden sich damit in bester Gesellschaft. Allein seit der Jahrtausendwende haben in Deutschland 20 000 kleinere Dorfgeschäfte aufgegeben, rund acht Millionen Bürger können ihre Lebensmittelläden inzwischen nicht mehr zu Fuß erreichen.[18]

Frey wollte sich damit nicht abfinden, hörte sich um, fuhr durch Deutschland, um Anregungen zu sammeln, sprach mit Nachbarn, sammelte Mitstreiter und tischte seinen Mitbürgern schließlich die Idee auf, ein »DORV« im Dorf zu gründen. »DORV« steht für »Dienstleistungen und ortsnahe Rundum-Versorgung«[19] – und damit ist eigentlich schon alles gesagt. Freys Plan war, alles, was die Menschen fürs tägliche Leben brauchen, unter einem Dach zu vereinen. Und das nicht nur, um den Leuten mühsame Anfahrtswege zum Bäcker oder der Post zu ersparen – sondern vor allem, um Barmen eine »soziale Mitte« zurückzugeben. Einen Ort also, an dem man sich trifft, Dinge erledigt, in Kontakt kommt, miteinander lebt. Neben einer Grundversorgung mit Lebensmitteln sowie sozialen und medizinischen Dienstleistungen, sollte das »DORV-Zentrum« daher auch ein Café beherbergen und regelmäßig Kulturveranstaltungen bieten.

Das überzeugte die meisten. Nur nicht potentielle Geldgeber. Denen war die Idee zu piefig, zu klein, zu unwirtschaftlich. Frey baggerte daher die Barmener an, von denen sich etliche bereit erklärten, »DORV«-Anteile für 250 Euro zu erwerben. Eine Handvoll wohlhabender Bürger steuerte schließlich einen großzügigen Kredit bei. Und nachdem sie endlich auch die leerstehende alte Sparkassenfiliale gemietet hatten, konnten die Dörfler am 10. September 2004 ihr »DORV« eröffnen.

Dort gibt es nun Gemüse, Fleisch und Brot, alles frisch und von kleinen Zulieferern aus Nachbardörfern. Anders als in den großen Supermärkten verfügt das »DORV« zwar nicht über fünf Regalmeter Hundefutter und zwanzig Sorten Klopapier, aber alle Dinge des täglichen Bedarfs sind vorhanden. Frey und sein Team haben die Barmener gefragt, was sie brauchen, und das dann, in überschaubaren Mengen, besorgt. Von der »Kunst der Beschränkung« spricht der Initiator. Und das Konzept scheint aufzugehen. Bereits kurz nach seiner Gründung jedenfalls schrieb das »DORV« eine schwarze Null.

Und das wohl vor allem deshalb, weil der Laden kein anonymer Kaufkasten an der Ausfallstraße ist. Die Barmener können im »DORV« auch ihre Wäsche zum Reinigen geben. Sie finden dort Amtsformulare und gleich nebenan auch wieder einen Arzt. Sogar Geld können sie im »DORV« abheben, die Sparkasse hat einen Geldautomaten aufgestellt. Sie zahlt nun Miete dafür. Und vor allem laufen sich die Leute im »DORV« ständig über den Weg. Heute, sagt Frey, »trifft man sich im DORV, hat wieder ganz simplen sozialen Kontakt miteinander. Und das ist das eigentliche Ziel: der soziale Profit, die Lebensqualität. Ältere Mitbürger sind versorgt, Kinder lernen wieder das Einkaufen.«[20]

Heinz Frey ist derweil ein gefragter Mann geworden. Nachdem sein Konzept mehrfach preisgekrönt wurde, ist er nicht nur als Experte ins Bundesbauministerium berufen worden. Aus ganz Deutschland kommen Anfragen, mehrere neu gegründete »DORV«-Zentren hat Frey bereits beraten, weitere sind in Planung. Er hat dafür eigens ein Fünf-Säulen-Modell entwickelt. Die Idee pflanzt sich fort. Und sorgt bei den Großen der Lebensmittelbranche inzwischen offenbar für Nervosität. Dass das »DORV« ein Erfolg werden würde, damit war nicht zu rechnen. Aber jetzt, da es so weit ist, wollen die Konzerne natürlich nicht den Anschluss verpassen. Schon experimentieren einige von ihnen mit Tante-Emma-Läden und machen sich dort, wo sie immer auf Größe setzten, plötzlich ganz klein.

Skepsis gegenüber den Großen war es auch, welche die Menschen auf dem Landgut Lübnitz, auf dem Buschberghof in Fuhlenhagen oder in der Kaufunger Gärtnerei »Rote Rübe« zusammenbrachte. Ständige Lebensmittelskandale, die Diskussion über Gentechnik, Massentierhaltung und die Überdüngung von Äckern brachte dort Wildfremde dazu zusammenzulegen, um künftig gesünder, klüger und besser zu essen. Solidarische Landwirtschaft heißt das Stichwort, es ist ein Konzept, das japanische und amerikanische Bauern bereits seit Jahrzehnten erfolgreich erproben.

Mit der zunehmenden Industrialisierung der Landwirtschaft standen und stehen die Bauern bis heute vor der Alternative, entweder sich selbst oder ihre Böden und ihr Vieh auszubeuten, um sich wirtschaftlich über Wasser halten zu können. Die Folge war zunehmende Spezialisierung auf einige wenige besonders ertragreiche Sorten, zunehmender Einsatz von Düngemitteln und gentechnisch veränderten Pflanzen und im Fall der Viehwirtschaft die zunehmende Verfütterung von Pharmazeutika in Krankenhausmengen. In Japan setzt dagegen eine Minderheit der Landwirte seit den 1960er Jahren auf ein »Teikei« genanntes Prinzip, in den USA schwenkten rund zwanzig Jahre später Bauern auf »community supported agriculture« um. Dahinter steckt die gleiche Idee: Produzenten und Konsumenten gehen eine Partnerschaft ein, die den einen die wirtschaftliche Existenz, den anderen eine gesunde und ausgewogene Ernährung sichert. Mehrere Dutzend, manchmal auch mehrere hundert Menschen schließen sich dafür, zum Beispiel als Genossenschaft, zusammen und zahlen einen vor der Saison errechneten Betrag in eine Gemeinschaftskasse, aus der der Bauer seine Arbeit und seinen Lebensunterhalt finanziert. Die anschließende Ernte wird unter den Investoren aufgeteilt.

Es dauerte lange, bis diese Idee in Deutschland Fuß fasste. Den Start markierte im Oktober 2010 die Tagung »Freiheit durch Freihöfe« in Kassel. Seither verbreitet sich das Konzept der solidarischen Landwirtschaft kontinuierlich. Rund zwei Dutzend Bauernhöfe und Gärtnereien, die auf diese Weise bewirtschaftet werden, gibt es bereits. Auf der Website des Netzwerks Solidarische Landwirtschaft[21] wimmelt es zudem von Menschen, Stadtbewohnern zumeist, die nach Gleichgesinnten suchen.

Dabei geht es den meisten nicht nur um Alternativen zu Supermarktgemüse und Discounterfleisch. Es ist ihnen auch ein Anliegen, alte Sorten zu erhalten, die ein auf sich gestellter Landwirt heute unmöglich in kleinen Mengen anbauen könnte. Und insbesondere geht es Menschen mit Bürojob auch darum, gelegentlich aufs Land zu fahren, andere zu treffen und Hand anzulegen beim Aussäen oder der Reparatur eines Traktors.[22]

Selbst etwas tun, nicht darauf zu warten, bis irgendeiner kommt und vorgefertigte Konzepte präsentiert, das nehmen sich auch in den Städten selbst immer mehr Menschen vor. In fast jeder deutschen Großstadt gibt es inzwischen – wie in der Transition Town Hannover – ein oder mehrere Urban-Gardening-Projekte[23], auch das eine Idee, die in den verödeten und entmenschten Cities der Vereinigten Staaten ihren Anfang nahm. Es gibt Tauschbörsen und Verschenkmärkte, auf denen sich Menschen tummeln, die der Konsumlogik nicht mehr gedankenlos folgen wollen. Und es gibt eine wachsende Zahl von Mehrgenerationenhäusern, in denen Acht- und Achtzigjährige nicht nur unter einem Dach leben, sondern auch voneinander lernen.

Darüber hinaus haben sich vielerorts Bürger verbündet, die online und offline architektonische, städtebauliche und soziale Ideen für ihre Städte sammeln und dafür in den Rathäusern um Unterstützung werben. »Nexthamburg« ist so eine Initiative, die nichts weniger will, als die Zukunft der Hansestadt selbst zu gestalten und dafür im Sommer 2012 erstmals eine »Bürgervision« in Buchform präsentierte.[24] In Thüringen ist es das Portal »Jenapolis«, dessen Betreiber Jena wieder dazu machen wollen, was es einmal war: eine Bürgerstadt. Das Motto: »Mehr echte Gespräche, Nähe, Loyalität, um neues Vertrauen aufzubauen.«[25] Und was ihnen dabei an Erfahrung fehlt, das machen sie mit Enthusiasmus wett.

Einfach mal angefangen haben sie schließlich auch im Betahaus, einem unscheinbaren Glas-Beton-Kasten in Berlin-Kreuzberg, in dem seit zwei Jahren jeden Montagabend »gebaustelt« wird.[26] Das sieht an einem x-beliebigen Montag dann so aus, dass in einem mit Bananenkisten, Holzlatten, Werkzeug, Sperrmüllsofas und Spanplatten vollgestellten Raum vielleicht ein Dutzend Leute arbeiten. Die Hälfte von ihnen sitzt an ihrem Laptop, zwei nähen Vorhänge, einer werkelt an einer gewaltigen Fräse und beim Rest ist auf den ersten Blick nicht zu erkennen, was genau sie da eigentlich tun. Man hört Näh- und Säge- und Tippgeräusche, in der Mitte steht ein nagelneues Dreirad mit einer Art Tischaufsatz und irgendwo liegen gezeichnete Comic-Blasen herum mit der Aufschrift: »Schreibe deine Ideen auf, dann steck' sie an dich, um Menschen zu verbinden.«

»Was genau hier passiert, das wissen wir vorher auch nie«, sagt Philip Steffan, ein 32-Jähriger mit getrimmtem Kinnbart und Haaren die wirken, als hätte er sie␣gerauft. Steffan gehört zu den Mitbegründern der »Open Design City«, in der jeder, der will, mit anderen Menschen an Projekten und Beziehungen arbeiten kann. »Coworking Space« nennt sich das im Amerikanischen, wo das Konzept ursprünglich herkam. Man braucht dafür nicht viel – nur einen Raum, ein bisschen Werkzeug und aufgeschlossene Leute.

Es sei doch so, sagt Steffan: Manche Menschen hätten halbfertige Ideen, aber niemanden, mit dem sie sie verwirklichen könnten. Andere seien handwerklich geschickt, besäßen aber keine Werkstatt. Wieder andere würden gerne etwas Neues machen, wüssten aber nicht, was. Sie alle miteinander zu vernetzen, sei die Grundidee der »Open Design City«, die somit auch ein Mittel gegen die Vereinzelung sei. Nichts gegen Computerfreaks, sagt Steffan, der selbst einer ist. Aber: »Wer den ganzen Tag zu Hause vor dem Bildschirm sitzt, denkt ja nur, er sei mit anderen verbunden. Es gibt schon eine Sehnsucht, wirklich mal Leute zu treffen.«

Im Berliner Betahaus – das inzwischen Nachahmer in Köln und Hamburg gefunden hat – haben sie deshalb einfach eine große multifunktionale Werkstatt geschaffen, wo jeder alles machen kann: fräsen, programmieren, bohren, nähen, stricken, schrauben, bauen, basteln – »bausteln« eben. Das Spektrum reicht von ganz simpel bis ziemlich kompliziert. Aber immer findet sich einer, der es dem anderen erklärt. Ein 3D-Scanner ist so in Gemeinschaftsarbeit entstanden, bis heute tüftelt eine Gruppe an Elektronikchips für »intelligente« Kleidung, und als einmal Studenten vorbeischauten mit einem Auftrag für einen Neurologenkongress, entstand kurz darauf ein 1,5 Meter großes leuchtendes Gehirn. So etwas schweißt, im einfachsten Sinne des Wortes, zusammen. Weswegen Jay Cousins, ein weiterer Mitgründer, sagt: »Hier sind schon viele Freundschaften entstanden.«

Wie im »DORV«, wie in den Stadtgärten und auf den Landäckern geht es also auch in der »Open Design City« um das, was Sozialforscher »community-building« nennen: um neue Netzwerke von Menschen, die im direkten Austausch mit anderen Menschen neue Lebens-, Arbeits- und Denkgewohnheiten ausprobieren. Sie machen sich dabei die Möglichkeiten des Internet zunutze, aber nicht, so Cousins, um »die Broadcast-Kultur von Facebook« zu kopieren, sondern um sich und Räume und Ideen zu finden, an denen sie dann gemeinsam werkeln. Was dabei herauskommt, ist manchmal eine Geschäftsidee und manchmal Schrott. Aber offenbar so reizvoll, dass sich immer mehr Anfänger einfach mal an die Arbeit machen.

»Seit einigen Jahren brodelt es«, sagt Lara Mallien. »Da entsteht gerade sehr viel neues Sozialkapital.« Mallien ist Chefredakteurin des Magazins »Oya – anders denken. anders leben«, das im Frühjahr 2010 an den Start ging, um all den munter sprießenden Initiativen in Deutschland ein Forum zu geben.[27] Von einer »Selbstmach-Kultur«, spricht Mallien, die nach einem »neuen Gleichgewicht zwischen Freiheit und Gemeinschaft« suche und dabei weitgehend ohne Ideologie auskomme. Anders als in den 1970er und 1980er Jahren, »als grün-alternative und autonome

Kreise annahmen, solche Projekte könnten allein auf ihrem Mist wachsen«, seien heute in der Tat Menschen aus allen Ecken der Gesellschaft beteiligt, schreibt auch die Autorin Annette Jensen. »Da findet sich ebenso ein CSU-Ortsvorsteher wie eine antikapitalistische Hofkommune, der Chef eines Luxushotels wie eine theosophische Bäuerin, der Ingenieur einer städtischen Bauverwaltung wie die Dorfgemeinschaft, die einen Großkonzern rausschmeißt und ihre Stromerzeugung selbst in die Hand nimmt.«[28]

Eine merkwürdige Bewegung ist das, die sich da zu Beginn des 21. Jahrhunderts selbst aus dem Zylinder gezaubert hat. Sie folgt keinem Beispiel, keinem abgestimmten Plan, keinem Anführer. Sie ist so heterogen und dezentral, dass »sie noch nicht einmal weiß, dass es sie gibt«, sagt Harald Welzer. Und weil das ja auch wiederum ein bisschen schade ist, hat der Professor für Sozialpsychologie Anfang 2012 etwas getan, was in der deutschen Universitätslandschaft nicht allzu oft passiert: Er hat die Theorie vorübergehend an den Nagel gehängt, um sich mit Verve in die Praxis zu stürzen. Welzers Idee: Wenn die Bewegung so diffus ist, dass sie sich selbst kaum kennt, dann muss ich sie eben mit sich bekannt machen. Mit ein paar Gleichgesinnten gründete er daher die gemeinnützige Stiftung »Futurzwei«. Auf deren Internetseite (www.futurzwei.org) entsteht seit Februar 2012 eine Deutschlandkarte der etwas anderen Art: »Wir erheben den kecken Anspruch, eine Promotionsagentur für eine soziale Bewegung zu sein, die eben erst entsteht«, sagt Welzer.

Zu diesem Zweck machen der Professor und sein kleines Team nichts anderes, als Geschichten zu erzählen. Es sind Geschichten von Menschen, die kurzerhand beschlossen haben, etwas anders zu machen als bisher, und die damit nicht nur sich, sondern auch ihr Umfeld und ihre Umwelt schonen. So erfährt man zum Beispiel etwas über die verkehrsgeplagten Bürger von Bohmte, die einfach mal alle Verkehrsschilder abgeschafft haben und sich den Straßenraum seither gleichberechtigt teilen. Oder über die Solar-Bürger-Genossenschaft in Freiburg. Oder über widerspenstige Bauern im

Chiemgau, die Gensaatgut von ihren Feldern verbannt haben. Kleine Erzählungen sind das, die zusammen eine Fibel der Veränderung ergeben. Ein Nachschlagewerk zum Nachmachen. »Es muss klar werden, dass es mehr Spaß macht, zu denen zu gehören, als zu den anderen«, sagt Welzer.

Der Professor will mit seinem Projekt weg von der »Katastrophenkommunikation« der letzten Jahrzehnte. Dass Gletscher schmelzen, Arten sterben und Banker Boni bekommen, habe sich inzwischen ja ausreichend herumgesprochen. »Das hat zwar auch das Bewusstsein verändert, aber nicht das Verhalten.« Deshalb die positiven Geschichten auf »Futurzwei«. Sie sollen in einem ganz altmodischen Sinn eine Vorbildfunktion übernehmen und demonstrieren, dass der Handlungsspielraum des Einzelnen größer ist, als man denkt. »Ich jedenfalls halte das Vorbild für emanzipativer als den Experten«, sagt Welzer.

So fügt sich auch »Futurzwei« nahtlos ein in eine Vielzahl von Regungen, die in ihrer Summe tatsächlich eine Bewegung ergeben – ohne dass die einen von den anderen notwendigerweise etwas wissen. Und die bei aller Unterschiedlichkeit doch eine banale Erkenntnis miteinander verbindet: dass viele können, was einer nicht kann. Oder, wie es Rachel Botsman, eine der Vordenkerinnen der Tausch-statt-Kauf-Bewegung, ausdrückt: »Wir sind Affen, wir wurden geboren und sind aufgewachsen, um zu teilen und zu kooperieren, wie wir das seit Jahrtausenden gemacht haben.«[29]

Wir haben es halt nur zwischenzeitlich vergessen.

Von wegen Tragik –
Warum es gemeinsam eben doch oft besser funktioniert

Als die Königlich Schwedische Akademie der Wissenschaften am 12. Oktober 2009 bekanntgab, dass der Nobelpreis für Wirtschaftswissenschaften in diesem Jahr an Elinor Ostrom gehen würde,* war nicht nur die Geehrte von den Socken. Tatsächlich handelte es sich um eine erstaunliche Entscheidung des Preiskomitees, und das nicht so sehr, weil nach einundvierzig Jahren erstmals eine Frau geehrt wurde. Auch die Tatsache, dass es sich bei Ostrom im strengen Sinne nicht um eine Ökonomin, sondern um eine Politikwissenschaftlerin handelt, fiel wenig ins Gewicht. Viel verblüffender war, dass der Preis an eine Praktikerin ging, die zeitlebens türkische Strände, Schweizer Almwiesen und nepalesische Bergdörfer bereist hatte, um über ein Thema zu forschen, von dem viele dachten, es gehöre längst der Vergangenheit an.

Elinor Ostrom, so lobte das Preiskomitee, habe mit ihrer Forschungsarbeit einen ehernen Glauben der Wirtschaftswissenschaft erschüttert: dass nämlich Gemeingüter nur dann sinnvoll verwaltet werden können, wenn sie entweder staatlich oder privatwirtschaftlich kontrolliert werden. Ganz im Gegenteil seien Menschen sehr wohl dazu in der Lage, Ressourcen gemeinschaftlich zu nutzen. Die Frau von der Indiana University in Bloomington lehre

---

* Neben Ostrom erhielt im selben Jahr auch der Wirtschaftswissenschaftler Oliver Eaton Williamson den Preis.

nichts weniger als »neue Lektionen über die Mechanismen, die menschliche Zusammenarbeit stärken«[30].

Gemeingüter sind – im weitesten Sinne – zunächst einmal Ressourcen, die gemeinsam genutzt werden. Dazu zählen beispielsweise die Atemluft, Seen, Flüsse und Meere, Wälder, aber auch immaterielle Dinge wie unsere Sprache, unsere Schrift oder überliefertes Wissen. Auch das Internet ist so gesehen ein Gemeingut. Im Mittelalter wurden Ländereien, die von einer Dorfgemeinschaft genutzt wurden, als »Allmende« bezeichnet, ein Wort, das von »al(ge)meinde« – also: allen gemeinsam – abgeleitet wurde. Im Englischen spricht man von »commons«. Gemeingüter, Allmende oder Commons werden heute in der Regel als Synonyme verwendet.

Die Nutzung von Gemeingütern war über die meiste Zeit der Menschheitsgeschichte die herkömmliche Wirtschaftsform. Das Brennholz aus dem Wald, die Fische aus dem See, das Wasser aus dem Brunnen, Bodenschätze wurden von allen ge- und verbraucht. Mit zunehmender Komplexität menschlicher Gemeinschaften brachten jedoch entweder staatliche oder private Institutionen immer mehr Gemeingüter in ihren exklusiven Besitz. Und damit auch die Nutzungsrechte daran. Heute toben um die letzten verbliebenen Gemeingüter zum Teil erbitterte Verteilungsschlachten. So ist zwischen den reichen Staaten ein Wettlauf um die Arktis und den Meeresboden entbrannt, bei dem es um die restlichen Bodenschätze des Planeten geht. Einige wenige private Konzerne schachern derweil um Patente auf tierisches und pflanzliches Leben. Im Mittelpunkt wirtschaftlicher Interessen steht auch der Genpool des Menschen.

Darüber hinaus ist auch das weltweit vorhandene Trinkwasser längst zur umkämpften Handelsware geworden. Zweifelhafte Berühmtheit erlangte in diesem Zusammenhang im Jahr 2005 Peter Brabeck, seinerzeit Chef des weltgrößten Lebensmittelkonzerns Nestlé. Diesem wird seit langem vorgeworfen, Dorfbewohnern in armen Regionen das über Jahrhunderte gemeinsam genutzte Brunnenwasser buchstäblich abzugraben, um es hernach gewinnbringend zu verkaufen. Im preisgekrönten Dokumentarfilm »We feed the world« sagte Brabeck dazu ungerührt: »Wasser ist ein Lebensmittel, so wie jedes andere Lebensmittel sollte das einen Marktwert haben.« Die Ansicht, Wasser sei eine Art öffentliches Recht, halte er für »extrem«.[31]

Dass Gemeingüter sinnvollerweise nur vom Staat oder von Privatunternehmen genutzt werden können, war über lange Zeit eine Binsenweisheit der Wirtschaftswissenschaft. Maßgeblichen Anteil an dieser Sichtweise hatte der Biologe Garrett Hardin, der im Jahr 1968 einen wegweisenden Aufsatz schrieb. Mit »The Tragedy of the Commons« glaubte Hardin beweisen zu können, dass eine gemeinschaftliche Nutzung von Ressourcen immer in ein Desaster mündet. Er wählte dafür das Beispiel einer als Allmende genutzten Viehweide. Jeder Tierhalter, der diese Weide unbegrenzt nutzen dürfe, werde seinen Viehbestand früher oder später erhöhen, da es ihm allein einen unmittelbaren Vorteil bringe, während der Nachteil – die Abnutzung der Weide – alle gleichermaßen treffe. Da aber, so Hardin, jeder Tierhalter in diesem Sinne rational handele, werde die Weide schnell hoffnungslos übernutzt sein. Um also Ressourcen zu schützen, müssten sie entweder in staatlicher oder privater Hand sein. So kam es dann auch.

Mit ihrer Forschungsarbeit, die sich über rund vier Jahrzehnte erstreckte, lieferte Elinor Ostrom den Gegenbeweis. In den unterschiedlichsten Ecken der Erde traf die im Sommer 2012 verstorbene US-Amerikanerin auf Viehhirten, Fischer, Almbauern und Dorfgemeinschaften, die ihre Ressourcen zum Teil seit Jahrhunderten gemeinsam bewirtschaften – ohne jedes Anzeichen von Ausbeutung oder Übernutzung. Die Allmenden waren nachhaltig, schonten Umwelt und Natur und brachten bisweilen sogar bessere Erträge als unmittelbar benachbarte staatliche oder privatwirtschaftliche Nutzungskonzepte.

Eine interessante Entdeckung machte Ostrom unter Bergbauern in Nepal. Dort errichten die Menschen seit jeher archaische

Dämme aus Holz und Lehm, mit denen sie ihre Felder bewässern. Als nun die Regierung diese Dämme an einigen Stellen durch ein stabiles Kanalsystem ersetzte, standen die auf weiter unten gelegenen Feldern arbeitenden Bauern nach einer Weile auf dem Trockenen. Die weiter oben entnahmen plötzlich nämlich deutlich mehr Wasser als vorher. Der Grund: Während bis dahin alle an der Instandhaltung der wackligen Holzdämme mitgewirkt hatten, damit das System intakt bleibt, bestand durch die neuen Betonröhren keine Notwendigkeit mehr zu kooperieren. Die oben hatten nun mehr Wasser, als sie eigentlich brauchten, die unten fast keines mehr. Die gesamte Erntemenge der Gemeinschaft schrumpfte in der Folge.

Aus all ihren Beobachtungen schloss Ostrom, dass Allmenden unter unterschiedlichsten Lebensbedingungen und in den unterschiedlichsten Kulturen sehr wohl in einem nachhaltigen Sinne funktionieren können – dass dafür aber einige wichtige Grundregeln unbedingt einzuhalten seien. Um Ressourcen vernünftig zu nutzen, brauche es Gemeinschaften, in denen Vertrauen und Verantwortungsbewusstsein herrschen. Der Nutzerkreis einer Ressource müsse klar definiert sein und sich auf gemeinsame Regeln verständigen, die jeder einzuhalten habe. Wer diese breche, müsse wirksam bestraft werden. Wenn nämlich die Regeln dauerhaft nicht eingehalten würden, könne das System nicht funktionieren.

Und was für Almbauern in der Schweiz und Dörfler in Nepal gelte, lasse sich durchaus verallgemeinern, so Ostrom: »Wir alle müssen verstehen, dass jeder Einzelne an der permanenten Gestaltung eines regelbasierten Gemeinwesens teilhat. Die Bürgerinnen und Bürger müssen die Kunst des sich ›Zusammentuns‹ erlernen. Wenn dies nicht gelingt, dann waren alle Forschung und alles theoretische Bemühen vergebens.«[32]

Nun ließe sich einwenden, dass Methoden, die im Himalaya oder der mongolischen Grassteppe erfolgreich praktiziert werden, sich nicht ohne weiteres auf die hochkomplexen Gesellschaftssysteme moderner Industriestaaten übertragen lassen. Das will aber auch niemand. Niemand, der sich heute mit Allmenden befasst, schlägt ernsthaft vor, das Rad zurückzudrehen, niemand preist die Rückkehr zu archaischen Dorfgemeinschaften als Lebensform der Zukunft. Ostrom und die wachsende Commons-Bewegung treibt eine andere Frage um: Wie kann das Grundprinzip der Allmende unter den Bedingungen des 21. Jahrhunderts neu erprobt werden? Silke Helfrich, die in Deutschland zu den Vordenkern der Szene gehört, ist überzeugt davon: Angesichts multipler Krisen, die Markt und Staat gleichermaßen treffen, könne die Allmende, als das »unsichtbare Dritte«[33], zur neuen großen Erzählung werden.

Und so unsichtbar ist die Allmende auch gar nicht. Explosionsartig ist sie etwa in der digitalen Welt zu einem bedeutenden Instrument herangereift, auch wenn sie dort nicht so genannt wird. Die Freie-Software-Bewegung etwa, die sich dem Allmachtstreben von Konzernen wie Microsoft und Apple entgegenstellt, basiert auf dem Grundprinzip der Commons. Jeder kann darin mitprogrammieren, Fehler eliminieren und die Software in einer Art digitalevolutionärem Prozess fortschreiben. Und die Ergebnisse sind bisweilen so erstaunlich, dass inzwischen auch Firmen unter ihren Angestellten auf das Prinzip zurückgreifen. »Über eine Million Menschen beteiligen sich heutzutage an der Erstellung freier Software, und es werden immer mehr.«[34]

Ein Triumph der Allmende ist auch die Online-Enzyklopädie Wikipedia. Seit ihrem Start im Jahr 2001 hat sie sich zu einem für viele unverzichtbaren Weltlexikon entwickelt, das jeder nutzen und jeder bearbeiten kann und das so einem permanenten Optimierungsprozess unterliegt. Mehr als drei Millionen Artikel haben Freiwillige für die englischsprachige Version bereits zusammengetragen, für die deutsche immerhin gut eine Million. Irren ist zwar auch auf Wikipedia menschlich. Gleichwohl belegen das Nachschlagewerk und die unzähligen weiteren Wikis, die in seinem Fahrwasser entstanden sind, dass kollektiv gesteuerte Prozesse nicht von vornherein zum Scheitern verurteilt sind.

Die Renaissance der Gemeingüter ist aber auch in der Offline-Welt »in vollem Gange«, so Elinor Ostrom, »und es gibt keine Anzeichen dafür, dass dieser Prozess demnächst zum Stillstand kommt.« Die Transition-Town-Bewegung, die städtischen Gärtner, die offenen Werkstätten und Tauschbörsen, die kleinen Dörfer, die sich mit großer Konsequenz energieautark machen, die regionalen Wirtschaftsgenossenschaften, die Menschen, die sich in wachsender Zahl für Carsharing entscheiden,* die Gruppen, die sich zum Crowdfunding zusammenfinden und Projekte finanzieren, die mit herkömmlichen Mitteln nicht bezahlbar wären, die solidarischen Landwirte, die Generationen, die unter einem Dach leben: Das alles sind Projekte, die sich die Idee der Allmende zu eigen gemacht haben. Weil sie anders, besser leben wollen. Sie haben sich dafür selbst Regeln gegeben und achten darauf, dass sie eingehalten werden. Und sie haben dafür neue Formen von freiwilligen und gleichberechtigten Gemeinschaften gebildet.

In der Diskussion um die Allmende, die das schwedische Nobelpreiskomitee 2009 befeuerte, geht es längst nicht nur um Ressourcen. Es geht um uns. »Im Kern dieser Debatte stehen die Dinge, die Sozialbeziehungen robuster und das Leben lebenswert machen. Wem würden nicht Begriffe wie Kommunikation, Vertrauen, Kooperation und Vielfalt in den Sinn kommen, wenn die Frage nach den Grundlagen einer guten Lebensqualität gestellt wird? Um diese Themen dreht sich die Allmende, die so alt ist wie die Menschheit und so modern wie das Internet.«[35]

---

* In Deutschland nutzten im Jahr 2011 rund 200 000 Menschen das Angebot, sich mit anderen ein Auto zu teilen. Das waren 20 Prozent mehr als im Jahr davor und viermal so viele wie im Jahr 2000.

Zurück auf Los –
Wieso wir alle gute Kapitalisten werden sollten

Wer eine Demokratie schaffen will, muss zuerst die Bürgersteige verbreitern. Das hat der Priester und Philosoph Emmanuel Joseph Sieyès gesagt, einer der Vordenker der Französischen Revolution. Die Bürgersteige verbreitern? Wozu? Damit Plätze geschaffen werden, auf denen Menschen sich treffen, sich kennenlernen, sich austauschen, sich über gemeinsame Ziele verständigen. Plätze, auf denen sie erkennen, dass sie viele sind.

Heute trifft sich auf unseren Bürgersteigen, auf unseren Straßen und unseren Fahrradwegen kaum noch jemand. Und wenn, dann unter die Gürtellinie. Wir drängeln uns aneinander vorbei, sind genervt von den anderen, pöbeln uns an, im besten Fall ignorieren wir uns. Wir sind Einzel-Gänger und Einzel-Fahrer. Und wer das beklagt, gilt als Spinner oder Querulant.

Dabei wollen wir gar nicht so sein. Als die Stiftung für Zukunftsfragen im Jahr 2009 unter dem Motto »Quo vadis, Deutschland?« die Menschen befragte, in welcher Art Land sie gerne leben würden, sprachen sich immerhin zwei Drittel für eine Sozialgesellschaft und mehr als die Hälfte für eine Hilfeleistungsgesellschaft aus.[36] Ein Jahr zuvor hatte die Stiftung wissen wollen, welche Werte in naher Zukunft eine große Rolle spielen werden. Ganz oben auf der Liste der Antworten stand die soziale Gerechtigkeit (74 Prozent), gefolgt von Freundschaft (66 Prozent) und Hilfsbereitschaft (64 Prozent). Die Freiheit war zwar immer noch wichtig, aber nicht mehr das alles überragende Prinzip – sie landete mit 49 Prozent auf einem abgeschlagenen Platz.[37]

Auch wenn es um die großen politischen und wirtschaftlichen Themen geht, sind sich die Menschen in Deutschland erstaunlich einig. Große Mehrheiten finden, dass es gerechter zugehen sollte im Land, dass der Abstand zwischen Arm und Reich ein obszönes Ausmaß angenommen hat, dass es nicht weitergehen kann mit dem stetig wachsenden Zeit-, Leistungs- und Erfolgsdruck. Der Klimawandel beunruhigt die meisten, ebenso der vermeintlich unstillbare Energie- und Ressourcenhunger reicher Nationen. Die Finanzkrisen haben fast allen die Augen dafür geöffnet, dass ein System, das Geld vor allem dafür benötigt, noch mehr Geld zu machen, mit gesundem Menschenverstand nicht zu rechtfertigen ist. Wie soll es weitergehen? Die Antwort der Mehrheit: Jedenfalls nicht so.

Umgekehrt hat nur eine kleine – wenn auch wachsende – Minderheit damit begonnen, es einfach mal anders zu machen. Der große Rest igelt sich in seiner Unzufriedenheit ein, macht sein Ding und sieht 225 Minuten am Tag fern. Und wenn er anderen doch mal über den Weg läuft, und die kommen ihm dumm, dann bekommt der in der Rüpel-Republik aber sein Fett weg. Zwischen zusammenraufen und zusammen raufen liegt eben nur eine Leertaste. Der Adressat dieser diffusen Wut ist allerdings meistens der falsche.

Und diese Wut, glauben Meinungsforscher, könnte sich noch steigern. Dann nämlich, wenn auch in Deutschland – wie es sich seit Jahren bereits abzeichnet – immer weniger Bürger vom hohlen Heilsversprechen eines stetigen Wachstums profitieren. Oder wenn die europäische Finanzkrise irgendwann vielleicht doch noch in die witrschaftliche Musternation Deutschland hinüberschwappt. In einer Studie über den Zusammenhang zwischen materiellem Wohlstand und Lebenszufriedenheit kam das Institut für Demoskopie Allensbach im Oktober 2009 zu einem beunruhigenden

Fazit: »Das Easterlin-Paradox besagte, dass die Menschen in einem Umfeld wachsenden gesellschaftlichen Wohlstands nicht zufriedener werden. Es könnte sein, dass wir in den kommenden Jahren erleben werden, dass sie im Gegensatz dazu bei stagnierendem oder sinkendem Wohlstand deutlich unzufriedener werden.«[38]

Was also tun? Abwarten, bis aus der Krise eine ordentliche Katastrophe wird, die uns automatisch wird zusammenrücken lassen? Oder vorher eine »Gesellschaft des Vertrauens« aufbauen, wie es der französische Historiker Pierre Rosanvallon, der Gründer des Think Tanks »République des Idées«, empfiehlt? Rosanvallon jedenfalls ist überzeugt davon, dass, wer an den Verhältnissen etwas ändern will, *vorher* wieder einen Kontakt zu seinen Mitmenschen suchen muss, der über Pöbeleien und Rüpeltum hinausgeht. Eine gerechtere und gleichere Gesellschaft »lässt sich meines Erachtens nur erreichen, wenn man zuvor die soziale Verbundenheit und das Gefühl für die Gemeinschaft wieder gestärkt hat«[39].

Es geht, wohlgemerkt, nicht um einen Rückzug ins Private, nicht darum, sich mit Freunden und Nachbarn kuschelig am heimischen Kamin zu wärmen, nicht um Abschottung, nicht um Weltflucht. Vieles aber spricht dafür, dass die anti-zivile Seuche, der drastische Verlust sozialen Kapitals, den wir seit einigen Jahrzehnten erleben, mit dem Bröckeln persönlicher Beziehungen begonnen hat. Und dass der unbedingte Individualismus, der daraus folgte, die Gesellschaft wehrlos gemacht hat gegen die asozialen Exzesse, denen wir heute fassungslos gegenüberstehen. Das Immunsystem der Gemeinschaft funktioniert nicht mehr. Um es wieder zu aktivieren, wäre es den Versuch wert, neue Formen des Zusammenlebens unter den Bedingungen des 21. Jahrhunderts auszuprobieren. Und diese wie einen *Wir*us (sic) zu verbreiten. Es wird keiner kommen und die Sache in die Hand nehmen. Das müssen wir schon selber tun.

Dafür kann es nicht schaden, wenn wir alle zunächst einmal gute Kapitalisten werden – Sozialkapitalisten.

Anhang

Einfach mal anfangen

Wer einfach mal anfangen möchte, etwas anders zu machen, dem steht eine Vielzahl von Möglichkeiten offen.

Einen guten Überblick über die wachsende Zahl an Gemeinschaftsgärten gibt die Stiftung Interkultur auf ihrer Website www.stiftung-interkultur.de. Dort waren im Frühjahr 2012 knapp 130 Urban-Gardening-Projekte in allen sechzehn Bundesländern gelistet. Rund siebzig weitere waren in Planung.

Über das Netzwerk Solidarische Landwirtschaft (www.solidarische-landwirtschaft.org) können sich Menschen, die gesund essen und zum Erhalt einer bäuerlichen und naturverträglichen Landwirtschaft beitragen wollen, zusammenfinden. Das Netzwerk berät auch Initiativen in Gründung. Im Frühjahr 2012 gab es deutschlandweit etwa zwei Dutzend Bauernhöfe und Gärtnereien, die zumeist genossenschaftlich betrieben wurden. Noch einmal so viele befanden sich in der Planungs- oder Gründungsphase.

Dorfgemeinschaften, die ihre Nahversorgung wieder selbst in die Hand nehmen wollen, finden dafür im Internet ein Forum: www.selbstvers.org/forum. Das »DORV«-Zentrum in Barmen bei Jülich hat auf Grundlage seines Projekts inzwischen ein Geschäftsmodell entwickelt. Informationen dazu finden sich unter www.dorv.de.

Einen Überblick über das aus den Niederlanden stammende

Konzept »shared space«, bei dem alle Verkehrsteilnehmer ohne eine Flut von Verkehrsschildern den Straßenraum gleichberechtigt neben- und miteinander nutzen, findet sich bei Wikipedia (de.wikipedia.org/wiki/Shared_Space). Das EU-Modellprojekt in der Gemeinde Bohmte stellt diese auf ihrer Website selbst vor (www.bohmte.de/staticsite/staticsite.php?menuid=131&topmenu=123).

Wie und wo Carsharing funktioniert, erfährt man beim Bundesverband Carsharing (www.carsharing.de).

Eine Liste mit offenen Werkstätten von A bis Z findet sich hier: www.offene-werkstaetten.org/werkstaetten. Der Grundgedanke der Projekte ist, der Konsum- und Wegwerfgesellschaft ein anderes Lebensmodell entgegenzusetzen. Menschen sollen hier erfahren, dass Selbermachen und Reparieren Tätigkeiten sind, die nicht nur die Umwelt schonen, sondern sogar Spaß machen. Im Frühjahr 2012 waren auf der Seite etwa vierzig Projekte gelistet.

Über gemeinschaftliche Wohnformen wie Mehr-Generationen-Häuser informiert die Bundesvereinigung Gemeinschaftliches Wohnen e. V. unter www.fgw-ev.de.

Wer sich über die Gründung einer Bürger-Energiegenossenschaft informieren möchte, kann das auf www.energiegenossenschaften-gruenden.de tun. Auf der Seite findet sich auch eine Liste mit mehr als 230 existierenden Genossenschaften.

Die global wachsende Transition Town Bewegung tauscht sich unter www.transitionnetwork.org aus. Auch in Deutschland, Österreich und der Schweiz gibt es inzwischen mehrere Dutzend Initiativen – Hintergründe und Informationen gibt es hier: www.transition-initiativen.de. Dort findet sich auch ein YouTube-Filmchen, das in 6:40 Minuten eine Art Crashkurs Transition Town bietet.

Informationen über die Allmende- beziehungsweise Commons-Bewegung und Hinweise auf konkrete Projekte finden sich auf dem Commons-Blog von Silke Helfrich: commonsblog.wordpress.com. Weitere Links zum Thema: www.regionaler-aufbruch.de und www.gemeinwohl-oekonomie.org.

Sehr gute und regelmäßig aktualisierte Überblicke über eine Vielzahl an nachhaltigen und commons-basierten Projekten geben die beiden Zeitschriften *oya: anders denken. anders leben* (www.oya-online.de) und *Enorm – Wirtschaft für den Menschen* (www.enorm-magazin.de)

Eine Art Geschichtensammlung zum Nachmachen, die das gesamte Themenspektrum umfasst, stellt »Futurzwei – Stiftung Zukunftsfähigkeit« seit Februar 2012 online – und zwar hier: www.futurzwei.org.

Grundlegende Informationen über ressourcenschonende Projekte im globalen Rahmen finden sich auf der Website des Netzwerks Zeri (Zero Emissions Research and Initiatives): www.zeri.org.

Dank

Ich danke in der Reihenfolge ihres Erscheinens:

Meinem lieben Kollegen Christian Bommarius, ohne den ich womöglich gar nicht auf die Idee gekommen wäre, ein Buch zu schreiben.

Rebekka Göpfert, Steffen Geier und allen bei Fischer, die meine Begeisterung für das Projekt von Anfang an geteilt haben.

Meiner Frau Susanne, die mich mehrere Monate am Stück tapfer zu Hause ertragen hat und dabei ein wunderbarer Rückhalt war.

Allen Gesprächspartnern, auch jenen, die am Ende doch nicht im Buch vorkommen.

Clemens Löhr und Ulrike Rechel, die unzählige Male ein offenes Ohr für mich hatten. (Das erste Hörgerät geht auf mich!)

Steven Geyer, Kathrin Hartmann, Stephan Hebel, Matthias Herbert, Dorothee und Max Landgrebe, Gabor Papp, Eva Roth, Monika Ruppert, Judith von Sternburg für jede Menge wertvoller Anregungen, Tipps, Gespräche und notwendige Kritik.

Meiner Familie und meinen Freunden für die liebevolle Unterstützung.

Und allen Rüpeln da draußen. Ohne sie hätte ich nicht gewusst, worüber ich eigentlich schreiben soll.

Literatur

Joachim Bauer: *Schmerzgrenze. Vom Ursprung alltäglicher und globaler Gewalt*, Karl Blessing Verlag, München 2011

Ulrich Beck: *Risikogesellschaft. Auf dem Weg in eine andere Moderne*, Suhrkamp, Frankfurt am Main 1986

Rainer Erlinger: *Moral. Wie man richtig gut lebt*, S. Fischer Verlag, Frankfurt am Main 2011

Robert H. Frank: *Luxury Fever. Weighing The Cost Of Excess*, Princeton University Press, New Jersey 1999

Julia Friedrichs: *Ideale. Auf der Suche nach dem, was zählt*, Hoffmann und Campe, Hamburg 2011

Kathrin Hartmann: *Wir müssen leider draußen bleiben. Die neue Armut in der Konsumgesellschaft*, Karl Blessing Verlag, München 2012

Silke Helfrich und Heinrich-Böll-Stiftung (Hrsg.): *Wem gehört die Welt? Zur Wiederentdeckung der Gemeingüter*, Oekom Verlag, München und Heinrich-Böll-Stiftung, Berlin 2009

Stéphane Hessel: *Empört Euch!*, Ullstein Buchverlage GmbH, Berlin 2011

Wilhelm Heitmeyer (Hg.): *Deutsche Zustände. Folge 10*, Suhrkamp Verlag, Berlin 2012

Annette Jensen: *Wir steigern das Bruttosozialglück. Von Menschen, die anders wirtschaften und besser leben*, Verlag Herder GmbH, Freiburg im Breisgau 2011

Wolfgang Kiener / Frater Johannes Weise: *Die Individualismus-Falle. Warum die Lebensfreude schwindet und wie wir das ändern können*, Deutscher Taschenbuch Verlag, München 2008

Stefan Klein: *Der Sinn des Gebens. Warum Selbstlosigkeit in der Evolution siegt und wir mit Egoismus nicht weiterkommen*, Fischer Taschenbuch Verlag, Frankfurt am Main 2011

Renate Köcher / Bernd Raffelhüschen: *Glücksatlas Deutschland 2011*, Albrecht Knaus Verlag, München 2011

Meinhard Miegel / Stefanie Wahl: *Das Ende des Individualismus. Die Kultur des Westens zerstört sich selbst*, Verlag Bonn Aktuell, München / Landsberg am Lech 1993

Meinhard Miegel: *Exit. Wohlstand ohne Wachstum*, List Taschenbuch, Berlin 2011

Evgeny Morozov: *The Net Delusion. How Not To Liberate The World*, Allen Lane (Penguin Books), London 2011

Elinor Ostrom: *Was mehr wird, wenn wir teilen. Vom gesellschaftlichen Wert der Gemeingüter*, Oekom Verlag, München 2011.

Heribert Prantl: *Wir sind viele. Eine Anklage gegen den Finanz-Kapitalismus*, Süddeutsche Zeitung Edition, München 2011

Richard David Precht: *Die Kunst, kein Egoist zu sein. Warum wir gerne gut sein wollen und was uns davon abhält*, Wilhelm Goldmann Verlag, München 2010

Günter Pursch: *Das Parlamentarische Schimpfbuch. Stilblüten und Geistesblitze unserer Volksvertreter in 60 Jahren Bundestag*, München 2009

Robert Putnam: *Bowling Alone. The Collapse And Revival Of American Community*, Simon & Schuster Paperbacks, New York 2000

Focke Museum: *Manieren. Geschichten von Anstand und Sitte aus sieben Jahrhunderten*, Edition Braus, Berlin und Heidelberg 2009

Tomáš Sedláček: *Die Ökonomie von Gut und Böse*, Carl Hanser Verlag, München 2012

Statistisches Bundesamt: *Statistisches Jahrbuch 2011 für die Bundesrepublik Deutschland*, Wiesbaden 2011

Michael Tomasello: *Warum wir kooperieren*, edition unseld, Berlin 2010

Sherry Turkle: *Alone Together. Why We Expect More From Technology And Less From Each Other*, Basic Books, New York 2011

Thomas Wanhoff: *Wa(h)re Freunde. Wie sich unsere Beziehungen in sozialen Online-Netzwerken verändern*, Spektrum Akademischer Verlag, Heidelberg 2011

Richard Wilkinson / Kate Pickett: *Gleichheit ist Glück. Warum gerechte Gesellschaften für alle besser sind*, Tolkemitt Verlag, Berlin 2010

Anmerkungen

Einleitung

1 Siehe *Tagesspiegel* (www.tagesspiegel.de / berlin / kinderlaerm-anwohner-verpruegeln-erzieher / 4318456.html).
2 Siehe *Spiegel Online* (www.spiegel.de / spiegel / print / d-80818287.html).
3 Rainer Erlinger, »Moral«, S. 122.
4 Richard David Precht, »Die Kunst, kein Egoist zu sein«, S. 120.
5 Meinhard Miegel, »Exit«, S. 141 f.
6 Siehe Stiftung für Zukunftsfragen (www.stiftungfuerzukunftsfragen.de / forschung / archiv / 2007 / forschung-aktuell-202_28-jg-27122007.html).
7 Rainer Erlinger, »Moral«, S. 296.
8 Sherry Turkle, »Alone Together«, S. 19.
9 Siehe Stiftung für Zukunftsfragen (www.stiftungfuerzukunftsfragen.de / forschung / archiv / 2007 / forschung-aktuell-202_28-jg-27122007.html).
10 Oskar Negt, in: »Manieren. Geschichten von Anstand und Sitte aus sieben Jahrhunderte«, S. 36.
11 Siehe Vero Labs (https:// www.verolabs.com / Default.asp).
12 Siehe z. B. *Süddeutsche Zeitung*, 3. / 4. 3. 2012, »Aufwärmen am Krisenherd« von Alex Rühle.

Teil I

1 Siehe *brand eins* (www.brandeins.de / magazin / anstand-und-kapitalismus / innerste-sicherheit.html).
2 Ebenda.
3 Siehe DAK, (www.presse.dak.de / ps.nsf / sbl / 4340521A694FFFCCC125791A0026DAD0).
4 Siehe *Kölner Stadtanzeiger*, (www.ksta.de / html / artikel / 1320495974094.shtml).

5 Siehe Berliner Fußball-Verband e. V. (berliner-fussball.de / spielbetrieb / schiedsrichter / news / datum / 2011 / 10 / 21 / spiel-faellt-aus-kein-schiedsrichter /).

6 FairPlayLiga im Kinderfußball (www.fairplayliga.de).

7 Siehe *Berliner Zeitung* (www.berliner-zeitung.de / archiv / ein-autofahrer-muss-700-euro-zahlen--weil-er-mit-einem-radfahrer-auf-der-motorhaube-durch-treptow-fuhr-stunts-im-strassenverkehr,10810590,10707628.html).

8 Siehe Statistisches Bundesamt (www.destatis.de / DE / PresseService / Presse / Pressemitteilungen / 2012 / 02 / PD12_065_46241.html).

9 Siehe *Frankfurter Rundschau* (www.fr-online.de / politik / erstmals-seit-20-jahren-mehr-verkehrstote-,1472596,11699226.html).

10 *Frankfurter Rundschau*, 10. 2. 2012, S. 2/3.

11 Siehe GDV (www.gdv.de / 2011 / 12 / verkehrsklima-in-deutschland-wird-rauer-unsichere-strassen-werden-als-sicher-empfunden-fussgaenger-und-radler-missachten-oefters-rote-ampeln /).

12 Siehe Kraftfahrt-Bundesamt (www.kba.de / nn_124384 / DE / Presse / PressemitteilungenStatistiken / 2012 / Fahrzeugbestand / fz__bestand__pm__text.html).

13 *Der Spiegel*, 37 / 2011, »Der Straßenkampf«.

14 *Frankfurter Rundschau*, 10. 2. 2012, S. 2/3.

15 Siehe *Spiegel Online* (www.spiegel.de / auto / fahrkultur / 0,1518, 793622,00.html).

16 Ebenda.

17 Siehe *Frankfurter Rundschau* (www.fr-online.de / die-neue-rechte / -politically-incorrect--im-netz-der-islamfeinde,10834438,10835026.html).

18 Siehe Volksfreund.de (www.volksfreund.de / nachrichten / region / mosel / aktuell / Heute-in-der-Mosel-Zeitung-Nacktfotos-im-Internet-Angeklagter-zieht-Berufung-zurueck;art671,3031076).

19 Wikipedia-Netiquette (de.wikipedia.org / wiki / Netiquette).

20 Siehe RFC 1855 (tools.ietf.org / html / rfc1855)

21 Siehe Deutscher Knigge-Rat (www.knigge-rat.de / pressemitteilung_2010_07_31.html).

22 Siehe *Focus* (www.focus.de / schule / schule / psychologie / praevention-rote-karte-fuer-mobbing_aid_683454.html).

23 Siehe *Bild*-Zeitung (www.bild.de / news / 2011 / freitod / toedliche-facebook-botschaft-computer-nachricht-selbstmord-15954694.bild.html).

24 Thomas Wanhoff, »Wa(h)re Freunde. Wie sich unsere Beziehungen in sozialen Online-Netzwerken verändern«, S. 58.

25 Siehe Techniker Krankenkasse (www.tk.de / tk / nordrhein-westfalen / aktionen-in-der-region / cybermobbing / 348506).

26 Siehe *Bravo* (www.bravo.de / specials / klick-nicht-weg-bravo-und-familienministerin-schroeder-gegen-cybermobbing).
27 Siehe BBC (www.bbc.co.uk / news / technology-16164222).

Teil II

Von Ignoranten und Egoisten

1 Siehe Max-Planck-Institut für evolutionäre Anthropologie, Leipzig: Warneken, F. & Tomasello, M. (www.eva.mpg.de / psycho / study-videos_de.php#video_1).
2 Siehe *Süddeutsche Zeitung* (www.sueddeutsche.de / wissen / sozialverhalten-hilfsbereiter-als-andere-affen-11224487).
3 Michael Tomasello, »Warum wir kooperieren«, S. 13.
4 Siehe *Tagesspiegel* (www.tagesspiegel.de / zeitung / sonntagsinterview-kapuzineraeffchen-wissen-was-gerecht-ist / 4067168.html).
5 Ebenda.
6 Stefan Klein, »Die Kunst des Gebens«, S. 267.
7 Ebenda, S. 156.
8 Siehe *Süddeutsche Zeitung* (www.sueddeutsche.de / wissen / sozialverhalten-hilfsbereiter-als-andere-affen-1.1224487).
9 Robert Putnam, »Bowling Alone«, S. 247.
10 Siehe *Manager Magazin* (www.manager-magazin.de / magazin / artikel / 0,2828,197238,00.html).
11 Robert Putnam, »Bowling Alone«, S. 137.
12 Ebenda, S. 289.
13 Wilkinson / Pickett, »Gleichheit ist Glück«, S. 276.
14 Siehe Stiftung für Zukunftsfragen (www.stiftungfuerzukunftsfragen.de / de / newsletter-forschung-aktuell / 226.html).
15 Julia Friedrichs, »Ideale«, S. 21.
16 Siehe Stiftung für Zukunftsfragen (www.stiftungfuerzukunftsfragen.de / de / newsletter-forschung-aktuell / 226.html).
17 Siehe Stiftung für Zukunftsfragen (www.stiftungfuerzukunftsfragen.de / de / forschung / archiv / 2009 / forschung-aktuell-213-30-jg-02042009.html).
18 Siehe Statistisches Bundesamt (www.destatis.de / DE / ZahlenFakten / GesellschaftStaat / Bevoelkerung / Ehescheidungen / Tabellen / EhescheidungenKinder.html?nn=50734).
19 Siehe Statistisches Bundesamt (www.destatis.de / DE / ZahlenFakten / GesellschaftStaat / Bevoelkerung / HaushalteFamilien / Tabellen / Familienformen.html?nn=50740).

20 Siehe Stiftung für Zukunftsfragen (www.stiftungfuerzukunftsfragen.de / forschung / archiv / 2010 / forschung-aktuell-223-31-jg-28052010.html).
21 Siehe *Apotheken-Umschau / Presseportal* (www.presseportal.de / print / 1577723-steigende-angst-vor-einsamkeit-umfragefuer-jeden-vierten-waere-es-mit-das.html).
22 Richard David Precht, »Die Kunst, kein Egoist zu sein«, S. 352.
23 Meinhard Miegel, »Das Ende des Individualismus«, S. 30.
24 Ulrich Beck, »Risikogesellschaft«, S. 116.
25 Kiener / Weise, »Die Individualismus-Falle«, S. 36.
26 Miegel, »Das Ende des Individualismus«, S. 53 f.
27 Ebenda.
28 Ebenda, S. 54.
29 Siehe Spiegel Online (www.spiegel.de / spiegel / print / d-65872355.html).
30 Wilkinson / Pickett, »Gleichheit ist Glück«, S. 70.
31 Siehe Stiftung für Zukunftsfragen (www.stiftungfuerzukunftsfragen.de / forschung / archiv / 2010 / forschung-aktuell-223-31-jg-28052010.html).
32 Robert Putnam, »Bowling Alone«, S. 221.
33 Ebenda, S. 222 f.
34 Ebenda, S. 240.
35 *Süddeutsche Zeitung*, 17. / 18. 12. 2011, S. 23.
36 Robert Putnam, »Bowling Alone«, S. 237.
37 Renate Köcher / Bernd Raffelhüschen, »Glücksatlas Deutschland 2011«, S. 122.
38 Richard David Precht, »Die Kunst, kein Egoist zu sein«, S. 477.
39 Siehe *Focus* (www.focus.de / digital / internet / studie-soziale-netzwerke-boomen_aid_299612.html).
40 Siehe *Mainpost* (www.mainpost.de / ueberregional / multimedia / Lieber-Smartphone-als-Sex;art18199,6689747).
41 Robert Putnam, »Bowling Alone«, S. 175.
42 Ebenda, S. 176.
43 *Süddeutsche Zeitung*, 17. / 18. 12. 2011, S. V2 / 1, »Wir sind die Klicks« von Alexandra Borchardt.
44 Thomas Wanhoff, »Wa(h)re Freunde«, S. 10.
45 Ebenda, S. 133 f.
46 *Süddeutsche Zeitung*, 17. / 18. 12. 2011, S. V2 / 1, »Wir sind die Klicks« von Alexandra Borchardt.
47 Siehe Suicide Machine (www.suicidemachine.org).

Über die Aggression

1 Siehe *Tagesspiegel* (www.tagesspiegel.de/zeitung/sonntagsinterview-kapuzineraeffchen-wissen-was-gerecht-ist/4067168.html).

2 Ebenda.

3 Joachim Bauer, »Schmerzgrenze«, S. 142.

4 Ebenda, S. 147.

5 Siehe *Frankfurter Rundschau* (www.fr-online.de/panorama/fr-interview-mit-gesundheitsforscherin--ich-waere-gluecklich--koennte-ich-mehr-steuern-zahlen-,1472782,7130994.html).

6 Siehe *Spiegel Online* (www.spiegel.de/wirtschaft/soziales/0,1518,801730,00.html).

7 Umfrage des Pew Research Center (siehe: www.heise.de/tp/artikel/36/36241/1.html).

8 Studie von Capgemini und Merrill Lynch (siehe: wirtschaft.t-online.de/immer-mehr-millionaere-in-deutschland/id_47414428/index).

9 Siehe *Manager Magazin* (www.manager-magazin.de/finanzen/artikel/0,2828,815440,00.html).

10 Siehe Bundeszentrale für politische Bildung (www.bpb.de/nachschlagen/zahlen-und-fakten/soziale-situation-in-deutschland/61785/armutsgefaehrdung).

11 Siehe Bundesarbeitsgemeinschaft Wohnungslosenhilfe (www.bagw.de/fakten/1.phtml).

12 Kathrin Hartmann, »Wir müssen leider draußen bleiben«, S. 22.

13 Siehe *Süddeutsche Zeitung* (www.sueddeutsche.de/leben/lebenserwartung-von-geringverdienern-sinkt-dramatische-zuspitzung-der-einkommenskluft-1.1232605).

14 Siehe Paritätischer Wohlfahrtsverband (www.der-paritaetische.de/startseite/artikel/news/verhaertete-armut-paritaetischer-legt-armutsbericht-2011-vor/).

15 Joachim Bauer, »Schmerzgrenze«, S. 37.

16 Siehe *Focus* (www.focus.de/wissen/wissenschaft/neurowissenschaft/tid-23317/jugendrandale-ausgrenzung-schafft-aggression_aid_655989.html).

17 Statistik der Bundesagentur für Arbeit »Analyse des Arbeitsmarktes für Ältere ab 50 Jahren, Januar 2012« (statistik.arbeitsagentur.de/Statischer-Content/Statistische-Analysen/Analytikreports/Zentrale-Analytikreports/Monatliche-Analytikreports/Generische-Publik ationen/Analyse-Arbeitsmarkt-Aeltere/Analyse-Arbeitsmarkt-Aeltere-201201.pdf), S. 42.

18 Siehe *Frankfurter Rundschau* (www.fr-online.de / wirtschaft / erwerbslosigkeit-armutsrisiko-ist-in-deutschland-besonders-hoch,1472780, 11412280.html).
19 Siehe Deutscher Gewerkschaftsbund (www.dgb.de / themen / ++co++17f2321c-d301-11e0-4902-00188b4dc422).
20 Siehe *Spiegel Online* (http://www.spiegel.de / wirtschaft / soziales / 0,1518,806175,00.html).
21 Siehe *Frankfurt Rundschau* (www.fr-online.de / arbeit---soziales / mit-zweitjob-ueberleben-immer-mehr-beschaeftigte-brauchen-einen-zweitjob, 1473632,11550772.html).
22 Siehe *Spiegel Online* (www.spiegel.de / wirtschaft / soziales / 0,1518,810307,00.html).
23 Kathrin Hartmann, »Wir müssen leider draußen bleiben«, S. 239.
24 Siehe *Frankfurter Rundschau* (www.fr-online.de / arbeit---soziales / unternehmer-nutzen-werkvertraege-manager-lernen-lohndumping, 1473632,11621040.html).
25 Ebenda.
26 Siehe *taz* (www.taz.de / Streit-ueber-Leiharbeiter-bei-BMW / !87708 /).
27 Siehe Frankfurter Rundschau (www.fr-online.de / arbeit---soziales / unternehmer-nutzen-werkvertraege-manager-lernen-lohndumping, 1473632,11621040.html).
28 Siehe *Frankfurter Rundschau* (www.fr-online.de / wirtschaft / gesundheit-krankes-deutschland,1472780,11363996.html).
29 Siehe DAK (www.presse.dak.de / ps.nsf / sbl / 7BDD14663C6ABDEAC125799D00476AB3?open).
30 Renate Köcher / Bernd Raffelhüschen, »Glücksatlas Deutschland 2011«, S. 100.
31 Siehe *Süddeutsche Zeitung*, 31.3. / 1. 4. 2012, S. 22.
32 Joachim Bauer, »Schmerzgrenze«, S. 160.
33 Ebenda, S. 49.
34 Siehe YouTube (http://www.youtube.com / watch?v=N0tp7heHx5s).
35 Siehe *Süddeutsche Zeitung*, 22. / 23. 10. 2011, S. V2 / 4, »Da hinten wird's hell« von Alex Rühle.
36 Siehe Appell für eine Vermögensabgabe (www.appell-vermoegensabgabe.de).
37 Robert H. Frank, »Luxury Fever«, S. 129.
38 Ebenda, S. 53, Übersetzung durch den Autor.
39 Wilhelm Heitmeyer, »Deutsche Zustände«, S. 34.
40 Ebenda, S. 35.

41 Siehe *Daily Mail* (http://www.dailymail.co.uk/sciencetech/article-2108704/In-face-loserScientists-winners-tend-act-MORE-aggressively-people-theyve-defeated.html?ito=feeds-newsxml).
42 Siehe DIW (www.diw.de/documents/publikationen/73/diw_01.c.357505.de/10-24-1.pdf).
43 Siehe hierzu auch die Längsschnittanalyse »Die Angst der Mittelschicht vor dem sozialen Abstieg« von Holger Lengfeld und Jochen Hirschle (http://www.zfs-online.org/index.php/zfs/article/viewFile/1309/846).
44 Meinhard Miegel, »Exit«, S. 90.
45 Ebenda, S. 183 f.
46 Richard David Precht, »Die Kunst, kein Egoist zu sein«, S. 325.
47 Meinhard Miegel, »Exit«, S. 148.
48 Siehe *rp-online* (http://www.rp-online.de/gesundheit/familie/mit-medikamenten-gegen-leistungsdruck-1.2528222).
49 Siehe *Süddeutsche Zeitung*, 5./6. 11. 2011, S. 3.
50 Stéphane Hessel, »Empört euch!«, S. 21.
51 Wilhelm Heitmeyer, »Deutsche Zustände«, S. 34.
52 Siehe *DIE ZEIT* (www.zeit.de/2005/51/Verst_9arungen).
53 Joachim Bauer, »Schmerzgrenze«, S. 190.

Vom Bruch der Regeln

1 Siehe *Spiegel Online* (www.spiegel.de/politik/deutschland/0,1518,813975,00.html).
2 *Financial Times Deutschland*, 17. 2. 2012.
3 Siehe *Spiegel Online* (www.spiegel.de/politik/deutschland/0,1518,679130,00.html).
4 Siehe *Spiegel Online* (www.spiegel.de/politik/deutschland/0,1518,680675,00.html).
5 Siehe *Stern* (www.stern.de/politik/deutschland/sponsoring-des-sommerfestes-bp-das-oel-und-der-bundespraesident-1577336.html).
6 *Frankfurter Rundschau*, 7./8. 1. 2012, S. 20, »Der Duft der Provinz«.
7 Siehe *Frankfurter Allgemeine Zeitung*, 10. 2. 2012, S. 29, »Öffentlicher Dienst«.
8 Ebenda.
9 Siehe *Frankfurter Rundschau* (www.fr-online.de/gauck-folgt-wulff/polit-sponsoring-sponsoren-gehen-auf-distanz,11460760,11890538.html).
10 Siehe *Spiegel Online* (www.spiegel.de/politik/deutschland/0,1518,815041,00.html).
11 Ebenda.
12 Stefan Klein, »Der Sinn des Gebens«, S. 176.

13 Siehe *Spiegel Online* (www.spiegel.de/wirtschaft/unternehmen/0,1518, 816993,00.html).
14 Siehe *Spiegel Online* (www.spiegel.de/wirtschaft/unternehmen/0,1518, 711668,00.html).
15 Siehe *Spiegel Online* (www.spiegel.de/wirtschaft/unternehmen/0,1518, 813421,00.html).
16 Siehe *FAZ* (www.faz.net/aktuell/politik/ungehaltene-rede-poullain-banker-gefaehrden-soziale-marktwirtschaft-1179144.html).
17 Heribert Prantl, »Wir sind viele«, S. 12.
18 Die Zeit, 29. 12. 2011, S. 35, »Gegen alle Regeln«, von Mark Schieritz.
19 Siehe *Süddeutsche Zeitung*, 2. 12. 2011, S. 18.

Teil III

1 Happy Planet Index (www.happyplanetindex.org/).
2 Siehe UN news centre (www.un.org/apps/news/story.asp?NewsID= 28299&Cr=General+Assembly&Cr1=Debate&Kw1=bhutan&Kw2= &Kw3=).
Übersetzung durch den Autor.
3 Siehe UN news centre (www.un.org/apps/news/story.asp?NewsID= 39084&Cr=general+assembly&Cr1=&Kw1=happiness&Kw2=&Kw3=).
4 Siehe BBC (www.bbc.co.uk/news/world-14243512).
5 Siehe *Süddeutsche Zeitung* (www.sueddeutsche.de/wissen/wohlstand-und-glueck-irgendwann-ist-es-genug-1.1035910).
6 Tomáš Sedláček, »Die Ökonomie von Gut und Böse«, S. 288.
7 Siehe Abschlussbericht von Stiglitz, Sen, Fitoussi (www.stiglitz-sen-fitoussi.fr/documents/rapport_anglais.pdf).
8 Siehe *Die Welt* (www.welt.de/print/die_welt/debatte/article13672571/Auch-das-Glueck-zaehlt.html).
9 Renate Köcher/Bernd Raffelhüschen: Glücksatlas Deutschland 2011, S. 34 f.
10 Siehe *Frankfurter Rundschau* (www.fr-online.de/wirtschaft/arbeitnehmer-jeder-zweite-klagt-ueber-stress,1472780,12003412.html).
11 Tomáš Sedláček, »Die Ökonomie von Gut und Böse«, S. 274.
12 Siehe Antrag zur Einsetzung einer Enquete-Kommission »Wachstum, Wohlstand, Lebensqualität – Wege zu nachhaltigem Wirtschaften und gesellschaftlichem Fortschritt in der Sozialen Marktwirtschaft« (dip21.bundestag.de/dip21/btd/17/038/1703853.pdf).
13 Siehe Transition Network (www.transitionnetwork.org).
14 Siehe Transition Initiativen (www.transition-initiativen.de).

15 Siehe Transition Town Hannover (www.tthannover.de).
16 Siehe Landkommune mitten in der Stadt (www.landkommune-mitten-in-der-stadt.de).
17 Siehe Solidarische Landwirtschaft (www.solidarische-landwirtschaft.org).
18 Annette Jensen, »Wir steigern das Bruttosozialglück«, S. 83.
19 Siehe DORV (www.dorv.de).
20 Siehe ZDF (sonntags.zdf.de/ZDFde/inhalt/24/0,1872,8404152,00.html?dr=1).
21 Siehe Solidarische Landwirtschaft (www.solidarische-landwirtschaft.org/initiative2).
22 Siehe Frankfurter Rundschau (www.fr-online.de/panorama/ihre-kleine-farm,1472782,8427368.html).
23 Siehe Stiftung Interkultur (www.stiftung-interkultur.de).
24 Siehe Bürgervision Nexthamburg (http://buergervision.nexthamburg.de/).
25 Siehe Jenapolis (www.jenapolis.de).
26 Siehe Bausteln (http://bausteln.de/2010/07/open-design-city-market/).
27 Siehe oya (www.oya-online.de).
28 Annette Jensen, »Bruttosozialglück«, S. 9.
29 Siehe *taz* (www.taz.de/1/archiv/digitaz/artikel/?ressort=sw&dig=2012%2F03%2F03%2Fa0168&cHash=44c748f769).
30 Siehe Begründung des Nobelpreiskomitees 2009 (www.nobelprize.org/nobel_prizes/economics/laureates/2009/announcement.html). Übersetzung durch den Autor.
31 Siehe YouTube (www.youtube.com/watch?v=ztW0W90oMfU).
32 Elinor Ostrom, »Was mehr wird, wenn wir teilen«, S. 84.
33 Silke Helfrich und Heinrich-Böll-Stiftung (Hg.), »Wem gehört die Welt?«, S. 251.
34 Ebenda, S. 55.
35 Silke Helfrich, in: Ostrom, »Was mehr wird, wenn wir teilen«, S. 17.
36 Siehe Stiftung für Zukunftsfragen (www.stiftungfuerzukunftsfragen.de/de/forschung/archiv/2009/forschung-aktuell-213-30-jg-02042009.html).
37 Siehe Stiftung für Zukunftsfragen (www.stiftungfuerzukunftsfragen.de/forschung/archiv/2008/forschung-aktuell-208-29-jg-26082008.html).
38 Siehe Institut für Demoskopie Allensbach (www.ernst-freiberger-stiftung.de/de/engagement/files/10046_bericht_denkwerk_zukunft1.pdf), S. 55.
39 Siehe *Frankfurter Rundschau*, 29.12.2011, S. 16, »Wir kennen den Preis der Angst nicht«.

Nina Pauer
LG;-)
**Wie wir vor lauter Kommunizieren
unser Leben verpassen**
224 Seiten. Gebunden

Die meisten von uns haben längst ein zweites, ein virtuelles Ich im Internet, das ihren Alltag prägt wie nichts Vergleichbares zuvor. Wer nicht postet, ist nicht! Wer sich nicht einloggt, bleibt außen vor.

Nina Pauer erzählt und erklärt dieses neue Leben, das auch ihr eigenes ist. Sie klagt nicht über Facebook & Co., sondern beschreibt die Wirkung exzessiver Kommunikation bis tief in das analoge Leben hinein. Es handelt sich um nichts weniger als die einschneidendste Veränderung unserer heutigen Gesellschaft.

»Facebook und Twitter machen süchtiger als Alkohol.«
Studie der Chicago University

S. Fischer

Antoine F. Goetschel
Tiere klagen an
272 Seiten. Gebunden

Tiere müssen die unterschiedlichsten Funktionen in unserer Gesellschaft erfüllen: Sie ersetzen Familienmitglieder, landen auf unserem Speiseplan oder werden für Laborversuche verwendet. Der weltweit führende Tieranwalt Antoine F. Goetschel kämpft seit 30 Jahren für diejenigen, die keine eigene Stimme haben. Wie kein anderer kennt er die interessantesten und auch grausamsten Fälle und deren juristische Fallstricke. Sein Buch ist ein unverzichtbarer Beitrag zu einer neuen Sicht auf das Verhältnis zwischen Mensch und Tier.

Scherz

Harald Welzer
Selbst denken
Eine Anleitung zum Widerstand
336 Seiten. Gebunden

Früher war die Zukunft ein Versprechen, heute scheint sie bedrohlich. Die Politik ist phantasiefrei, die Zivilgesellschaft passiv. Harald Welzer zeigt, welche Rolle man selbst bei der Gestaltung einer zukunftsfähigen Gesellschaft einnehmen kann, in der es nicht um Wachstum, sondern um Kultivierung geht, nicht um Effizienz und Fremdversorgung, sondern um Achtsamkeit und Freiheit. Nicht um Konsum, sondern um: Glück.

»Ohne Zweifel das wichtigste Buch des Jahres,
um es mal vorsichtig auszudrücken.«
taz